华东师范大学第二附属中学
NO.2 HIGH SCHOOL OF EAST CHINA NORMAL UNIVERSITY

国际课程导学

——AP Chemistry 化学

孟 静◎编著

上海交通大学出版社
SHANGHAI JIAO TONG UNIVERSITY PRESS

内容提要

本书是"国际课程导学系列"之一,针对美国高中化学和 AP 化学课程的要求进行编写,内容主要包括物质结构、基本化学反应、化学动力学、化学热力学、化学平衡,内容和难度略超出欧美高中学业要求。本书采用中文导学、英文例题的编写模式,内容编排具有独创性,结合了作者多年国际课程化学教学经验和思考,并汲取中美高中和大学教材的优势,力求详略得当,精准教学。本书稿基于华东师范大学第二附属中学国际课程班校本课程的配套参考资料编写,适合就读国际课程的学生使用。

图书在版编目(CIP)数据

国际课程导学. AP 化学/ 孟静编著. —上海: 上海交通大学出版社,2023.8
ISBN 978 - 7 - 313 - 26403 - 9

Ⅰ. ①国… Ⅱ. ①孟… Ⅲ. ①中学化学课－高中－美国－升学参考资料 Ⅳ. ①G634

中国国家版本馆 CIP 数据核字(2023)第 047679 号

国际课程导学——AP 化学
GUOJI KECHENG DAOXUE——AP HUAXUE

编　　著:孟　静
出版发行:上海交通大学出版社　　　　　地　　址:上海市番禺路 951 号
邮政编码:200030　　　　　　　　　　　电　　话:021 - 64071208
印　　制:上海万卷印刷股份有限公司　　经　　销:全国新华书店
开　　本:889 mm×1194 mm　1/16
字　　数:283 千字
版　　次:2023 年 8 月第 1 版　　　　　　印　　次:2023 年 8 月第 1 次印刷
书　　号:ISBN 978 - 7 - 313 - 26403 - 9
定　　价:78.00 元

总　序

　　华东师范大学第二附属中学(以下简称"二附中")是教育部直属的重点中学,以办成世界一流高中为目标,致力于培养创造未来的人。二附中一贯重视教育国际化,早在 20 世纪 80 年代就曾在联合国开发计划署资助下开展国际教师交流研学活动。1999 年获上海市教育主管部门批准成立国际部,成为上海为数不多的公办外籍人员子女学校之一。2014 年,依照上海市教委《关于开展普通高中国际课程试点工作的通知》精神,二附中申请国际课程试点项目获批。二附中国际课程试点项目追求三大目标:锻炼一支具有国际视野、追求卓越的高素质教师团队;建设一套中西融通、未来可对外输出的国际课程体系;培养一批具有全球胜任力和中国核心价值观的学生。本套丛书就是二附中国际课程试点项目的重要学术研究成果。

　　早在 20 世纪 90 年代,二附中就曾在理科实验班系统开展大学先修课程的试点。2008 年以来,北大、清华等高校发起的中国大学先修课程项目也在二附中开展试点。针对 AP 课程(Advanced Placement Courses),二附中先后派出 10 多位教师前往国际姐妹学校(如加拿大多伦多大学附中、美国新泽西培德学校等)进行学习交流。二附中开设的国内外大学先修课,均不要求学生购买境外教材,而是由教师根据学生的实际情况,结合国内外高中和大学本科基础课程资料,自主设计教学大纲,编写适用于本校学生的教学资料。

　　二附中国际课程项目属于公办国际课程项目,是中国教师用中国语言教授中国学生,基本定位就是借鉴大学课程与国际课程来深化高中课程教学改革,实现中西大学先修课程的融合,实现本土化、校本化。二附中国际课程项目团队自 2015 年成立以来,积极承接上海市基础教育国际课程比较研究所的课题,其中《高中数学融合研究——以中美课程为例》和《AP 物理课程与国内课程的融合》两项课题已发表于 2018 年 7 月出版的《高中国际课程本土化实践研究》。国际课程项目团队经过六年多时间的课程研究、研修学习和教学实践,依托本校教师团队,已经在国际课程班独立开设 14～16 门 AP 课程。特别是数学、物理和化学三门学科,二附中拥有很强的师资以及很高的教学水平,学生整体理科素养也较高,因此国际课程项目团队率先对这三门学科进行了校本 AP 课程的系统开发。这三门课程以二附中理科校本教材为蓝本,优化教学内容,强化大学中学衔接,凸显学科核心素养,努力培养学生的全球胜任力。以数学课程为例,学校组织专业教师团队,对比中外多种数学教材,参照国内课程标准,保留中国传统教材重视基础知识和基本能力的特色,适当加入国际高中教材中与生活相联系的案例,编写完成高中数学国际课程大纲和导学,既保证了国际高中数学的知识广度和应用性,又兼顾了国内高中数学的教学强度和难度。

　　本套丛书既着眼于校本应用,也关注市场,供有兴趣参与 AP 课程的读者学习参考。编写组每月召开研讨会商讨疑难问题,依据自编课程大纲,以中英双语的形式呈现。编写的教学资料应用于多年的教学实践过程中,围绕参与国际课程学习学生的需求进行了多轮修订,颇受好评。我们希望能坚持试点,深化改革,共同为二附中教育国际化和上海基础教育国际化闯出一条新路。

施洪亮

前　言

先修课程项目(Advanced Placement Program，AP)是美国大学入学考试委员会(College Entrance Examination Board，CEEB)自主开发并大力推行的一种课程项目,主要目的是为具备强烈学习动机和较强能力的学生提供机会,使他们能在高中阶段修习大学一年级程度的课程。AP 考试的成绩可以作为大学录取学生的参考标准之一,有些大学还允许将 AP 考试成绩转换为相应大学课程的学分。AP 化学课程,也受到越来越多学生的青睐,成为进入世界知名理工科专业高等教育机构深造的重要基础,为青年一代科学素养的提升,特别是创新人才的培养提供了发展之路。美国的大学先修课程走过了 50 多年的历程,已经形成了一套比较成熟的国际课程体系,其经验可以为我国的大学先修课程的设计提供参考,但是美国 AP 课程进入中国也存在着水土不服,它在难度、知识量、教材体系等方面,并不完全适合我国的教育国情。因此,国内 AP 教材不能仅仅是美国 AP 教材的翻版,而应该是在中国现行的教育体制下,从中国基础教育和高等教育的实际出发而设计开发的教材体系。以化学教材为例,美国的 AP 化学教材是全英文的,在中国推广的话,容易使英语基础薄弱的学生产生学习障碍;美国的 AP 化学教材篇幅冗长,涉及面太广,重难点不够突出,给学生的学习带来了困难,学习效率低下;美国的 AP 化学教材以内容为主,缺乏解题技巧和方法,学习内容和练习题目脱节。而我国的 AP 化学课程使用双语教材,学生在学习的过程中,可以在中文环境下较深刻地理解化学,同时逐渐适应英语环境下的化学学习。**因此即使定位国际课程,也应当汲取国内教材的优势**。要建立适合中国学生的 AP 课程教材,应该做到中美融合,汲取两国各自的优势,互相弥补缺陷。

编者研究了 AP 化学、国内中考化学、等级考化学的基本要求,找出它们各自的优势,综合了 AP 化学内容划分详细、学习过程系统的优点,又考虑到国内学习 AP 化学的学生主要为高中学生,有一定的化学知识基础,以 AP 化学课程标准为参考,主要讲解高中新学内容,使重难点更突出,将 AP 化学、国内中考化学、等级考化学的内容融合为一本适合中国学生学习的 AP 化学教材。

本书体例采用中文讲解、英文例题的形式。中文讲解部分知识点系统详细,学生能够在学习过程中,用中文更好地理解化学知识;同时,对化学专有名词进行英文注解,能让学生掌握化学专有名词,突破专业词汇的障碍。例题和解答都是全英文形式,并加入很多化学的解题方法和思想,能帮助学生逐渐适应英文环境下的化学学习。

编者希望通过对本书的学习,学生可以通过 AP 化学考试并抵充大学学分,同时也适合为国内大学的自主招生考试增加筹码,在招生考试中脱颖而出。提前学习本书也可以帮助学生进入大学后更快地适应比高中更艰深的学习内容。另外,对于对化学课程感兴趣的同学,本书是一个很好的拓展化学知识面的选择。

本书在出版之前,已在编者任教的国际课程班使用并获得了广泛好评和显著成效,与照搬国外课程相比,体现出巨大优势,可为学生进入大学理工科奠定坚实的基础。通过本书,学生能够学到更多知识,学得更扎实,并且较轻松地应对各种不同类型的化学考试,对未来的化学学习也将有更多的帮助。

感谢华师大二附中对于国际课程项目的大力支持,为本书的编写和出版提供了坚实的保障。感谢华师大二附中化学教研组同仁对内容编排和教学策略提出的建设性意见,为本书的编写做出了巨大的贡献。

由于编者自身水平有限,书中存在的不足之处,还望读者指正。好的建议和勘误可发邮件至 mengjing@hsefz.cn,编者不胜感激。

编者

Contents

目　　录

第 *1* 章

原子结构、元素周期表和化学计量学
Atomic Structure, the Periodic Table and Stoichiometry

1.1 ◆ 原 子 结 构 Atomic Structure

1.1.1 人类对原子结构的认识历史

近代原子论(the atomic theory)是英国科学家道尔顿(John Dalton)在 1803 年提出的,为近代化学发展奠定了基础。他提出道尔顿模型(Dalton model):化学元素均由不可再分的微粒(原子)构成;原子在一切化学变化中均保持其不可再分性;同一元素的原子在质量和性质上都相同,不同元素的原子在质量和性质上都不相同;不同元素的原子化合时,这些元素的原子按简单整数比结合成化合物。

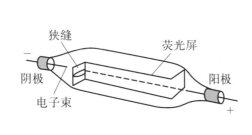

图 1 - 1　道尔顿　　　　图 1 - 2　阴极射线管　　　　图 1 - 3　汤姆生

19 世纪物理学家在研究低气压下气体的放电现象时首先发现了电子。在一个两端各嵌有一个金属电极的玻璃管中(图 1 - 2),通过几千伏的高压电。当管中气体压力降至 $10^{-4} \sim 10^{-6}$ 毫米汞柱后,气体发光现象减弱,而在管中荧光屏上可以看到一条笔直的荧光带。这说明从阴极发出了一种看不见的射线,这种射线称为阴极射线(cathode rays)。

英国科学家汤姆生(Joseph John Thomson)利用电场和磁场对带电微粒运动的影响测定了电子的荷质比(e/m)。他用图 1 - 4 的装置,使阴极射线通过一个阳极小孔直射在荧光板上,板上即发出荧光,如果阴极射线受到外加电场或磁场的作用,它会发生偏转。同时调节电场、磁场的强度,使阴极射线正好回到水平方向,这时电子所受的磁力和电力相等,即:

$$Hev = Ee$$

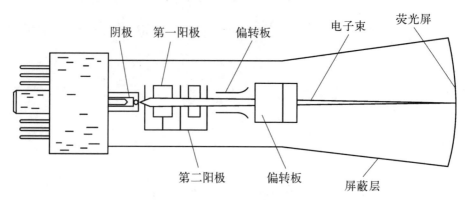

图 1-4 电子荷质比测量示意图

式中 e、v 分别代表电子的电荷和速度,E、H 分别代表电场强度和磁场强度。由此的电子的速度为:

$$v = E/H$$

由经典力学知道,电子受到的离心力等于 mv^2/r,则:

$$Hev = Ee = mv^2/r$$

$$e/m = \frac{v}{Hr}$$

$$e/m = \frac{E}{H^2 r}$$

式中 E、H、r 都可以通过实验得到,求出 $e/m = 1.76 \times 10^{11}$ C·kg^{-1}。如能测得电子的电荷,就可由 e/m 值求得电子的质量(m)。

1909 年美国科学家密立根(R. Millikan)设计了油滴实验(oil drop experiment,图 1-5)来测定电子的电荷。他用喷雾器将油滴喷入实验箱中,少量油滴经过小孔进入两电极板之间后立即关闭小孔。通过显微镜观察和测定油滴在不加电场时的下落速度,再使两电极板间的气体电离,

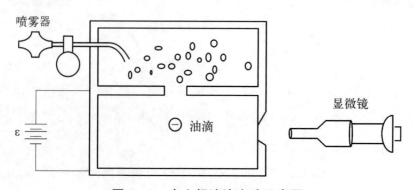

图 1-5 密立根油滴实验示意图

电离出的电子以不等的数目附着在小油滴上,这时施加电场于电极,带电油滴会受到电场作用向上运动,运动速度与油滴所带电荷成正比。计算得到油滴所带电荷总是一个最小电量的整数倍,这个最小电量就是一个电子所带的电量 $1.6×10^{-19}$ C(coulomb)。根据 e/m 的数值,即可得到电子的质量为 $9.11×10^{-31}$ kg。

1903 年汤姆生提出葡萄干面包原子模型,他认为原子不是组成物质的最小微粒,原子有一定的结构。物质在通常情况下显电中性,物质中既然存在带负电荷的电子,一定还存在带正电荷的部分,对原子来说,它所带的正电荷的电荷量必然与其电子所带的负电荷(negative charge)的电荷量相等。

英国科学家汤姆生发现电子,德国物理学家伦琴(W. Rontgen)发现 X 射线(伦琴射线),法国物理学家贝克勒尔(A. Becquerel)发现元素的放射性(radioactivity)现象,由以上三个发现得出:原子可再分,是有一定结构的。

图 1-6　卢瑟福

1909 年英国物理学家卢瑟福(E. Rutherford)进行了 α 粒子散射实验(图 1-7)。卢瑟福在一个铅盒里放有少量的放射性元素钋(Po),它发出的 α 射线从铅盒的小孔射出,形成一束很细的射线射到金箔上。当 α 粒子穿过金箔后,射到荧光屏上产生一个个的闪光点,这些闪光点可用显微镜来观察。为了避免 α 粒子和空气中的原子碰撞而影响实验结果,整个装置放在一个抽成真空的容器内,带有荧光屏的显微镜能够围绕金箔在一个圆周上移动。实验结果表明,绝大多数 α 粒子穿过金箔后仍沿原来的方向前进,但有少数 α 粒子发生了较大的偏转,并有极少数 α 粒子的偏转超过 $90°$,有的甚至几乎达到 $180°$ 而被反弹回来,这就是 α 粒子的散射现象。卢瑟福对实验的结果进行了分析,认为只有原子的几乎全部质量和正电荷都集中在原子中心的一个很小的区域,才有可能出现 α 粒子的大角度散射。由此,卢瑟福在 1911 年提出了原子的核式结构模型,认为在原子的中心有一个很小的核,叫作原子核(nucleus),原子的全部正电荷(positive charge)和几乎全部质量都集中在原子核里,带负电荷的电子在核外空间里绕着核旋转。

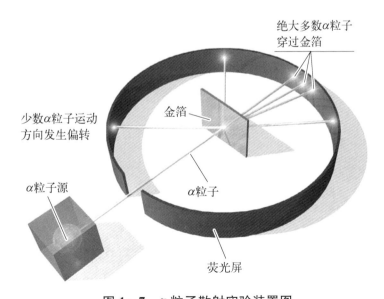

图 1-7　α 粒子散射实验装置图

1.1.2　原子结构

原子是由位于原子中心的原子核(nucleus)和核外电子(electrons)构成的。原子核是由质子(proton)和中子(neutron)构成的。

表 1－1　基本粒子的性质

	质量(kg)	质量(amu*)	电荷(相对电量**)	电荷(C)
质子	$1.672\ 62 \times 10^{-27}$	$1.007\ 27$	$+1$	$+1.602\ 18 \times 10^{-19}$
中子	$1.674\ 93 \times 10^{-27}$	$1.008\ 66$	0	0
电子	$0.000\ 91 \times 10^{-27}$	$0.000\ 55$***	-1	$-1.602\ 18 \times 10^{-19}$

* 原子质量单位(the atomic mass unit,缩写为 amu),以^{12}C 质量的 1/12 为标准的相对质量。

** 原子电荷单位,以一个电子的电量为 1 个电荷单位。

*** 电子的相对质量很小,可忽略不计。

质子和电子所带的电量数值相等,电性相反,当质子数等于电子数时,微粒电荷数为 0。所以对中性微粒来说:

$$核电荷数＝质子数＝核外电子数$$

原子的质子数和中子数之和称为该原子的质量数(mass number),用 A 表示:

$$质量数(A)＝质子数(Z)＋中子数(N)$$

以一个碳－12 原子质量的 1/12 作为标准,任何一个原子的真实质量跟一个碳－12 原子质量的 1/12 的比值,称为该原子的相对原子质量。

元素符号角标含义,重点是质量数和质子数。原子的表示方法如下(图 1－8):

图 1－8　原子的表示方法

自然界中有^{12}C、^{13}C、^{14}C 三种碳元素原子,其中^{12}C 作为元素相对原子质量的标准,^{14}C 作为考古测定年代的依据也经常在媒体上出现。那么^{12}C 和^{14}C 到底是什么关系?

^{12}C 和^{14}C 是中子数不同的同种元素原子。像这样的质子数相同,中子数不同的原子互称为同位素(isotope),常见的互为同位素的原子有:$^{235}_{92}$U、$^{238}_{92}$U;氕、氘、氚。

自然界中存在的某一元素的各种同位素的相对含量(以原子百分数计)被称为同位素丰度(isotope abundance),它是一个无量纲的量。某元素的同位素丰度一般是固定的。

放射性同位素的应用已遍及医学、工业、农业和科学研究等各个领域。

例题精讲 1

（a）What are the atomic number (Z), mass number (A), and symbol of the chlorine isotope with 18 neutrons?

（b）How many protons, electrons, and neutrons are present in an atom of $^{52}_{24}Cr$?

SOLUTION:

（a）$Z=17$, so chlorine has 17 protons

$A=$ number of protons + number of neutrons $= 17+18=35$

$^{35}_{17}Cl$

（b）Number of protons $=Z=24$

Number of electrons $=24$（neutral atom）

Number of neutrons $=52-24=28$

1.2 ◆ 核外电子运动特征

Characteristics of Extranuclear Electron Motion

1.2.1 电子云

核外电子以极高的速度、在极小的空间内不停地运转，不遵循宏观物体的运动规律（不能测出在某一时刻的位置、速度，即不能描画出它的运动轨迹）。这是一种杂乱无章的随机运动（速度极快、运动空间极小、测不准原理），可用统计的方法研究电子在核外出现的概率。电子云（electron cloud）表示电子在核外空间一定范围内出现机会的大小，好像带负电荷的云雾笼罩在原子核周围（见图 1-9）。

图 1-9　电子云

电子云用小黑点代表电子在核外空间区域内出现的机会；小黑点的疏密与电子在该区域出现机会大小成正比。电子在原子核周围一定空间内出现，在图 1-9 中离核越近，出现机会越大；离核越远，出现机会越小。

1.2.2 原子核外电子的运动状态

原子核外电子是分层排布的，为描述原子中电子分层排布的运动状态，需要引入四个量子数（quantum number）。

1) 主量子数 n（又称电子层或能层）

主量子数（the principal quantum number）是 1、2、3……正整数，它规定了电子出现最大几率的区域距原子核的远近和电子能量的高低。

表 1-2 电子能量的差异和主要运动区域离核远近的不同

电子层(n)	1	2	3	4	5	6	7
符 号	K	L	M	N	O	P	Q

离核越远,能量越高

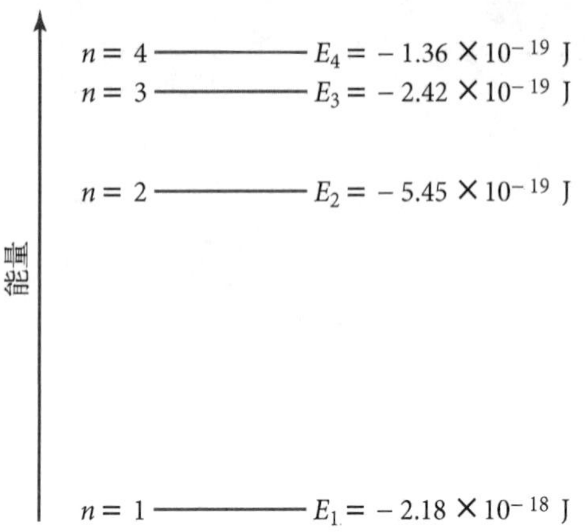

$n = 4$ ———— $E_4 = -1.36 \times 10^{-19}$ J

$n = 3$ ———— $E_3 = -2.42 \times 10^{-19}$ J

$n = 2$ ———— $E_2 = -5.45 \times 10^{-19}$ J

能量

$n = 1$ ———— $E_1 = -2.18 \times 10^{-18}$ J

图 1-10 氢原子的原子轨道能量

注:图中数据为公式 $E_n = -2.18 \times 10^{-18}$ J $\left(\dfrac{1}{n^2}\right)$。

核外电子排布规律为:核外电子的分层运动又称为其分层排布;电子先排布在能量较低的轨道上,称为能量最低原理;每层上的电子数$\leqslant 2n^2$个;最外层电子数$\leqslant 8$个(K 层时$\leqslant 2$个);次外层电子数$\leqslant 18$个,倒数第三层电子数$\leqslant 32$个。

主量子数 n 值越大,表示该电子层能量越高(图 1-10)。

2) 角量子数(又称电子亚层)

角量子数(the angular momentum quantum number)是一个决定轨道形状的整数,用 l 表示。l 的可能值是 0、1、2……$(n-1)$,也就是说,对于给定的 n,l 可以是任意整数(包括 0),直到 $n-1$。为了避免 n 和 l 之间的混淆,l 的值通常被分配为如下字母:

表 1-3 l 的表示方法

l 的值	表示的字母
$l=0$	s
$l=1$	p
$l=2$	d
$l=3$	f

原子轨道(orbital)是指量子力学描述电子在原子核外空间运动的主要区域。同一电子层的电子能量不一定相同,处在同一电子层的原子核外电子,也可以在不同类型的原子轨道上运动。

分类依据是同一电子层中电子运动的能量仍有区别,电子云的形状也不相同。

(1) 原子轨道(又称能级)的类型不同,轨道的形状也不同。根据轨道形状不同可分为 s、p、d、f……。

原子轨道形状可以用电子云界面图表示。界面图是选择一个等密度面,使电子在界面以内出现的总概率为 $90\%\sim95\%$。

① s 原子轨道是球形对称的(原子核位于球心,图 1-11),电子层序数 n 越大,电子能量越

大,原子轨道半径越大(图 1-12)。

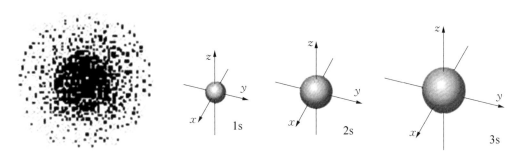

图 1-11　氢原子基态电子云　　　　图 1-12　1s 2s 3s 轨道表示图

② p 原子轨道是纺锤形(哑铃形)的,每个 p 轨道有 3 个伸展方向,它们相互垂直,分别以 p_x、p_y、p_z 表示。p 电子原子轨道的平均半径随 n 增大而增大。在同一电子层中 p_x、p_y、p_z 的能量相同(图 1-13)。

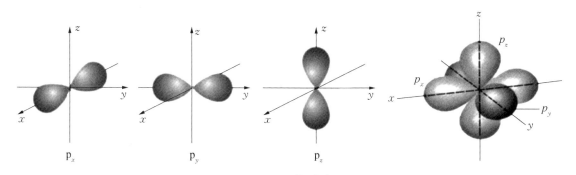

图 1-13　p 轨道表示图

③ d 原子轨道是花瓣形的(图 1-14);f 轨道形状更复杂。

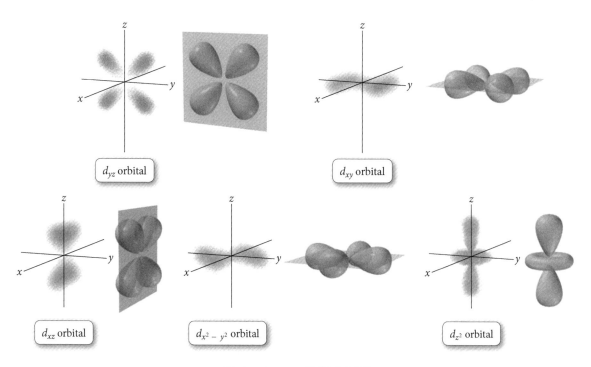

图 1-14　3d 轨道表示图

（2）原子轨道。

原子轨道有一定的伸展方向，即电子云分布具有一定的方向性。伸展方向决定该种类型原子轨道的个数。与能量无关。

① s原子轨道呈球形对称，无方向，只有1个伸展方向，即只有1个轨道。

② p原子轨道在空间上有x、y、z三个伸展方向，有p_x、p_y、p_z 3个轨道。

③ d轨道有5个伸展方向，有d_{xy}、d_{xz}、d_{y^2}、$d_{x^2-y^2}$、d_{z^2} 5个轨道。

④ f轨道有7个伸展方向，有7个轨道。

（3）原子轨道的表示方法（表1－4）。

第一电子层：只一种形状——球形对称，只有一种类型轨道，用s表示，叫s轨道，记作1s。

第二电子层：有两种形状，所以有两种类型轨道。分别是：球形，记作2s；纺锤形，用p表示，叫p轨道，记作2p。

第三电子层：有三种形状，所以有三种类型轨道。记作3s，3p，3d。

第四电子层：有四种形状，所以有四种类型轨道。记作4s，4p，4d，4f。

表1－4　原子轨道表示方法

n	1	2	3	4
电子层	第一电子层	第二电子层	第三电子层	第四电子层
原子轨道	1s	2s，2p	3s，3p，3d	4s，4p，4d，4f

原子轨道种类数与电子层序数相等，即n层有n种轨道（表1－5）。

表1－5　各电子层包含的原子轨道数目和可容纳的电子数

电子层	原子轨道类型	原子轨道数目	可容纳的电子数目
1	1s	1	2
2	2s，2p	4	8
3	3s，3p，3d	9	18
4	4s，4p，4d，4f	16	32
n	—	—	n^2

（4）各原子轨道的能量高低。多电子原子中，电子填充原子轨道时，原子轨道能量的高低存在如下规律：

① 相同电子层上原子轨道能量的高低：ns $<$ np $<$ nd $<$ nf。

② 形状相同的原子轨道能量的高低：1s$<$2s$<$3s$<$4s……

③ 电子层和形状相同的原子轨道的能量相等，如$2p_x$、$2p_y$、$2p_z$轨道的能量相等。

$$2p_x = 2p_y = 2p_z$$

3）磁量子数 m_l

磁量子数（the magnetic quantum number）决定了在外加磁场作用下，电子绕原子核运动的角动量在磁场方向上的分量大小。m_l 的数值由 l 决定，$m_l = 0, \pm 1, \pm 2 \cdots \cdots \pm l$，共 $(2l+1)$ 个值，这些值表示亚层中的电子有 $(2l+1)$ 个取向，每个取向相当于一个轨道（表 1-6）。

表 1-6　每一亚层的轨道表示方法

	s($l=0$)	p($l=1$)	d($l=2$)
取向数	1	3	5
$(2l+1)$	（s）	（p_x，p_y，p_z）	（d_{xy}、d_{xz}、d_{yz}、$d_{x^2-y^2}$、d_{z^2}）
m_l 取值	0	$0, \pm 1$	$0, \pm 1, \pm 2$

4）自旋量子数 m_s

应用分辨率很高的光谱仪观察氢原子光谱时，发现氢原子在无外加磁场作用时，电子由 2p 能级跃迁到 1s 能级得到两条谱线，为了解释此现象，人们提出电子自旋运动（the electron's spin）的假设，引入了第四个量子数，称为自旋量子数（the spin quantum number），其值用 +1/2 和 −1/2 表示。当然，"电子自旋"并非真像地球绕轴自转一样，它只是代表电子的两种不同状态。

电子的自旋方式有两种状态，分别用"↑""↓"表示。

电子层、原子轨道类型、原子轨道的伸展方向、电子的自旋这四个量可以确定原子核外各个电子的运动状态。在原子核外找不到运动状态完全相同的两个电子。

从能量角度看，不同的电子层具有不同的能量（因此电子层也称为能层）；同一电子层（即同一能层）中不同形状的轨道也具有不同的能量（因此一定电子层中具有一定形状的轨道也称为能级），但同一能级的不同伸展方向的轨道具有相同的能量。

1.3 ◈ 多电子原子的结构　The Structure of Multielectron Atom

1.3.1　多电子原子的能级

原子的核外只有一个电子时，由于该电子仅受到核的吸引如氢原子或类氢离子，可以精确求解出波函数。但多电子原子核外有两个以上的电子，电子除受核的作用外，还受到其他电子对它的排斥作用，情况要复杂得多，只能作近似处理。但上述氢原子结构的某些结论还可用到多电子原子结构中。

处理多电子原子问题时，认为其他电子对某个电子 i 的排斥，相当于其他电子屏蔽住原子核，抵消了一部分核电荷对电子 i 的吸引力，称为其他电子对电子 i 的屏蔽作用（screening effect）。引进屏蔽常数 S（screening constant）表示其他电子所抵消掉的核电荷。

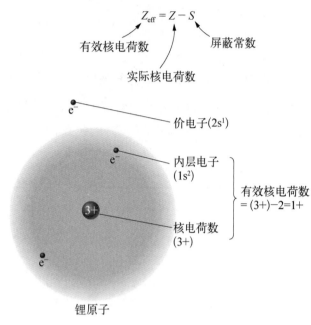

图 1－15 锂原子的有效核电荷数

把电子受到有效核电荷（the effective nuclear charge）的吸引小于核电荷数，即原子中某一特定电子所受到的有效核电荷为实际核电荷（Z）减去被其他电子屏蔽的电荷（S）（图 1－15）：

屏蔽作用主要来自内层电子。当 l 相同时，n 越大，电子层数越多，外层电子受到的屏蔽作用越强，轨道能级越高：

$$E_{1s} < E_{2s} < E_{3s} < \cdots$$
$$E_{2p} < E_{3p} < E_{4p} < \cdots$$

n 相同时，l 愈小，电子在核附近出现的可能性越大，受到的屏蔽就越弱，能量就越低：

$$E_{ns} < E_{np} < E_{nd} < E_{nf} < \cdots$$

n、l 都不同时，一般 n 越大，轨道能级越高。但有时会出现反常现象，比如 $E_{4s} < E_{3d}$，称为能级交错原理（energy overlay）。

美国科学家鲍林（L. Pauling）根据大量的光谱数据计算出多电子原子的原子轨道的近似能级顺序（图 1－16）。

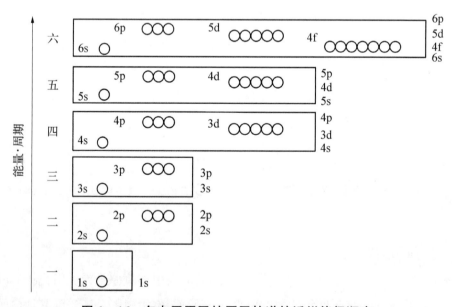

图 1－16 多电子原子的原子轨道的近似能级顺序

此图按原子轨道能量高低的顺序排列，排在图的下方的轨道能量低，排在图上方的轨道能量高；不同能级组之间能量差别大，同一能级组内各能级之间能量差别小；每个小圆表示一个轨道。np 能级有三个轨道，能量相同，称为三重简并轨道。同样 nd 能级的五个轨道是五重简并轨道。

要指出的是,这个能级顺序是基态原子电子在核外排布时的填充顺序,与电子填充后的顺序不一致。

鲍林的近似能级顺序是:

$$E_{1s} < E_{2s} < E_{2p} < E_{3s} < E_{3p} < E_{4s} < E_{3d} < E_{4p} < \cdots$$

1.3.2 核外电子排布的规律

根据光谱实验数据,多电子原子中的核外电子的排布规律可归纳为以下三条:泡利不相容原理、能量最低原理和洪特规则。

1) 泡利不相容原理

1925 年,奥地利物理学家泡利(W. Pauli)提出,在同一原子中不可能有四个量子数完全相同的两个电子同时存在,这就是泡利不相容原理(Pauli's exclusion principle)。

换言之,在一个原子中不容许有两个电子处于完全相同的运动状态。前已提到 n, l, m_l 三个量子数可以决定一个原子轨道,而自旋量子数,只可能有两个数值,所以在一个原子轨道上最多只能容纳两个自旋方向相反的电子(表 1-7)。

表 1-7 氦原子两个电子的四个量子数

n	l	m_l	m_s
1	0	0	$+1/2$
1	0	0	$-1/2$

2) 能量最低原理

"系统的能量愈低,愈稳定",是自然界的普遍规律。核外电子的排布也遵循这一规律。基态多电子原子核外电子排布时总是先占据能量最低的轨道,当低能量轨道占满后,才排入高能量的轨道,以使整个原子能量最低。这就是能量最低原理(lowest energy principle)。轨道能量排列顺序如下:

$$1s\ 2s\ 2p\ 3s\ 3p\ 4s\ 3d\ 4p\ 5s\ 4d\ 5p\ 6s\cdots$$

在个别情况下,虽然按原子轨道能级由低到高的顺序填充了,但并没有达到使整个原子能量最低。例如第 24 号铬,其价层电子按鲍林规则填充电子顺序从低到高排布应是 $3d^4 4s^2$,但按 $3d^5 4s^1$ 排布才使整个原子能量最低。

3) 洪特规则

德国科学家洪特(F. Hund)根据光谱实验指出:"电子在能量相同的轨道(即简并轨道)上排布时,总是尽可能以自旋相同的方向,分占不同的轨道,因为这样的排布方式总能量最低",这就是洪特规则(Hund's rule)。

而若使两个电子在一个轨道上成对,就要克服它们之间的斥力,要吸收(absorb)额外的电成对能（electron pairing energy），原子的总能量就会升高。例如，基态碳原子的电子排布为 $1s^2 2s^2 2p^2$，若以方框表示一个原子轨道，则碳原子的核外电子排布的轨道式应表示为：

有些副族元素，简并轨道全充满、半充满或全空才是能量最低的稳定状态。这个规律称为洪特规则的补充规定。

例如氮原子核外电子排布式（electron configurations）是 $1s^2 2s^2 2p^3$，三个 2p 电子的运动状态是：

$$2, 1, 0, +\frac{1}{2}; \quad 2, 1, 1, +\frac{1}{2}; \quad 2, 1, -1, +\frac{1}{2}$$

在书写 20 号元素以后基态原子的核外电子排布式时，虽然电子填充按近似能级顺序进行，但电子组态必须按电子层排列。

在书写电子排布式时，为简化，通常把内层已达到稀有气体电子层结构的部分，用稀有气体的元素符号加方括号表示，并称为原子实（atomic kernel）。例如 26 号元素铁的基态原子电子排布式为 $1s^2 2s^2 2p^6 3s^2 3p^6 3d^6 4s^2$，可以写成 $[Ar]3d^6 4s^2$。又如 47 号银基态原子的电子排布式为 $1s^2 2s^2 2p^6 3s^2 3p^6 3d^{10} 4s^2 4p^6 4d^{10} 5s^1$，可以写成 $[Kr]4d^{10} 5s^1$。该写法的另一优点就是指出了在化学反应中原子实部分的电子排布不发生变化，而突出了价层电子排布，使其一目了然，如铁原子的价层电子排布式为 $3d^6 4s^2$，银原子的价层电子排布式为 $4d^{10} 5s^1$。

书写离子的电子排布式是在基态原子的电子排布式基础上加上（负离子）或失去（正离子）电子。但要注意，在填电子时 4s 能量比 3d 低，但填满电子后 4s 的能量则高于 3d，所以形成离子时，先失去 4s 上的电子。例如：

Fe^{2+}：$[Ar]3d^6 4s^0$（失去 4s 上的两个电子）。

Fe^{3+}：$[Ar]3d^5 4s^0$（先失去 4s 上的两个电子，再失去 3d 上的一个电子）。

为了形象地体现出电子填入轨道的原则，通常还可以用电子轨道图（orbital diagram）来表示电子在轨道中的分布方式和自旋取向（图 1-17）。

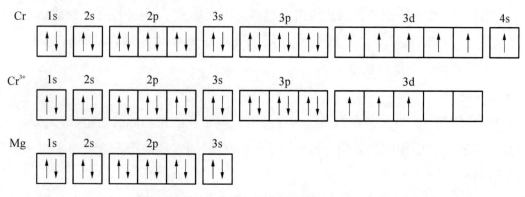

图 1-17　Cr、Cr^{3+}、Mg 原子的电子轨道图

例题精讲 2

Write electron configurations for each element.

(a) Mg　　(b) P　　(c) Br　　(d) Al

SOLUTION：

(a) Mg　$1s^2\ 2s^2\ 2p^6\ 3s^2$ or $[Ne]\ 3s^2$

(b) P　$1s^2\ 2s^2\ 2p^6\ 3s^2\ 3p^3$ or $[Ne]\ 3s^2\ 3p^3$

(c) Br　$1s^2\ 2s^2\ 2p^6\ 3s^2\ 3p^6\ 4s^2\ 3d^{10}\ 4p^5$ or $[Ar]\ 4s^2\ 3d^{10}\ 4p^5$

(d) Al　$1s^2\ 2s^2\ 2p^6\ 3s^2\ 3p^1$ or $[Ne]\ 3s^2\ 3p^1$

例题精讲 3

Write the orbital diagram for sulfur and determine the number of unpaired electrons(Fig 1 – 18).

SOLUTION：

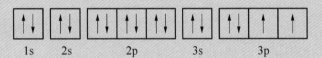

Fig 1 – 18　Two unpaired electrons

原子的价电子(valence electrons)是原子在参与化学反应时能够用于成键(chemical bonding)的电子,是原子核外与元素化合价有关的电子。在主族元素(main-group elements)中,价电子(valence electron)数就是最外层电子数。副族元素(transition elements)原子的价电子,除最外层电子外,还可以包括次外层电子。例如,铬的价电子层结构是 $3d^5\ 4s^1$,6 个价电子都可以参加成键。镧系元素还能包括倒数第三层的 4f 电子。价电子全部参与成键,元素表现最高的正化合价;部分参加成键,就有多种化合价的特性。例如,铬元素的最高化合价是 +6 价,此外有 +5、+4、+3、+2、+1 价等。

例题精讲 4

Write the electron configuration for Ge. Identify the valence electrons.

SOLUTION：

Ge　$1s^2 2s^2 2p^6 3s^2 3p^6 3d^{10}\ \underline{4s^2 4p^2}$

4 valence electrons

具有未成对电子的原子或离子在磁场中会响应较弱的磁性,我们称这样的原子或离子是顺磁性(paramagnetism)的。如银的核外电子排布和电子轨道图如下(图 1 – 19):

Ag　$[Kr]\ 5s^1 4d^{10}$

图 1 – 19　银的核外电子排布和电子轨道图

银原子是顺磁性的。

一些原子或离子具有各层都充满的电子构型，没有未成对电子，它们在磁场中不是被吸引而是轻微地被排斥，这样的原子或离子是抗磁性（diamagnetism）的。如锌离子的核外电子排布和电子轨道图如下（图 1 - 20）：

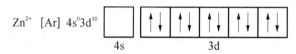

图 1 - 20 锌离子的核外电子排布和电子轨道图

例题精讲 5

Write the electron configuration and orbital diagram for each ion and determine whether each is diamagnetic or paramagnetic.

(a) Al^{3+}　　(b) S^{2-}　　(c) Fe^{3+}

SOLUTION：

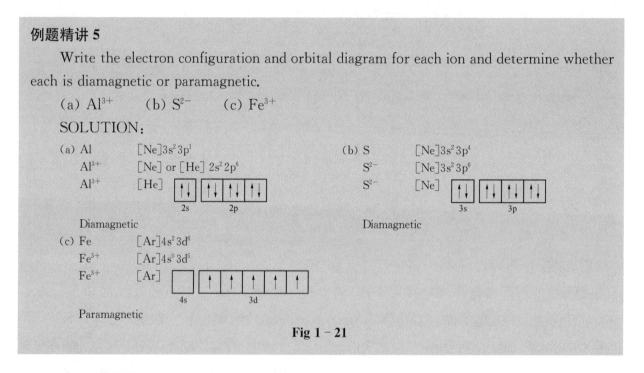

Fig 1 - 21

1.3.3　光电子能谱

通过光电子能谱（photoelectron spectroscopy，简称 PES）科学家不仅可以确定价电子的电离能（ionization energy），而且可以确定原子中所有电子的电离能。在 PES 中，气态原子样品被已知能量的 X-射线或紫外光（光子）轰击，通过测定从原子中发射（emit）出来的光电子（photoelectrons）的动能和光电子的数目，可以得到光电子按照其动能或电离能的分布强度，即光电子能谱图（图 1 - 22）。

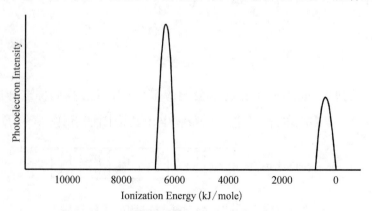

图 1 - 22 Photoelectron Spectra of Lithium

1.4 ◆ 元 素 周 期 律 Periodic Trends

1869 年俄国化学家门捷列夫(Dmitri Mendeleev)提出了最早的元素周期表(periodic table)(图 1-23)。他总结和对比了当时发现的 63 种元素,发现元素的性质随着原子量的递增呈现周期性的变化。

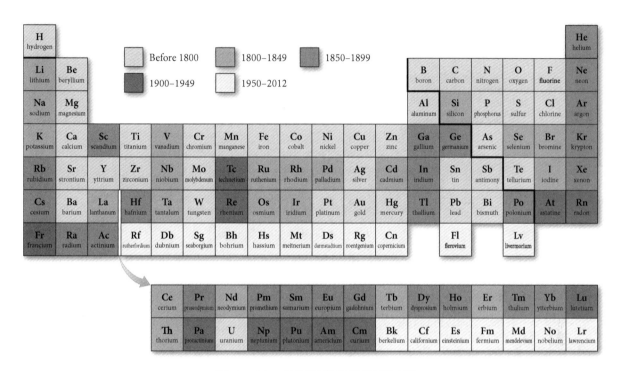

图 1-23 元素周期表的演变过程

1.4.1 原子序数

人们按照元素在周期表中的顺序给元素编号,这种编号叫原子序数(atomic number)。原子序数与元素的原子结构之间的数目关系是:

$$原子序数=核电荷数=质子数=核外电子数$$

可以把元素周期表中的元素大致分为金属(metals)、非金属(nonmetals)和半金属(metalloids)(图 1-24)。

主族(main-group)金属倾向于失去电子(lose electrons),形成与最近的稀有气体(noble gas)具有相同电子数的阳离子(cation)。主族非金属倾向于获得电子(gain electrons),形成与最近的稀有气体具有相同电子数的阴离子(anion)。

元素周期表(图 1-25)还可以分为主族元素(main-group elements)和过渡元素(transition elements,又称过渡金属)。主族元素的性质与它们在元素周期表中的位置有关,过渡元素的性质与它们在元素周期表中的位置关系不大。主组元素在标有数字和字母 A 的列中。过渡元素

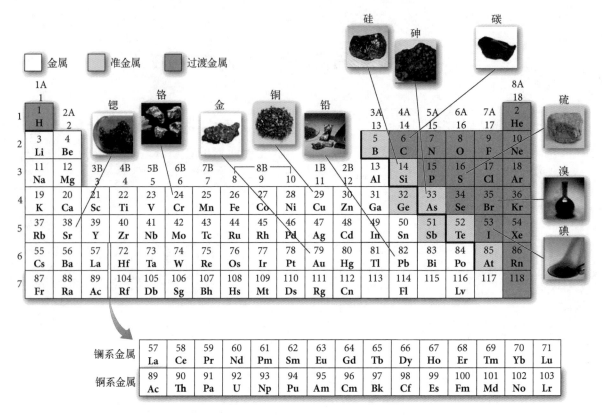

图 1‑24　元素周期表的大致分类

图 1‑25　元素周期表中的主族元素和过渡元素

在标有数字和字母 B 的列中。另一种编号系统不使用字母，而只使用数字 1~18。

1.4.2　元素周期表的编排

在周期表中，把电子层数相同的元素，按原子序数递增的顺序从左到右排成横行，再把不同横行中最外层电子数相同的元素，按电子层数递增的顺序由上到下排成一个纵行。表中共有 7 个横行，即为 7 个周期(period)，有 18 个纵行，即为 16 个族(family)。在元素周期表中，第六周期$_{57}$La~$_{71}$Lu(镧系)和第七周期$_{89}$Ac~$_{103}$Lr(锕系)的各 15 种元素另列两排，置于表的下方。

元素周期表非常清晰地反映出元素原子结构的变化规律,以及结构变化对元素性质的影响。清楚地把结构相似而性质相近的元素归纳在相近的区域内,便于学习和掌握元素的知识。

元素周期表横向有 7 行,每一行电子层数相同,为一个周期(表 1-8)。

表 1-8　周　　期

周　　期	周期名称	元素总数	规　　律
同一周期的元素具有相同的电子层数,原子序数从左到右依次递增。周期表中共七个横行,即七个周期	第一周期	2	核外电子层数＝周期数
	第二周期	8	
	第三周期	8	
	第四周期	18	
	第五周期	18	
	第六周期	32	
	第七周期	32	

元素周期表的每个周期都是从碱金属元素开始(第一周期除外,以氢元素开始),以稀有气体元素结束,最外层电子数从 1 个递增到 8 个(第一周期除外)。元素周期表的形成是由于元素原子的核外电子排布发生周期性变化引起的。

周期表纵向有 18 列,第八、九、十列叫作第 8B 族,其余 15 个列,每一列称为一族(表 1-9)。

表 1-9　族

族	族　名		类　名	最外层电子数	规　　律
周期表中有 18 个纵行,除第 8、9、10 三个纵行为第 Ⅷ 族外,其余 15 个纵行,每个纵行为一族	主族	第 1A 族	氢元素和碱金属元素	1	主族序数＝主族元素最外层电子数
		第 2A 族	碱土金属元素	2	
		第 3A 族	硼族元素	3	
		第 4A 族	碳族元素	4	
		第 5A 族	氮族元素	5	
		第 6A 族	氧族元素	6	
		第 7A 族	卤族元素	7	
		第 8A 族	稀有气体元素	2 或 8	
	副族	第 1B 族、第 2B 族、第 3B 族、第 4B 族、第 5B 族、第 6B 族、第 7B 族、第 8B 族			

主族元素原子的价电子全部排布在最外层的 ns 或 ns、np 轨道上,所以主族元素所在族的族序数等于该元素原子的价电子数(最外层电子数)。如钠元素原子的价电子排布为 $3s^1$,其元素族序数为 1A;氟元素原子的价电子排布为 $2s^2 2p^5$,其元素族序数为 7A。

1A 族元素被称为碱金属(alkali metal),都是活泼金属,块状钠落入水中会剧烈反应。锂、钾和铷也是碱金属。2A 族元素,称为碱土金属(alkaline-earth metals),也相当活泼,但不像碱金属那么活泼。例如,钙在水中的反应相当剧烈,但不像钠那样剧烈。7A 族元素为卤素(halogen),是非常活泼的非金属。最常见的卤素单质是氯气,它是一种带有刺激性气味的黄绿色气体,常被用作杀菌和消毒剂;溴是一种很易挥发的红棕色液体;碘是一种紫色的固体;氟是一种淡黄色气体。

周期表中元素的分区如图 1-26 所示。

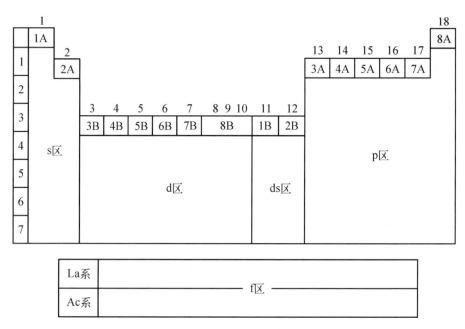

图 1-26 周期表中元素的分区

s 区价电子的构型为 $ns^{1\sim2}$;p 区价电子构型为 $ns^2 np^{1\sim6}$;d 区价电子构型为 $(n-1)d^{1\sim9}ns^{1\sim2}$;ds 区价电子构型为 $(n-1)d^{10}ns^{1\sim2}$;f 区价电子构型为 $(n-2)f^{1\sim14}(n-1)d^{0\sim2}ns^2$。

例题精讲 6

Use the periodic table to write the electron configuration for selenium (Se).

SOLUTION:

Se $[Ar]\ 4s^2\ 3d^{10}\ 4p^4$

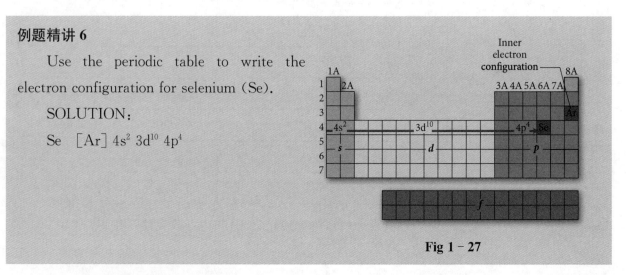

Fig 1-27

同主族中由上到下,原子半径一般是逐渐增大的(图 1-28),因为同主族元素的原子由上而下电子层数逐渐增多。虽然核电荷由上至下也增大,但由于内层电子的屏蔽,有效核电荷 Z_{eff}^* 增加使半径减小的作用不如电子层增加使半径增大所起的作用大,所以原子半径自上而下逐渐增大。副族元素由上至下原子半径增加不明显。

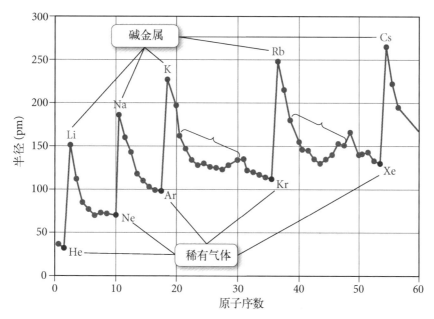

图 1-28　元素的原子半径与原子序数的关系

每一短周期中由左向右原子半径逐渐缩小(图 1-28)。这是因为在短周期中,从左至右电子都增加在同一层,而核电荷数逐渐增大,原子核对电子吸引力增强,导致原子半径逐渐缩小。

例题精讲 7

On the basis of periodic trends, choose the larger atom in each pair (if possible). Explain your choices.

(a) N or F　　(b) C or Ge　　(c) N or Al　　(d) Al or Ge

SOLUTION:

(a) N atoms are larger than F atoms because as you trace the path between N and F on the periodic table, you move to the right within the same period. As you move to the right across a period, the effective nuclear charge experienced by the outermost electrons increases, resulting in a smaller radius.

(b) Ge atoms are larger than C atoms because as you trace the path between C and Ge on the periodic table, you move down a column. Atomic size increases as you move down a column because the outermost electrons occupy orbitals with a higher principal quantum number that are therefore larger, resulting in a larger atom.

(c) Al atoms are larger than N atoms because as you trace the path between N and Al on the periodic table, you move down a column (atomic size increases) and then to the left across a period (atomic size increases). These effects add together for an overall increase.

(d) Based on periodic trends alone, you can not tell which atom is larger, because as you trace the path between Al and Ge you go to the right across a period (atomic size decreases) and then down a column (atomic size increases). These effects tend to counter each other, and it is not easy to tell which will predominate.

例题精讲 8

Choose the larger atom or ion from each pair.

(a) S or S^{2-}　　　(b) Ca or Ca^{2+}　　　(c) Br^- or Kr

SOLUTION:

(a) An S^{2-} ion is larger than an S atom because anions are larger than the atoms from which they are formed.

(b) A Ca atom is larger than a Ca^{2+} because cations are smaller than the atoms from which they are formed.

(c) A Br^- ion is larger than a Kr atom because, although they are isoelectronic, Br^- has one fewer proton than Kr, resulting in a lesser pull on the electrons and therefore a larger radius.

1.4.3 电离能

基态的气态原子或离子失去电子所需的能量称为电离能(ionization energy,缩写为 IE)。

第一电离能是指从气态基态原子移去一个电子成为一价气态正离子所需的最低能量。钠的第一电离能(the first ionization energy)表示为:

$$Na(g) \longrightarrow Na^+(g) + 1e^- \quad IE_1 = 496 \text{ kJ/mol}$$

第二电离能是指气态 A^+ 失去一个电子成二价气态正离子(A^{2+})所需的能量。钠的第二电离能(the second ionization energy)表示为:

$$Na^+(g) \longrightarrow Na^{2+}(g) + 1e^- \quad IE_2 = 4\,560 \text{ kJ/mol}$$

电离能的变化规律如下:

$$IE_1 < IE_2 < IE_3 \cdots\cdots$$

• 第一电离能随原子序数的周期性变化如图 1-29 所示。

同一主族元素由上至下第一电离能逐渐减小。因为从上至下原子半径逐渐增大,最外层电子距离原子核越来越远,受到原子核的束缚越来越小,所以第一电离能减小,元素的金属性逐渐增大。

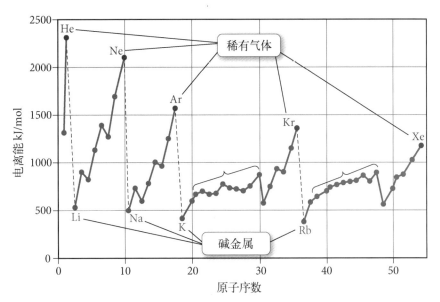

图 1-29　元素的第一电离能随原子序数的周期性变化

同周期元素从左至右第一电离能有增大趋势。因为从左至右原子半径逐渐减小,有效核电荷数(effective nuclear charge)逐渐增大,最外层电子受原子核束缚逐渐增大,所以第一电离能增大。具有 p^3、d^5、f^7 等半充满电子构型的元素比其前后元素的电离能大一些。稀有气体及外层电子为 ns^2 构型的碱土金属和具有 $(n-1)d^{10}ns^2$ 构型的 ⅡB 族元素,都属于轨道全充满构型,都有较大的电离能。

例题精讲 9

On the basis of periodic trends, determine which element in each pair has the higher first ionization energy (if possible).

(a) Al or S　　(b) As or Sb　　(c) N or Si　　(d) O or Cl

SOLUTION:

(a)

S has a higher ionization energy than Al because as you trace the path between Al and S on the periodic table, you move to the right within the same row. Ionization energy increases as you go to the right due to increasing effective nuclear charge.

(b)

As has a higher ionization energy than Sb because as you trace the path between As and Sb on the periodic table, you move down a column. Ionization energy decreases as you go down a column as a result of the increasing size of orbitals with increasing n.

(c)

N has a higher ionization energy than Si because as you trace the path between N and Si on the periodic table, you move down a column (ionization energy decreases) and then to the left across a row (ionization energy decreases). These effects sum together for an overall decrease.

(d)

Based on periodic trends alone, it is impossible to tell which has a higher ionization energy because as you trace the path between O and Cl, you go to the right across a row (ionization energy increases) and then down a column (ionization energy decreases). These effects tend to counter each other, and it is not obvious which will dominate.

对主族元素而言,可用电离能判断常见氧化态。电离能随着原子失去每一个最外层电子而较均匀地增加,但是失去第一个内层电子时,电离能会有很大的增大(表 1－10)。

表 1－10　第三周期元素的电离能(kJ/mol)

元素	IE_1	IE_2	IE_3	IE_4	IE_5	IE_6	IE_7
Na	496	4560			内层电子		
Mg	738	1450	7730				
Al	578	1820	2750	11,600			
Si	786	1580	3230	4360	16,100		
P	1012	1900	2910	4960	6270	22,200	
S	1000	2250	3360	4560	7010	8500	27,100
Cl	1251	2300	3820	5160	6540	9460	11,000
Ar	1521	2670	3930	5770	7240	8780	12,000

1.4.4　电子亲和能

电子亲和能(electron affinity,缩写为 EA)是指气态原子获得一个电子成为一价负离子时所放出的能量。氯元素的电子亲和能表示为:

$$Cl(g) + e^- \longrightarrow Cl^-(g) \quad EA = -349 \ kJ/mol$$

1A							8A
H −73	2A	3A	4A	5A	6A	7A	He >0
Li −60	Be >0	B −27	C −122	N >0	O −141	F −328	Ne >0
Na −53	Mg >0	Al −43	Si −134	P −72	S −200	Cl −349	Ar >0
K −48	Ca −2	Ga −30	Ge −119	As −78	Se −195	Br −325	Kr >0
Rb −47	Sr −5	In −30	Sn −107	Sb −103	Te −190	I −295	Xe >0

图 1－30　主族元素第一电子亲和能(kJ/mol)

周期表中,非金属原子的电子亲和能数值越大,则表示该原子生成负离子的倾向越大。

由图 1－30 可以看到,元素周期表中同一主族元素从上到下电子亲和能并没有表现出明显的递变趋势。但是,ⅠA 元素第一电子亲和能的数值是逐渐减小的,这说明ⅠA 原子得到一个电子时,放出的热量逐渐减小。同一周期元素的电子亲和能由左至右数值呈增大趋势。

1.4.5　电负性

当两个不相同的原子相互作用形成分子时,他们对共用电子对的吸引也是不相同的。电负性(electronegativity)是指原子对成键电子吸引能力的相对大小量度,用 χ 表示。

鲍林(Pauling L.)将氟元素的电负性定义为 4.0,在这个基础上,结合相关分子键能数据,得到其他元素电负性数值(图 1-31):

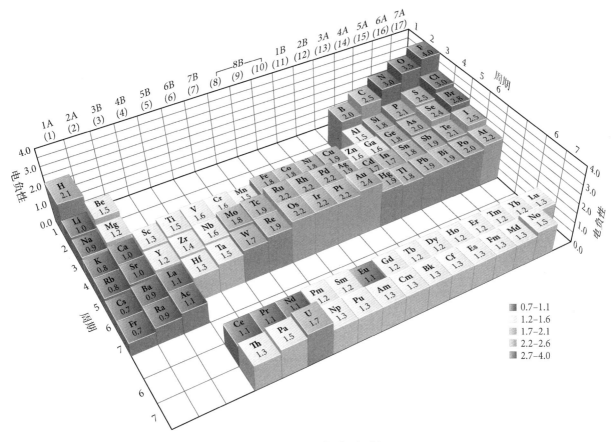

图 1-31 元 素 电 负 性

同一主族元素从上至下电负性逐渐减小,同周期元素从左到右电负性逐渐增大。一般来说,电负性与原子大小成反比——原子越大,它在化学键(chemical bond)中吸引电子的能力就越小。

电负性的大小可以用来衡量元素金属性和非金属性的强弱。一般非金属元素的电负性大于2.0,金属元素的电负性一般较小,在 2.0 以下。氟是电负性最强的元素。铯是电负性最小的元素。有些元素的电负性在 2.0 左右,兼有金属性和非金属性,称为半金属(metalloid)。

周期表中一些元素原子半径与其右下角元素原子半径相似,它们的电负性、电离能等化学性质也有相似性,这种现象被称为对角线规则(diagonal rule)。

1.5 ◇ 化 学 计 量 Stoichiometry

1.5.1 法定计量单位

化学计量普遍用国际单位制 SI(法文 Systéme International)表示。经过多年的发展、完善,

SI 已获得国际上广泛承认和接受。

要建立一种计量单位,首先要确定基本量,即约定的认为在函数上彼此独立的量。SI 选择了长度、质量、时间、电流、热力学温度(thermodynamic temperature)、物质的量和发光强度等七个基本量,并给基本量规定了严格的定义。这些定义体现了现代科技发展水平,其量值能以高准确度复现出来。SI 基本单位是 SI 的基础,其名称和符号见表 1-11。

表 1-11　国际单位制七个基本物理量及其单位

物 理 量	单 位	符 号
长度(L)	米	m
质量(m)	千克	kg
时间(t)	秒	s
电流(I)	安培	A
热力学温度(T)	开尔文	K
发光强度(I)	坎德拉	cd
物质的量(n)	摩尔	mol

例题精讲 10

The kelvin (K) is the SI unit of temperature. The most common in the United States is the Fahrenheit (℉) scale. Scientists and citizens of most countries other than the United States typically use the Celsius (℃) scale.

You can convert between the temperature scales with these formulas:

$$℃ = \frac{(℉ - 32)}{1.8}$$

$$K = ℃ + 273.15$$

A sick child has a temperature of 40.00 ℃. What is the child's temperature in (a) K and (b) ℉?

SOLUTION:

(a) $K = ℃ + 273.15 = 40.00 + 273.15 = 313.15$ K

(b) $℉ = 1.8 × ℃ + 32 = 1.8 × 40.00 + 32 = 104.00$ ℉

SI 导出单位遵从一贯性原则,通过比例因数为 1 的量的定义方程式,由 SI 基本单位导出、并由 SI 基本单位以代数形式表示的单位。导出单位是组合形式的单位,它们是由两个以上基本单位(或者以"1"作为单位)幂的乘积表示的。为了读写和实际应用方便,以及便于区分某些具有相同量纲和表达式的单位,历史上出现了一些具有专门名称的导出单位,被 SI 选用的共有 21 个,其中与工程有关的有 18 个,详见表 1-12。

表 1-12　具有专门名称的 SI 导出单位

量 的 名 称	SI 导出单位		
	名　称	符号	用 SI 基本单位和 SI 导出单位表示
[平面]角	弧度	rad	$1\ \mathrm{rad}=1\mathrm{m}/\mathrm{m}=1$
立体角	球面度	sr	$1\ \mathrm{sr}=1\ \mathrm{m}^2/\mathrm{m}^2=1$
频率	赫[兹]	Hz	$1\ \mathrm{Hz}=1\ \mathrm{s}^{-1}$
力	牛[顿]	N	$1\ \mathrm{N}=1\ \mathrm{kg}\cdot\mathrm{m}/\mathrm{s}^2$
压力、压强、应力	帕[斯卡]	Pa	$1\ \mathrm{Pa}=1\ \mathrm{N}/\mathrm{m}^2$
能[量]、功、热量	焦[耳]	J	$1\ \mathrm{J}=1\ \mathrm{N}\cdot\mathrm{m}$
功率、辐[射能]通量	瓦[特]	W	$1\ \mathrm{W}=1\ \mathrm{J}/\mathrm{s}$
电荷[量]	库[仑]	C	$1\ \mathrm{C}=1\ \mathrm{A}\cdot\mathrm{s}$
电压、电动势、电位(电势)	伏[特]	V	$1\ \mathrm{V}=1\ \mathrm{W}/\mathrm{A}$
电容	法[拉]	F	$1\ \mathrm{F}=1\ \mathrm{C}/\mathrm{V}$
电阻	欧[姆]	Ω	$1\ \Omega=1\ \mathrm{V}/\mathrm{A}$
电导	西[门子]	S	$1\ \mathrm{S}=1\ \Omega^{-1}$
磁通[量]	韦[伯]	Wb	$1\ \mathrm{Wb}=1\ \mathrm{V}\cdot\mathrm{s}$
磁通[量]密度、磁感应强度	特[斯拉]	T	$1\ \mathrm{T}=1\ \mathrm{Wb}/\mathrm{m}^2$
电感	亨[利]	H	$1\ \mathrm{H}=1\ \mathrm{Wb}/\mathrm{A}$
摄氏温度	摄氏度	℃	$1\ ℃=1\ \mathrm{K}$
光通量	流[明]	lm	$1\ \mathrm{lm}=1\ \mathrm{cd}\cdot\mathrm{sr}$
[光]照度	勒[克斯]	lx	$1\ \mathrm{lx}=1\ \mathrm{lm}/\mathrm{m}^2$

基本单位、具有专门名称的导出单位,以及直接由它们构成的组合形式的导出单位都称之为 SI 单位,它们有主单位的含义。在实际使用时,量值的范围很宽,仅用 SI 单位来表示量值很不方便。为此,SI 中规定了 20 个构成十进倍数和分数单位的词头和所表示的因数。这些词头不能单

独使用，也不能重叠使用，它们仅用于与构成 SI 单位（kg 除外）的十进倍数和十进分数单位。详见表 1 - 13。

表 1 - 13　用于构成十进倍数和分数单位的词头

词头	符号	**Multiplier　乘数**	
exa	E	1,000,000,000,000,000,000	(10^{18})
peta	P	1,000,000,000,000,000	(10^{15})
tera	T	1,000,000,000,000	(10^{12})
giga	G	1,000,000,000	(10^{9})
mega	M	1,000,000	(10^{6})
kilo	k	1 000	(10^{3})
deci	d	0.1	(10^{-1})
centi	c	0.01	(10^{-2})
milli	m	0.001	(10^{-3})
micro	μ	0.000 001	(10^{-6})
nano	n	0.000 000 001	(10^{-9})
pico	p	0.000 000 000 001	(10^{-12})
femto	f	0.000 000 000 000 001	(10^{-15})
atto	a	0.000 000 000 000 000 001	(10^{-18})

1.5.2　有效数字

任何一个物理量，其测量结果必然存在误差。因此，表示一个物理量测量结果的数字取值是有限的。我们把测量结果中可靠的几位数字，加上可疑的一位数字，统称为测量结果的有效数字（significant figure）。例如，测得物质质量为 5.213 克记录为：

$$5.21\underline{3}$$

可靠数字　　存疑数字

前三位数字为可靠（certain）数字，最后一位是存疑（estimated）数字。

仪器正确测读的原则是：读出有效数字中可靠数部分是由被测量值的大小与所用仪器的最小分度来决定。可疑数字由介于两个最小分度之间的数值进行估读，估读取数一位（这一位是有误差的）。

例题精讲 11

The graduated cylinder shown at the right Fig 1 – 32 has markings every 0.1 mL. Report the volume (which is read at the bottom of the meniscus) to the correct number of digits. (Note：The meniscus is the crescent-shaped surface at the top of a column of liquid.)

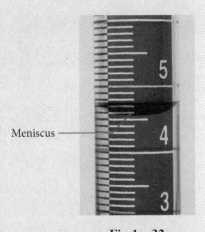

Meniscus

Fig 1 – 32

SOLUTION：

Since the bottom of the meniscus is between the 4.5 and 4.6 mL markings，mentally divide the space between the markings into ten equal spaces and estimate the next digit. In this case，you should report the result as 4.57 mL.

What if you estimated a little differently and wrote 4.56 mL? In general，one unit difference in the last digit is acceptable because the last digit is estimated and different people might estimate it slightly differently. However，if you wrote 4.63 mL, you would have misreported the measurement.

测量结果的有效数字由误差确定。不论是直接测量还是间接测量,其结果的误差一般只取一位。测量结果有效数字的最后一位与误差所在的一位对齐。如 $L=(83.87\pm0.02)$ cm 是正确的,而 $L=(83.868\pm0.02)$ cm 和 $L=(83.9\pm0.02)$ cm 都是错误的。

有效数字的位数与十进制的单位变换无关。末位"0"和数字中间的"0"均属于有效数字。如 23.20 cm；10.2 V 等,其中出现的"0"都是有效数字。非 0 数字前的"0"都不是有效数字。如 0.25 cm 或 0.045 kg 中的"0"都不是有效数字,这两个数值都只有两位有效数字。数值表示的标准形式是用 10 的方幂来表示其数量级。前面的数字是测得的有效数字,并只保留一位数在小数点的前面。如 3.3×10^{5} m、8.25×10^{-3} kg 等。

注：在需要保留有效数字的位次后一位,逢五就进一,逢四就舍。为了避免多步计算中误差过大,只在最终答案中四舍五入,而不舍中间步骤。

在有效数字的运算过程中,为了不致因运算而引进误差或损失有效数字,影响测量结果的精确度,并尽可能地简化运算过程,因此,规定有效数字运算规则如下：

有效数字的加减

先进行加减计算,再按小数点后位数最少的数据保留最后结果的位数。

例：计算 $50.1+1.45+0.5812=$?

先计算：$50.1+1.45+0.5812=52.1312$

再四舍五入：$=52.1$。

乘除法

先进行乘除运算,再按有效数字最少的数据保留结果。

例：计算 $0.012\ 1 \times 25.64 \times 1.057\ 82 =?$

先计算：$0.012\ 1 \times 25.64 \times 1.057\ 82 = 0.328\ 182\ 308\ 08$

结果仍保留为三位有效数字，记录为：$0.012\ 1 \times 25.64 \times 1.057\ 82 = 0.328\ 182\ 308\ 08 = 0.328$

注意：用计算器计算结果后，要按照运算规则对结果进行修约。

有效数字在乘方和开方时，运算结果的有效数字位数与其底的有效数字的位数相同

例：$12.5^2 = 156.25 = 156$

$\sqrt{43.2} = 6.573 = 6.57$

对数函数运算后，结果中小数点后的位数与真数有效数字位数相同

例：$\lg 1\ 983 = 3.297\ 327 = 3.297\ 3$

指数函数运算后，结果中有效数字的位数与指数小数点后的有效数字位数相同

例：$e^{9.14} = 9\ 320.765\ 131\ 8 = 9.3 \times 10^3$

三角函数的有效数字位数与角度有效数字的位数相同

例：$\sin 30° = 0.5 = 0.50$

例题精讲 12

Perform each calculation to the correct number of significant figures.

(a) $1.10 \times 0.512\ 0 \times 4.001\ 5 \div 3.455\ 5$

(b) 0.355

$+105.1$

-100.5820

(c) $4.562 \times 3.998\ 70 \div (452.675\ 5 - 452.33)$

(d) $(14.84 \times 0.55) - 8.02$

SOLUTION：

(a) $1.10 \times 0.512\ 0 \times 4.001\ 5 \div 3.455\ 5 = 0.652\ 19 = 0.652$

(b) $0.3|55$

$+105.1$

$-100.5|820$

$\overline{\qquad\qquad}$

$4.8|73\ 0 = 4.9$

(c) $4.562 \times 3.998\ 70 \div (452.675\ 5 - 452.33)$

$= 4.562 \times 3.998\ 70 \div 0.3\underline{4}55$

$= 52.799\ 04$

$= 53$

(d) $(14.84 \times 0.55) - 8.02 = 0.142 = 0.14$

1.6 ◆ 物 质 的 量 Mole

1.6.1 物质的量

物质的量(mole)是国际单位制中 7 个基本物理量之一,它表示含有一定数目粒子的集合体,符号:n。其单位为摩尔,简称摩。它的计量对象是原子、分子、离子、原子团、电子、质子、中子等所有微观粒子及它们的特定组合。

把 1 mol 任何粒子的粒子数叫作阿伏加德罗常数(Avogadro's number),符号为 N_A,通常用 $6.02 \times 10^{23} \ mol^{-1}$ 表示。N_A 指 1 mol 任何粒子的粒子数,一定要指明何种粒子,如 1 mol H_2O 含有的分子数为 N_A,而原子数目为 $3N_A$。

物质的量、阿伏加德罗常数与粒子数(N)之间的关系为 $n = \dfrac{N}{N_A}$。 如 0.5 mol H_2O 中分子数为 3.01×10^{23}。

例题精讲 13

Calculate the number of copper atoms in 2.45 mol of copper.

SOLUTION:

$$2.45 \ mol \ Cu \times \frac{6.02 \times 10^{23} \ Cu \ atoms}{1 \ mol \ Cu} = 1.47 \times 10^{24} \ Cu \ atoms$$

1.6.2 摩尔质量

单位物质的量的物质所具有的质量叫做摩尔质量(molar mass)。符号为 M,单位是 g/mol 或 $g \cdot mol^{-1}$。

物质的量(n)、质量(m)、摩尔质量(M)的关系:$n = \dfrac{m}{M}$。

摩尔质量以 $g \cdot mol^{-1}$ 为单位时,在数值上等于其相对原子质量或相对分子质量。

例题精讲 14

Calculate the amount of carbon (in moles) contained in a 0.0265 g pencil "lead." (Assume that the pencil lead is made of pure graphite, a form of carbon.)

SOLUTION:

$$0.026 \ 5 \ g \ C \times \frac{1 \ mol \ C}{12.01 \ g \ C} = 2.21 \times 10^{-3} \ mol \ C$$

1.6.3 气体摩尔体积

1 mol 物质所占有的体积称为摩尔体积(molar volume)。对气体来说,通常指的是标准状况

(standard temperature and pressure,缩写为 STP)的体积,标准状况是指 $T=0\ ℃\ \text{or}\ 273.15\ K$, $P=1.00\ atm$ 的状况。

根据物质的摩尔质量和密度,可以计算出不同物质的摩尔体积(表 1-14,表 1-15):

表 1-14　0 ℃、101 kPa(标准状况)时,O_2 和 H_2 的密度与体积

物　　质	密度/$g \cdot L^{-1}$	1 mol 物质的体积/L
O_2	1.429	22.4
H_2	0.089 9	22.2

表 1-15　20 ℃时,几种固体和液体的密度与体积

物　　质	密度/$g \cdot cm^{-3}$	1 mol 物质的体积/cm^3
Fe	7.86	7.12
Al	2.70	10.00
H_2O	0.998	18.04
H_2SO_4	1.83	53.55

对于固体和液体来说,粒子间距离非常小,主要取决于粒子本身的大小;对于气体来说,粒子本身的大小远小于粒子之间的距离,主要取决于粒子间的距离。

在固体和液体中,粒子本身大小的不同决定了其体积不同,而不同的气体在一定的外界条件下,分子间的距离可看作近似相同。

同时,由我们所学的物理知识可知,粒子间距离主要受环境(也就是温度和压强)的影响,因此,在谈到气体体积时必须注明外界条件。

单位物质的量气体所占的体积称为气体摩尔体积。符号为 V_m。定义式:$V_m = \dfrac{V}{n}$。单位常用 L/mol。

根据大量实验事实证明,在标准状况下,1 mol 任何气体的体积都约是 22.4 L。气体在标准状况下的摩尔体积约是 22.4 L/mol。

1.6.4　阿伏加德罗定律

因为气体分子间的平均距离随着温度、压强的变化而改变,各种气体在一定的温度和压强下,分子间的平均距离是相等的。所以,同温同压下,相同体积气体的物质的量相等,所含的分子个数也相等。这一结论最早是由意大利科学家阿伏加德罗发现的,并被许多的科学实验所证实,称为阿伏加德罗定律(Avogadro's law)。

1.6.5　物质的量浓度

以单位体积溶液里所含溶质 B 的物质的量来表示溶液组成的物理量,叫作溶质 B 的物质的

量浓度(molarity)，符号为 $c(B)$。

表达式为 $c(B) = \dfrac{n_B}{V}$。

单位为 mol/L(或 mol·L^{-1})。

例题精讲 15

If you dissolve 25.5 g KBr in enough water to make 1.75 L of solution, what is the molarity of the solution?

SOLUTION：

$$25.5 \text{ g KBr} \times \frac{1 \text{ mol KBr}}{119.00 \text{ g KBr}} = 0.214\,29 \text{ mol KBr}$$

$$\text{molarity(M)} = \frac{\text{amount of solute(in mol)}}{\text{volume of solute(in L)}} = \frac{0.214\,29 \text{ mol KBr}}{1.75 \text{ L solution}} = 0.122 \text{ M}$$

配制一定物质的量浓度的溶液所需的主要仪器包括电子天平、药匙、胶头滴管、容量瓶。

容量瓶(图 1-33)是一个细颈、梨形、带磨口玻璃塞的平底玻璃容器，其上标有温度、容积和刻度线。常见的规格有 100 mL、250 mL、500 mL、1 000 mL 等。用于配制一定物质的量浓度的溶液。

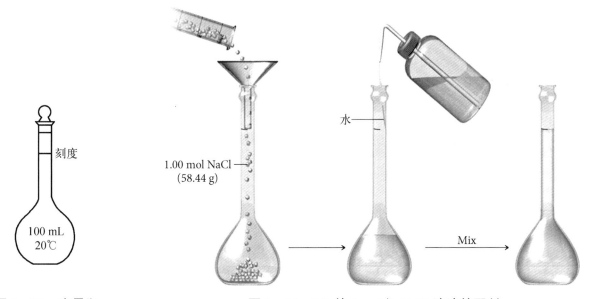

图 1-33　容量瓶　　　　**图 1-34　1 L 的 1 mol/L NaCl 溶液的配制**

配制溶液的方法是把一定量的溶质放入所需规格的容量瓶中，然后加水使凹液面最低点与刻度线相切。例如，要配制 1 L 的 1 mol/L NaCl 溶液，我们向 1 L 的容量瓶中加入 1 mol NaCl，然后加入足量的水来配制成 1 L 溶液(图 1-34)。

例题精讲 16

To what volume should you dilute 0.200 L of a 15.0 M NaOH solution to obtain a 3.00 M NaOH solution?

SOLUTION：

$$M_1V_1 = M_2V_2$$

$$V_2 = \frac{M_1V_1}{M_2} = \frac{15.0 \text{ mol/L} \times 0.200 \text{ L}}{3.00 \text{ mol/L}} = 1.00 \text{ L}$$

例题精讲 17

What volume (in L) of 0.150 M KCl solution will completely react with 0.150 L of a 0.175 M $Pb(NO_3)_2$ solution according to the following balanced chemical equation?

$$2KCl(aq) + Pb(NO_3)_2(aq) \longrightarrow PbCl_2(s) + 2KNO_3(aq)$$

SOLUTION：

$$0.0150 \text{ L } Pb(NO_3)_2 \text{ solution} \times \frac{0.175 \text{ mol } Pb(NO_3)_2}{1 \text{ L } Pb(NO_3)_2 \text{ solution}}$$

$$\times \frac{2 \text{ mol KCl}}{1 \text{ mol } Pb(NO_3)_2} \times \frac{1 \text{ L KCl solution}}{0.150 \text{ mol KCl}} = 0.350 \text{ L KCl solution}$$

1.7 ◆ 化合物的命名 Naming Compounds

在英文中，离子化合物（ionic compounds）和分子化合物（molecular compounds）的命名方式略有不同。

1.7.1 离子化合物的命名

离子化合物通常由金属（metal）和非金属（nonmetal）组成。一些离子化合物，如氯化钠（table salt）和碳酸氢钠（baking soda）有它们的习惯叫法。但事实上对化合物有一套系统命名方法。

由两种元素组成的化合物称为二元化合物，它的命名形式是：

阳离子（cation）的名称（表 1-16）＋阴离子的基名（表 1-17）＋ide

表 1-16 常见非变价金属离子

金属	离子	名称	族序数	金属	离子	名称	族序数
Li（锂）	Li^+	Lithium	1A	K（钾）	K^+	Potassium	1A
Na（钠）	Na^+	Sodium	1A	Rb（铷）	Rb^+	Rubidium	1A

金属	离子	名称	族序数	金属	离子	名称	族序数
Cs(铯)	Cs^+	Cesium	1A	Ba(钡)	Ba^{2+}	Barium	2A
Be(铍)	Be^{2+}	Beryllium	2A	Al(铝)	Al^{3+}	Aluminum	3A
Mg(镁)	Mg^{2+}	Magnesium	2A	Zn(锌)	Zn^{2+}	Zinc	*
Ca(钙)	Ca^{2+}	Calcium	2A	Sc(钪)	Sc^{3+}	Scandium	*
Sr(锶)	Sr^{2+}	Strontium	2A	Ag(银)	Ag^+	Silver	*

* 由族序数无法推断出离子电荷数。

表 1-17　常见单原子阴离子

非金属	阴离子	基名	离子名称	非金属	阴离子	基名	离子名称
Fluorine(氟)	F^-	fluor	Fluoride	Oxygen(氧)	O^{2-}	ox	Oxide
Chlorine(氯)	Cl^-	chlor	Chloride	Sulfur(硫)	S^{2-}	sulf	Sulfide
Bromine(溴)	Br^-	brom	Bromide	Nitrogen(氮)	N^{3-}	nitr	Nitride
Iodine(碘)	I^-	iod	Iodide	Phosphorus(磷)	P^{3-}	phosph	Phosphide

例如,KCl 的名称由阳离子 potassium、氯离子的基名 chlor 和后缀-ide 组成。

KCl　　　potassium chloride

CaO 的名称由阳离子 calcium、阴离子的基名 ox,和后缀-ide 组成。

CaO　　　calcium oxide

例题精讲 18

Name the compound $CaBr_2$.

SOLUTION：

The cation is calcium. The anion is from bromine，which becomes bromide. The correct name is calcium bromide.

一些金属在不同的化合物中表现不同的氧化数,这时在金属的名称后加一个括号,括号中用罗马数字注明离子的化合价(表 1-18)。例如,用 iron(Ⅱ)表示 Fe^{2+},用 iron(Ⅲ)表示 Fe^{3+}。

这种化合物的命名形式为:

阳离子的名称+(用罗马数字注明氧化数)+阴离子的基名+ide

表 1−18　常见变价金属阳离子

金　属	阳离子	名　称	金　属	阳离子	名　称
Chromium(铬)	Cr^{2+}	Chromium(Ⅱ)	Tin(锡)	Sn^{2+}	Tin(Ⅱ)
	Cr^{3+}	Chromium(Ⅲ)		Sn^{4+}	Tin(Ⅳ)
Iron(铁)	Fe^{2+}	Iron(Ⅱ)	Mercury(汞)	Hg_2^{2+}	Mercury(Ⅰ)
	Fe^{3+}	Iron(Ⅲ)		Hg^{2+}	Mercury(Ⅱ)
Cobalt(钴)	Co^{2+}	Cobalt(Ⅱ)	Lead(铅)	Pb^{2+}	Lead(Ⅱ)
	Co^{3+}	Cobalt(Ⅲ)		Pb^{4+}	Lead(Ⅳ)
Copper(铜)	Cu^{+}	Copper(Ⅰ)			
	Cu^{2+}	Copper(Ⅱ)			

例如,$CrBr_3$ 中,铬离子的氧化数是＋3,命名为:

$$CrBr_3 \qquad chromium(Ⅲ)\ bromide$$

例题精讲 19

Name the compound $PbCl_4$.

SOLUTION:

The charge on Pb must be 4＋for the compound to be charge-neutral with four Cl^- anions. The name for $PbCl_4$ is the name of the cation, lead, followed by the charge of the cation in parentheses (Ⅳ) and the base name of the anion, chlor, with the ending -ide. The full name is lead(Ⅳ) chloride.

$PbCl_4 \qquad$ lead(Ⅳ) chloride

含原子团(polyatomic ions)的离子化合物的命名原则与二元离子化合物相同,原子团用相应的离子名称表示(表 1−19)。

表 1−19　常 见 原 子 团

名　称	化学式	名　称	化学式
Acetate	$C_2H_3O_2^-$	Hydrogen carbonate	HCO_3^-
Carbonate	CO_3^{2-}	Hydroxide	OH^-

续　表

名　　称	化学式	名　　称	化学式
Nitrite	NO_2^-	Chlorate	ClO_3^-
Nitrate	NO_3^-	Perchlorate	ClO_4^-
Chromate	CrO_4^{2-}	Permanganate	MnO_4^-
Dichromate	$Cr_2O_7^{2-}$	Sulfite	SO_3^{2-}
Phosphate	PO_4^{3-}	Hydrogen sulfite	HSO_3^-
Hydrogen phosphate	HPO_4^{2-}	Sulfate	SO_4^{2-}
Dihydrogen phosphate	$H_2PO_4^-$	Hydrogen sulfate	HSO_4^-
Ammonium	NH_4^+	Cyanide	CN^-
Hypochlorite	ClO^-	Peroxide	O_2^{2-}
Chlorite	ClO_2^-		

例如，$NaNO_2$ 的命名由阳离子 Na^+（sodium），阴离子原子团 NO_2^-（nitrite）组成：

$$NaNO_2 \qquad sodium\ nitrite$$

$FeSO_4$ 的命名由阳离子 iron，它的氧化数（Ⅱ）和阴离子原子团 sulfate 组成：

$$FeSO_4 \qquad iron（Ⅱ）sulfate$$

如果化合物的阳离子和阴离子都是原子团，就都用原子团的名称表示，如：

$$NH_4NO_3 \qquad ammonium\ nitrate$$

观察发现，多数原子团都是含氧原子团（oxyanions），即氧元素和其他元素形成的阴离子。当原子团的中心原子相同但氧原子数不同时，它的命名以氧原子个数为标准，如果只有两种含氧原子团，氧原子数较少的以-ite 结尾，氧原子数较多的以-ate 结尾。例如：

$$NO_3^- \qquad nitrate$$
$$NO_2^- \qquad nitrite$$

如果原子团的中心原子相同，而有多种含氧原子团，氧原子最少的原子团以 hypo- 为前缀，氧原子数最多的以 per- 为前缀。例如：

$$ClO^- \qquad hypochlorite$$
$$ClO_2^- \qquad chlorite$$
$$ClO_3^- \qquad chlorate$$
$$ClO_4^- \qquad perchlorate$$

例题精讲 20

Name the compound $Li_2Cr_2O_7$.

SOLUTION:

The name for $Li_2Cr_2O_7$ is the name of the cation, lithium, followed by the name of the polyatomic ion, dichromate. Its full name is lithium dichromate.

$Li_2Cr_2O_7$ lithium dichromate

一些离子化合物中含有一定量的水分子，称为水合物。例如泻盐的化学式为 $MgSO_4 \cdot 7H_2O$，它的系统命名为"magnesium sulfate heptahydrate"。化学式中的七个水称为结晶水。水合物的命名除了与其他离子化合物相同的部分外还要跟上"prefixhydrate"，其中 prefix 是指水合物中水分子的个数（表 1-20）。

表 1-20 前缀数目的表示方法

前缀	数目	前缀	数目	前缀	数目
hemi	1/2	mono	1	di	2
tri	3	tetra	4	penta	5
hexa	6	hepta	7	octa	8

与离子化合物不同，分子化合物的化学式无法仅由组成元素决定，因为相同元素可能组成多种分子化合物，每一种的化学式都不相同。碳和氧组成的化合物可能为 CO 或 CO_2，由氢和氧组成的化合物可能为 H_2O 或 H_2O_2。

很多分子化合物有俗名，如 H_2O 和 NH_3 的俗名分别为 water 和 ammonia。但是还有更多的分子化合物需要用系统命名法进行命名。

分子化合物通常由两种或多种非金属组成，他们的命名原则是：

前缀＋第一种元素的名称＋前缀＋第二种元素的基名＋ide

分子化合物在书写名称时通常将金属性较弱的元素写在前边，书写名称时也是这样的。前缀指的是该化合物分子中含有这种元素的个数（表 1-20）。

如果分子中第一个元素只有一个原子，这时候个数 mono-通常可以省略。例如，若要写出 NO_2 名称，先写出第一种元素 nitrogen，但是它的前缀 mono-是要省略的，接下来写氧原子的个数 di-，然后写出氧元素的基名 ox，并且以-ide 为后缀：

NO_2 nitrogen dioxide

N_2O 俗称笑气，它在命名时与 NO_2 类似，但是氮原子的个数 di-不能省略，氧原子的个数 mono-也不能省略，它的命名是：

N_2O dinitrogen monoxide

例题精讲 21

Name each compound.

(a) NI₃　　(b) PCl₅　　(c) P₄S₁₀

SOLUTION：

(a) The name of the compound is the name of the first element, nitrogen, followed by the base name of the second element, iod, prefixed by tri- to indicate three and given the suffix -ide.

NI_3　　nitrogen triiodide

(b) The name of the compound is the name of the first element, phosphorus, followed by the base name of the second element, chlor, prefixed by penta- to indicate five and given the suffix -ide.

PCl_5　　phosphorus pentachloride

(c) The name of the compound is the name of the first element, phosphorus, prefixed by tetra- to indicate four, followed by the base name of the second element, sulf, prefixed by deca to indicate ten and given the suffix -ide.

P_4S_{10}　　tetraphosphorus decasulfide

在水溶液中电离出阳离子只有氢离子(hydrogen ions)的分子化合物称为酸(acid)。酸是由氢离子和酸根组成的，书写时通常先写出氢原子 hydrogen，再写出酸根。例如氯化氢气体溶于水电离为氢离子和氯离子，称为盐酸。气态 HCl 是一个分子化合物，命名为 hydrogen chloride，HCl 溶于水称为盐酸，命名为 hydrochloric acid，记做 $HCl(g)$ 和 $HCl(aq)$。

按照是否含有氧元素，酸可以分为两类：无氧酸(binary acids)和含氧酸(oxoacids)。

无氧酸由氢原子和非金属原子组成，它的命名原则为：

$$hydro + 基名 + ic\ acid$$

例如：

$HCl(aq)$　　hydrochloric acid

$HBr(aq)$　　hydrobromic acid

例题精讲 22

Name HI(aq).

SOLUTION：

The base name of I is iod, so HI(aq) is hydroiodic acid.

$HI(aq)$　　hydroiodic acid

含氧酸由氢原子和含氧酸根（oxyanion）组成，表1-18中列举了常见酸根。例如 $HNO_3(aq)$ 中包含硝酸根离子[nitrate（NO_3^-）]，$H_2SO_3(aq)$ 中包含亚硫酸离子[sulfite（SO_3^{2-}）]，and $H_2SO_4(aq)$ 中包含硫酸根离子[sulfate（SO_4^{2-}）]。含氧酸的命名原则为：

酸根以 -ate 结尾时，含氧酸基名 ＋ic acid

酸根以 -ite 结尾时，含氧酸基名 ＋ous acid

例如，

$HNO_3(aq)$ nitric acid

$H_2SO_3(aq)$ sulfurous acid

例题精讲 23

Name $HC_2H_3O_2(aq)$.

SOLUTION：

The oxyanion is acetate，which ends in-ate；therefore，the name of the acid is acetic acid.

$HC_2H_3O_2(aq)$ acetic acid

课后练习 Exercise

1. （a）What are the atomic number，mass number，and symbol for the nitrogen isotope with seven neutrons?

 （b）How many protons and neutrons are present in an atom of $^{40}_{20}Ca$?

2. Write electron configurations for each element.

 （a）Cl   （b）Si   （c）Sr   （d）O

3. Write the orbital diagram for Ar and determine the number of unpaired electrons.

4. Write an electron configuration for phosphorus. Identify the valence electrons and core electrons.

5. Use the periodic table to determine the electron configuration of bismuth （Bi）.

6. Write the electron configuration and orbital diagram for each ion and predict whether each will be paramagnetic or diamagnetic.

 （a）Co^{2+} （b）N^{3-} （c）Ca^{2+}

7. On the basis of periodic trends，choose the larger atom in each pair （if possible）：

 （a）Sn or I   （b）Cr or W   （c）F or Se

8. On the basis of periodic trends，determine the element in each pair with the higher first ionization energy （if possible）.

 （a）Sn or I   （b）Ca or Sr   （c）F or S

9. Gallium is a solid metal at room temperature but will melt to a liquid in your hand. The melting point of gallium is 85.6℉. What is this temperature on (a) the Celsius scale and (b) the Kelvin scale?

10. Record the temperature on the thermometer shown at the right (Fig 1－35) to the correct number of digits.

Fig 1－35

11. Perform each calculation to the correct number of significant figures.

    (a) 3.100 0 7×9.441×0.030 1÷2.31

    (b) 0.881＋132.1－12.02

    (c) 2.511 0×21.20÷(44.11＋1.223)

    (d) (12.01×0.3)＋4.811

12. A pure silver ring contains $2.80×10^{22}$ silver atoms. How many moles of silver atoms does it contain?

13. Calculate the amount of copper (in moles) in a 35.8 g pure copper sheet.

14. How many liters of oxygen (at STP) are required to form 10.5 g of H_2O?

15. Calculate the molarity of a solution made by adding 45.4 g of $NaNO_3$ to a flask and dissolving it with water to create a total volume of 2.50 L.

16. To what volume (in mL) should you dilute 100.0 mL of a 5.00 M $CaCl_2$ solution to obtain a 0.750 M $CaCl_2$ solution?

17. What volume (in mL) of a 0.150 M HNO_3 solution will completely react with 35.7 mL of a 0.108 M Na_2CO_3 solution according to the following balanced chemical equation?

$$Na_2CO_3(aq)＋2HNO_3(aq) \longrightarrow NaNO_3(aq)＋CO_2(g)＋H_2O(l)$$

18. Name the compound Ag_3N.

19. Write the formula for rubidium sulfide.

20. Name the compound FeS.

21. Write the formula for ruthenium(Ⅳ) oxide.

22. Name the compound $Sn(ClO_3)_2$.

23. Write the formula for cobalt(Ⅱ) phosphate.

24. Name the compound N_2O_5.

25. Write the formula for phosphorus tribromide.

26. Name HF(aq).

第 2 章

化学键与分子空间构型
Chemical Bonding and Molecular Shapes

分子或晶体中相邻原子间强烈的相互作用称为化学键（chemical bonds）。化学键的形成降低了微粒之间的势能。

根据成键原子的类型可以将化学键分为三种类型（表 2－1）（图 2－1）。

表 2－1　化学键的分类

成　键　原　子	化　学　键	键　的　性　质
金属与非金属之间	离子键	电子的得失
非金属之间	共价键	共用电子对
金属之间	金属键	自由电子

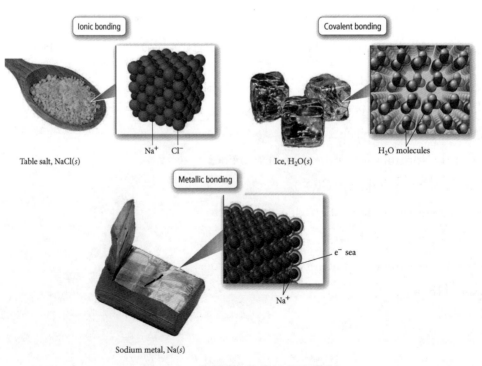

图 2－1　离子键、共价键和金属键

2.1 ◆ 离子键理论 Ionic Bonds

离子键(ionic bonds)是指依靠正负离子间的静电作用(electrostatic forces)形成的化学键。

金属容易失去电子,非金属容易得到电子。当电离能较小的金属原子与电负性较大的非金属原子接近时,金属原子会将一个或多个电子转移给非金属原子。金属原子形成了带正电荷(positively charged)的阳离子(cation),非金属原子形成了带负电荷(negatively charged)的阴离子(anion),这样阴阳离子都形成了类似稀有气体原子的稳定结构,这两种带相反电荷的离子通过静电作用(electrostatic forces)相互吸引而形成了离子键。由离子键形成的化合物在固态时称为离子晶体(ionic lattice),这种晶体是由阳离子和阴离子通过离子键交替排列形成三维结构(three-dimensional array)。

以钾和氯为例,钾原子和氯原子的电子式(Lewis symbols)如图 2-2:

$$K \cdot \qquad : \overset{\cdot\cdot}{\underset{\cdot\cdot}{Cl}} :$$

图 2-2 钾原子和氯原子的电子式

当这两种原子形成化学键时,钾原子失去一个电子形成带正电的钾离子,转移到氯原子上形成带负电的氯离子。单原子阳离子的电子式为离子符号本身,阴离子的价电子通常写在中括号内,电荷写在中括号外的右上角。阴阳离子相互吸引,形成氯化钾,电子式写作 $K^+ \left[: \overset{\cdot\cdot}{\underset{\cdot\cdot}{Cl}} : \right]^-$。用电子式表示形成过程为:

$$K \cdot + : \overset{\cdot\cdot}{\underset{\cdot\cdot}{Cl}} : \longrightarrow K^+ \left[: \overset{\cdot\cdot}{\underset{\cdot\cdot}{Cl}} : \right]^-$$

例题精讲 1

Use Lewis symbols to predict the formula for the compound that forms between calcium and chlorine.

SOLUTION:

Draw Lewis symbols for calcium and chlorine based on their number of valence electrons, obtained from their group number in the periodic table.

$$\cdot Ca \cdot \qquad \cdot \overset{\cdot\cdot}{\underset{\cdot\cdot}{Cl}} :$$

Calcium must lose its two valence electrons (to be left with an octet in its previous principal shell), while chlorine only needs to gain one electron to get an octet. Draw two chlorine anions, each with an octet and a 1-charge, and one calcium cation with a 2+ charge. Place brackets around the chlorine anions and indicate the charges on each ion.

$$Ca^{2+} 2[:\overset{..}{\underset{..}{Cl}}:]^-$$

Finally, write the formula with subscripts to indicate the number of atoms $CaCl_2$.

离子键的强度可用晶格能(lattice energy)的大小来衡量。晶格能表示相互远离的气态阳离子和阴离子结合成 1 mol 离子晶体放出的能量,或 1 mol 离子晶体解离(dissociation)为自由气态离子所吸收的能量。

玻恩—哈伯循环(Born-Haber cycle)通过设计一系列假设步骤,根据实验数据间接求算晶体晶格能的一个热化学循环过程。例如,假设氯化钠晶体参与图 2-3 的热化学循环过程,这些步骤的总和是由单质钠和氯气生成 1 mol 氯化钠的反应(formation),其中最后一步的焓变(enthalpy change)就是氯化钠的晶格能。

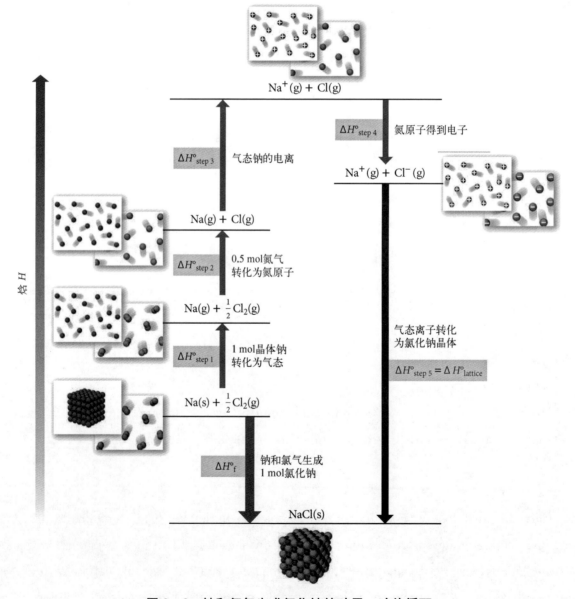

图 2-3 钠和氯气生成氯化钠的玻恩—哈伯循环

玻恩—哈伯循环的各步骤相加得到的总反应（overall reaction）等于钠和氯气生成氯化钠的反应，氯化钠的生成焓（enthalpy of formation）就等于玻恩—哈伯循环的步骤焓变之和：

$$\Delta H_f^\circ = \Delta H_{step1}^\circ + \Delta H_{step2}^\circ + \Delta H_{step3}^\circ + \Delta H_{step4}^\circ + \Delta H_{step5}^\circ$$

碱金属氯化物的晶格能如表 2-2 所示：

表 2-2　碱金属氯化物的晶格能

离子化合物	晶格能（kJ/mol）
LiCl	837
NaCl	788
KCl	701
CsCl	657

同主族元素形成的同类化合物，晶格能由上到下逐渐减小。这是因为，同主族元素从上到下离子半径（ionic radii）逐渐增大，随着离子半径的增加，离子间的距离逐渐增大，因此形成晶格时释放的能量就少了。

离子所带的电荷数（ionic charge）越大，离子晶体的晶格能就越大。

表 2-3 表示了 NaF 和 CaO 的晶格能和离子间距（图 2-4）：

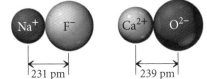

图 2-4　NaF、CaO 的离子间距

表 2-3　NaF 和 CaO 的晶格能和离子间距

离子化合物	晶格能（kJ/mol）	离子间距（pm）
NaF	910	231
CaO	3 414	239

观察到，CaO 和 NaF 的离子间距相差不大，但 CaO 的晶格能远远大于 NaF 的。

例题精讲 2

Arrange these ionic compounds in order of increasing magnitude of lattice energy：CaO，KBr，KCl，SrO.

SOLUTION：

KBr and KCl should have lattice energies of smaller magnitude than CaO and SrO because of their lower ionic charges（1+，1− compared to 2+，2−.）When you compare KBr and KCl，you expect KBr to have a lattice energy of lower magnitude due to the larger ionic radius of the bromide ion relative to the chloride ion. Between CaO and SrO，you expect

SrO to have a lattice energy of lower magnitude due to the larger ionic radius of the strontium ion relative to the calcium ion.

Order of increasing magnitude of lattice energy：KBr＜KCl＜SrO＜CaO.

离子电荷指原子在形成离子化合物过程中失去或得到的电子数,它与各元素原子的电子构型有关。

对同一元素不同价态的阳离子而言,离子电荷越少,其半径越大。同族元素离子半径从上而下递增。同一周期的离子半径随离子电荷增加而减小。对角规则为周期表中某元素与其紧邻的右下角或左上角元素的离子半径相近。

离子键理论可以用来解释离子晶体熔沸点较高,固态时不导电,溶于水后能导电(conduct electricity)的性质。

熔化离子晶体如氯化钠时,需要足够的热量来克服阴离子和阳离子之间的作用力(图2-5),因此,离子化合物的熔点相对较高。

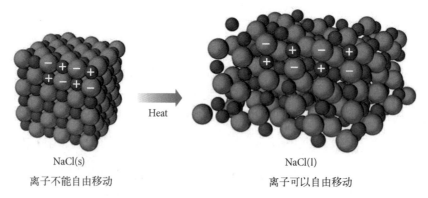

图 2 - 5 氯化钠熔化

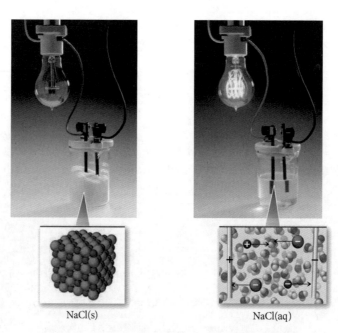

图 2 - 6 氯化钠固体和氯化钠溶液的导电性

由图 2-6 可以看出,氯化钠固体不导电,但氯化钠溶液具有导电性。离子晶体在固态时,离子被离子键束缚(fixed in place),不能自由移动,所以即使外加电场作用,也无法定向移动形成电流,所以无法导电(nonconductivity)。但是当离子化合物溶解在水中后,会电离(dissociate)为自由移动的阴阳离子,这些带电微粒在外加电场的作用下能够定向移动,形成电流(electrical current)。

2.2 ◈ 经典路易斯学说　Lewis Structures

2.2.1 共价键

共价键(covalent bond)是指原子通过共用电子对而形成的化学键。当一个非金属原子与另一个非金属原子成键时,两个原子都不会把自己的电子转移给另一个,它们通过共用电子对(shared electrons)而使每个原子具有稳定的稀有气体电子结构,由于共用电子与两个原子的原子核相互作用,所以比它们在单独的原子中具有更低的势能。原子通过共价键形成分子(molecule)。

共价分子是指原子之间通过共用电子对而使所有原子都具有稀有气体原子结构的分子。分子之间不存在共价键。用黑点表示价电子,可以表示原子形成分子时共用电子的情况。例如,在水分子中,两个氢原子各提供一个电子,氧原子提供两个电子,分别与氢原子形成一对共用电子对(图 2-7):

图 2-7　水 的 结 构

形成共价键时共用的电子称为成键电子对(bonding pair),原子单独拥有的未成键的电子称为孤对电子(lone pair electrons),孤对电子又称为未成键电子(nonbonding electrons)。

为了方便,常在原子符号之间用一条短线代表一对共用电子,称为单键(single bond),两条短线表示两对共用电子形成共价双键(double covalent bond),三条短线表示三对共用电子形成共价叁键(triple covalent bond)。分子中原子间共用电子对数称为键级(bond order)。共价分子中两个成键原子的核间距离称为键长(bond length)(表 2-4),可以由实验测得。一般来说,成键原子半径越大,共价键键长越大;成键原子相同时,键级越大,键长越短。

表 2-4　平均键长和键能

化学键	键长(pm)	键能(kJ/mol)	化学键	键长(pm)	键能(kJ/mol)	化学键	键长(pm)	键能(kJ/mol)
H—H	74	436	H—N	100	389	H—S	132	368
H—C	110	414	H—O	97	464	H—F	92	565

化学键	键长 (pm)	键能 (kJ/mol)	化学键	键长 (pm)	键能 (kJ/mol)	化学键	键长 (pm)	键能 (kJ/mol)
H—Cl	127	431	C≡N	116	891	N=O	120	590
H—Br	141	364	C—O	143	360	O—O	145	142
H—I	161	297	C=O	120	736	O=O	121	498
C—C	154	347	C—Cl	178	339	F—F	143	159
C=C	134	611	N—N	145	163	Cl—Cl	199	243
C≡C	120	837	N=N	123	418	Br—Br	228	193
C—N	147	305	N≡N	110	946	I—I	266	151
C=N	128	615	N—O	136	222			

1 mol 气态分子离解成气态原子所吸收的能量称为键能(bond energy)。通常,共价键的键长越短,键能越大。

2.2.2　路易斯结构式

路易斯结构式(Lewis Structure)的写法规则又称为八隅体规则(又称 8 电子结构,octet rule)。书写路易斯结构的方法如下:

(1) 计算分子或离子的总价电子数目 n(含离子的电荷数)。

(2) 画出分子或离子的骨架结构:确定中心原子和端基原子,用短线连接起来,每根短线代表一对电子;电负性小的原子为中心原子,电负性大的原子为端基原子。

(3) 剩余电子分配:将剩余的电子成对分配给端基原子,使其满足 8 电子要求(H 为 2 电子),多余的电子分配给中心原子。

(4) 8 电子检查:若中心原子仍不满足 8 电子要求,调整端基原子的电子对。

例题精讲 3

Write the Lewis Structure for CO_2.

SOLUTION:

Total number of electrons for Lewis structure = (number of valence e^- for C) + 2 (number of valence e^- for O) = 4 + 2 × 6 = 16

Because carbon is the less electronegative atom, put it in the central position.

$$O \quad C \quad O$$

Bonding electrons are first $O:C:O$. Lone pairs on terminal atoms are next $\overset{..}{:}\overset{..}{O}:C:\overset{..}{O}\overset{..}{:}$.

Since carbon lacks an octet, move lone pairs from the oxygen atoms to bonding regions to form double bonds: $\overset{\frown}{\underset{..}{O}}:\overset{.}{\underset{.}{C}}:\overset{\frown}{\underset{..}{O}}:$

$:\overset{..}{\underset{..}{O}}=C=\overset{..}{\underset{..}{O}}:$

例题精讲 4

Write the Lewis Structure for NH_3.

SOLUTION:

Total number of electrons for Lewis structure = (number of valence e^- for N) + 3 (number of valence e^- for H) = $5+3\times1=8$

Since hydrogen is always terminal, put nitrogen in the central position.

$$H \quad N \quad H$$
$$H$$

Bonding electrons are first $\begin{matrix} H:N:H \\ \overset{..}{H} \end{matrix}$. Lone pairs on terminal atoms are next $H-\overset{..}{N}-H$.
$$\quad\quad\quad\quad\quad\quad\quad\quad\quad\quad\quad\quad\quad\quad\quad\quad\quad\quad\quad | $$
$$\quad\quad\quad\quad\quad\quad\quad\quad\quad\quad\quad\quad\quad\quad\quad\quad\quad\quad\quad H$$

Since all of the atoms have octets (or duets for hydrogen), the Lewis structure for NH_3 is complete as shown in the previous step.

例题精讲 5

Write the Lewis structure for the NH_4^+ ion.

SOLUTION:

Begin by writing the skeletal structure. Since hydrogen is always terminal, put the nitrogen atom in the central position.

$$H$$
$$H \quad N \quad H$$
$$H$$

Total number of electrons for Lewis structure = (number of valence e^- in N) + (number of valence e^- in H) − 1 = $5+4\times1-1=8$.

Place two bonding electrons between every two atoms. Since all of the atoms have complete octets, no double bonds are necessary $\begin{matrix} \overset{..}{H} \\ H:N:H \\ \overset{..}{H} \end{matrix}$.

Lastly, write the Lewis structure in brackets with the charge of the ion in the upper righthand corner.

$$\left[\begin{array}{c} H \\ | \\ H-N-H \\ | \\ H \end{array}\right]^{+}$$

一个原子的形式电荷(formal charge,简称 FC)是指在路易斯结构中,所有成键电子在成键原子之间均等地共享时所具有的电荷。它的计算式为:

原子的形式电荷 =(原子固有的价电子数目)-(单独被该原子占有的电子数目)
$$-(1/2×共享电子的数目)$$

由此可以计算出氟化氢分子中氢原子和氟原子的形式电荷为 0:

$$FC(H)=1-0-(1/2×2)=0$$
$$FC(F)=7-6-(1/2×2)=0$$

分子中各原子形式电荷最小的结构(一般在 +1 和 -1 之间)能量最低,结构最稳定,特别是所有原子的形式电荷都等于零的结构。也要注意形式电荷为同号的原子不能相邻接。一般形式负电荷归属于电负性较大的元素,形式正电荷归属于电负性较小的元素。

例题精讲 6

Assign formal charges to each atom in the resonance forms of the cyanate ion (OCN⁻). Which resonance form is likely to contribute most to the correct structure of OCN⁻?

A	B	C
$[:\ddot{O}-C\equiv N:]^{-}$	$[:\ddot{O}=C=\ddot{N}:]^{-}$	$[:O\equiv C-\ddot{N}:]^{-}$

SOLUTION:

Table 2-5

	A			**B**			**C**		
	O	**C**	**N**	**O**	**C**	**N**	**O**	**C**	**N**
价电子数	6	4	5	6	4	5	6	4	5
-未成键电子数	-6	-0	-2	-4	-0	-4	-2	-0	-6
-(1/2×成键电子数)	-1	-4	-3	-2	-4	-2	-3	-4	-1
形式电荷	-1	0	0	0	0	-1	+1	0	-2

The sum of all formal charges for each structure is −1, as it should be for a 1− ion. Structures A and B have the least amount of formal charge and are therefore to be preferred over structure C. Structure A is preferable to B because it has the negative formal charge on the more electronegative atom. You therefore expect structure A to make the biggest contribution to the resonance forms of the cyanate ion.

2.3 ◈ 分 子 的 极 性　Molecular Polarity

　　因为原子吸引电子的能力不同,共用电子对将偏向吸引电子能力强的一方,所以吸引电子能力强的一方显负性,吸引电子能力弱的原子一方显正性。这种电子对偏移的共价键称为极性共价键(polar covalent bond)。形成共价键的原子的电负性差值越大,键的极性也越强。

　　分子有极性(polar)和非极性(nonpolar)之分,分子是否有极性取决于分子结构和化学键的极性(图 2 - 8)。对于双原子分子来说,共价键的极性决定了分子的极性。如果一个双原子分子含有极性键,则它是极性分子。如果双原子分子的共价键是非极性键,则这个分子是非极性分子。

图 2 - 8　HCl 的静电势模型

　　多原子分子中,分子的极性和化学键的极性并不完全一致(图 2 - 9,图 2 - 10),而是取决于分子的几何构型(molecular geometry)。

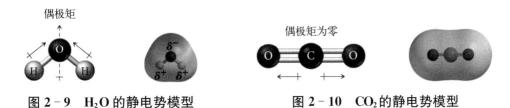

图 2 - 9　H_2O 的静电势模型　　　　　**图 2 - 10　CO_2 的静电势模型**

　　偶极矩(dipole moment)是表示分子电荷分布情况的一个物理量,可用来表示分子极性的强弱。

2.4 ◈ 价 键 理 论　Valence Bond Theory

　　价键理论(Valence Bond Theory,简称 VB 理论,又称电子配对理论)认为共价键的本质是由原子相互接近时轨道重叠(overlap),原子通过共用自旋相反的电子对使能量降低而成键。电子不是静止的,而是运动的,在核间概率分布较大。

共价键具有方向性和饱和性。

原子中 p、d、f 等原子轨道都有一定的方向,形成共价键时,为降低能量,各原子轨道都尽可能按电子出现概率最大的方向重叠。这样,共价键就有了一定的方向,称为共价键的方向性。重叠轨道的几何形状就决定了分子的形状。可以应用价键理论来解释硫化氢中的共价键,分子中硫原子和氢原子的价电子轨道表示式如图 2-11 所示。

每个氢原子都有一个半满的轨道(half-filled orbital),硫原子有两个半满的轨道,氢原子的半满轨道与硫原子的半满轨道重叠,形成两个化学键:

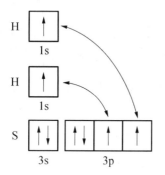

图 2-11 H₂S 硫原子和氢原子的
价电子轨道表示式

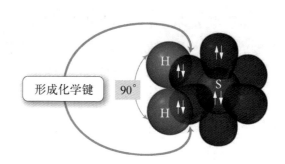

图 2-12 H₂S 的化学键

如图 2-12 简单地展示了轨道重叠是如何成键的,并根据重叠轨道画出了分子的几个构型。由于中心原子硫上的重叠轨道是 p 轨道,而且 p 轨道彼此的方向是 90°,所以推测硫化氢的键角为 90°。实验测得 H_2S 的键角为 92°,价键理论的处理与实验测量的键角能很好地吻合。

各种分子的生成都是原子轨道按一定方向重叠的结果,若成键的两原子沿键轴(两个原子核的连线)方向,以"头碰头"的方式发生轨道重叠,重叠部分呈圆柱形对称,由此生成的共价键称为 σ 键(sigma bonds);若轨道以"肩并肩"方式平行重叠而成,电子云对一个通过键轴,电子密度为零的平面呈对称分布的键称为 π 键(pi bond)。

元素的原子形成共价键时,当一个原子的所有未成对电子和另一些原子中自旋方向相反的未成对电子配对成键后,就不再跟其他原子的未成对电子配对成键,所以在共价分子中每个原子成键总数是一定的,这称为共价键的饱和性。

价键理论描述了共价键的本质并解释了共价键的特点,但在解释分子的结构时却遇到了困难。

杂化原子轨道(hybridization of atomic orbitals)是指在同一个原子中,能量相近的不同类型的原子轨道相互叠加组成同等数目的能量完全相同的原子轨道。杂化(hybridization)是一种数学过程(mathematical procedure),在这个过程中,原子轨道被组合成新的称为杂化轨道(hybrid orbitals)的原子轨道,杂化轨道更符合成键原子(chemically bonded atoms)中电子的实际分布。

• 标准原子轨道数之和等于形成的杂化轨道数,总轨道数是守恒的。

- 标准原子轨道的组合方式决定了所形成的杂化轨道的形状和能量。
- 轨道杂化的发生总是使分子总能量最低。

杂化轨道的分类如下：

① sp 杂化轨道(sp hybridization)

每1个 sp 杂化轨道中含有(1/2)个 s 轨道和(1/2)个 p 轨道的成分。

$BeCl_2$ 的 sp 杂化轨道的形成过程如图 2-13 所示：

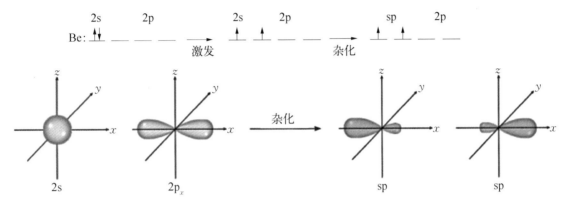

图 2-13　sp 杂化轨道的形成

两个杂化轨道在同一条直线上，即 x 轴(x-axis)上，所以它们的角度是 180°。每个 Be—Cl 键都是由一个 Be 的 sp 杂化轨道和一个 Cl 的 3p 轨道重叠形成的，生成的 $BeCl_2$ 分子是直线型的(图 2-14)。

图 2-14　$BeCl_2$ 的分子几何构型

② sp^2 杂化轨道(sp^2 hybridization)

每1个 sp^2 杂化轨道中含有(1/3)个 s 轨道和(2/3)个 p 轨道的成分。

BF_3 的 sp^2 杂化轨道的形成过程如图 2-15 所示。

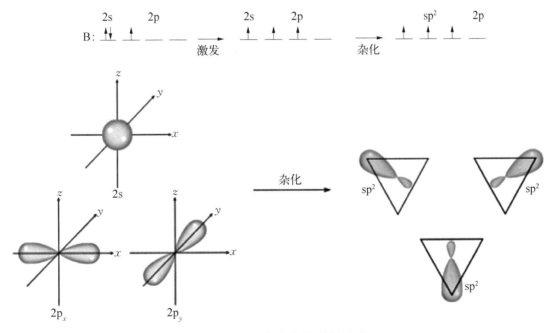

图 2-15　sp^2 杂化轨道的形成

图 2 – 16 BF₃的分子几何构型

三个 sp² 轨道在同一个平面上,任意两个轨道之间的夹角是 120°。每个 B—F 键都是由硼的 sp² 杂化轨道和氟的 2p 轨道重叠形成的。BF₃分子是平面三角形的,所有的 F—B—F 键角等于 120°(图 2 – 16)。

③ sp³杂化(sp³ hybridization)

sp³表示杂化轨道是由一个 s 轨道和三个 p 轨道混合的四个 sp³杂化轨道。每个 sp³杂化轨道含有(1/4)个 s 轨道和(3/4)个 p 轨道的成分。杂化轨道都有相同的能量,它们是简并轨道(分子中能量相同的一组轨道 degenerate)。

碳原子上 1 个 2s 轨道和 3 个 2p 轨道的杂化形成四个新的 sp³杂化轨道(图 2 – 17):

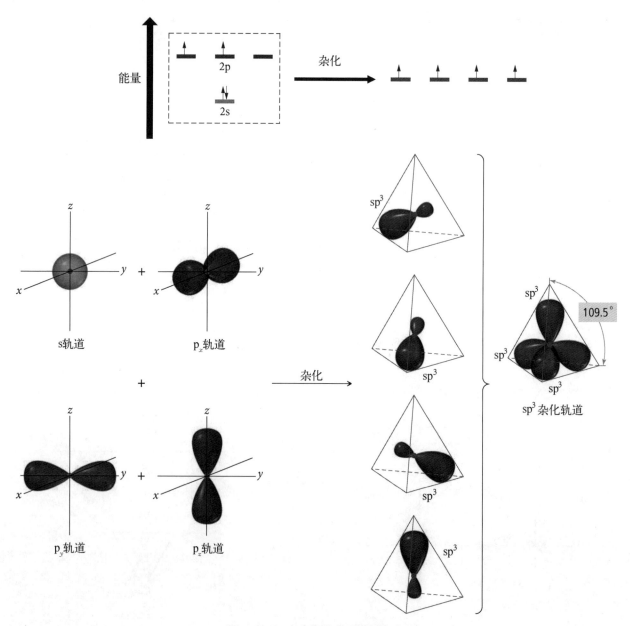

图 2 – 17 sp³杂化轨道的形成

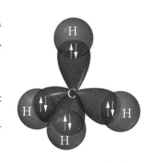

sp^3 杂化轨道的几何形状为四面体,轨道之间的夹角为 109.5°,因此得到的分子几何形状为正四面体形,键角为 109.5°,与实验测得的 CH_4 几何形状一致(图 2 - 18)。

如果参加杂化的各原子轨道中所含的未成对电子数不相等,杂化后所生成的杂化轨道的形状和能量不完全等同,或者说在每个杂化轨道中所含 s 成分和 p 成分的比例不完全相等,这样的杂化称为不等性杂化。

图 2 - 18 CH_4 的分子
几何构型

sp^3 不等性杂化是指含有孤对电子的杂化轨道和成键的杂化轨道略有差异的杂化现象。

NH_3、H_2O 的 sp^3 不等性杂化如图 2 - 19 所示。

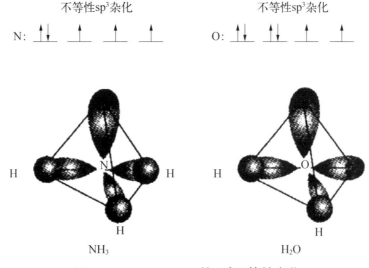

图 2 - 19 NH_3、H_2O 的 sp^3 不等性杂化

NH_3 分子中的 N 原子的外层电子构型为 $2s^2 2p^3$,成键时进行 sp^3 杂化。但由于原始 s 轨道中已含一对孤对电子,因此杂化后 4 个 sp^3 杂化轨道所含 s、p 的成分不完全相等。成键时,N 原子用 3 个各含一个未成对电子的 sp^3 成键杂化轨道分别与 3 个 H 原子的 1s 轨道重叠,形成 3 个 N—H 键,而一个含孤对电子的 sp^3 杂化轨道没有参加成键,由于孤电子对在 N 原子核外占据较大空间,对其他 3 个成键电子云有排斥作用,使 H—N—H 键之间的键角小于 109.5°,而是 107.3°。H_2O 也是类似,H—O—H 的键角为 104.5°。

例题精讲 7

Determine the hybridization state of the central (underlined) atom in each of the following molecules:(a) $\underline{Be}H_2$,(b) $\underline{Al}I_3$,and (c) $\underline{P}F_3$. Describe the hybridization process and determine the molecular geometry in each case.

SOLUTION:

(a) The two Be—H bonds are formed by the overlap of the Be sp orbitals with the 1s orbitals of the H atoms. Thus, BeH_2 is a linear molecule.

(b) The sp² hybrid orbitals overlap with the 5p orbitals of I to form three covalent Al—I bonds. We predict that the AlI₃ molecule is trigonal planar and all the I—Al—I angles are 120°.

(c) As in the case of NH₃, one of the sp³ hybrid orbitals is used to accommodate the lone pair on P. The other three sp³ hybrid orbitals form covalent P—F bonds with the 2p orbitals of F. We predict the geometry of the molecule to be trigonal pyramidal; the F—P—F angle should be somewhat less than 109.5°.

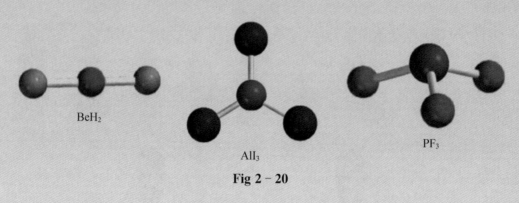

BeH₂

AlI₃

PF₃

Fig 2 - 20

第三周期元素的原子由于 d 轨道能参与成键,所以还能生成由 s、p、d 轨道组合的 sp³d 和 sp³d²等杂化轨道。

例如,SF₆分子中,S 原子的基态电子排布(ground-state electron configuration)为[Ne]3s²3p⁴,1 个 3s 轨道、3 个 3p 轨道和 2 个 3d 轨道杂化形成六个新的 sp³d²杂化轨道(图 2 - 21):

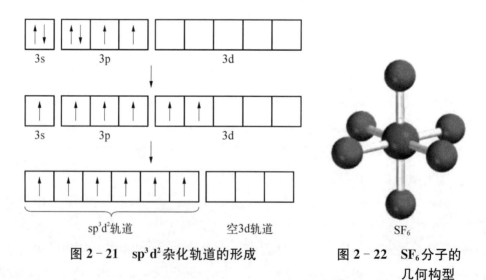

图 2 - 21   sp³d²杂化轨道的形成

图 2 - 22   SF₆分子的
几何构型

SF₆分子中硫原子的 sp³d²杂化轨道与 F 原子的 2p 轨道重叠形成共价键,6 个 sp³d²杂化轨道指向八面体的六个顶点,其中 4 个 sp³d²杂化轨道在同一平面,键角为 90°,另外两个垂直于平面,所以 SF₆的分子几何构型为正八面体(图 2 - 22)。

与第三周期元素不同,第二周期元素不存在 d 能级,所以不能形成 sp³d 和 sp³d²等杂化轨道。

例题精讲 8

Describe the hybridization state of phosphorus in phosphorus pentabromide (PBr₅), Fig 2 - 23.

SOLUTION:

These hybrid orbitals overlap the 4p orbitals of Br to form five covalent P—Br bonds. Because there are no lone pairs on the P atom, the geometry of PBr₅ is trigonal bipyramidal.

PBr₅

Fig 2 - 23

有些分子中存在双键或三键,这些分子的结构和空间构型也可以用杂化轨道概念说明。

例如,在乙烯(ethylene, C_2H_4)分子中存在碳碳双键,乙烯分子是平面构型。乙烯分子中的碳原子有三个 sp^2 杂化轨道,两个 sp^2 杂化轨道与两个氢原子结合成 sp^2—s 的共价键,第三个 sp^2 杂化轨道与另一个 C 原子形成 sp^2—sp^2 共价键,两个 C 原子还各有一个未杂化(unhybridized)的 2p 轨道(与 sp^2 杂化轨道垂直)相互重叠成键(图 2 - 24)。

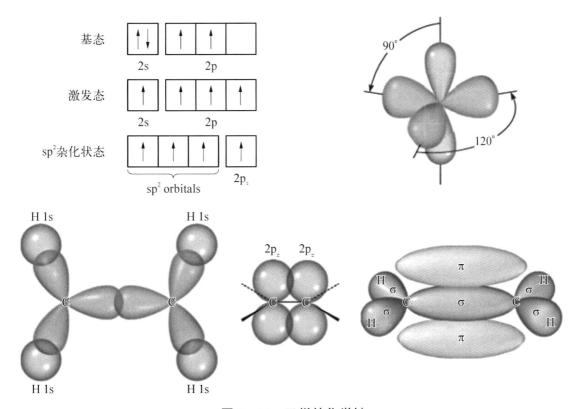

图 2 - 24　乙烯的化学键

在 C_2H_4 分子中,存在两种类型的共价键。每个碳原子有三个共价键是杂化轨道通过头碰头 (head-to-head)的方式形成的 σ 键(sigma bonds),其电子密度(electron density)主要集中在成键原子的原子核之间。碳原子的另一个共价键是 p 轨道横向重叠(sideways overlapping orbitals)

形成的 π 键(pi bond),其电子密度集中在原子核平面上下,正是这种键使乙烯具有平面的几何结构。

通常用 C━C 来表示碳碳双键,但实际上这两个键是不同类型的:一个是 σ 键,另一个是 π 键。碳碳 π 键和 σ 键的键焓(bond enthalpy)分别约为 270 kJ/mol 和 350 kJ/mol。

乙炔分子(cetylene,C_2H_2)包含一个碳碳三键(carbon-carbon triple bond)。每个 C 原子的 1 个 2s 轨道和一个 2p 轨道形成两个 sp 杂化轨道,这两个 sp 杂化轨道一个与氢原子 1s 轨道形成 σ 键,另一个与另一个 C 原子的 sp 杂化轨道形成 σ 键。另外,未杂化的两个 2p 轨道横向重叠形成了两个 π 键。因此,C≡C 键由一个 σ 键和两个 π 键组成,所以这个分子的几何构型是直线型(图 2 - 25)。

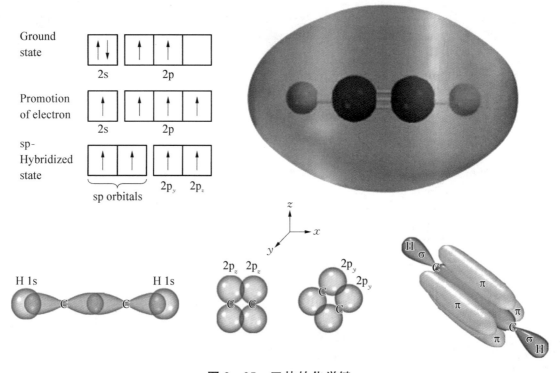

图 2 - 25 乙炔的化学键

例题精讲 9

Describe the bonding in the formaldehyde molecule whose Lewis structure is $\begin{matrix} H \\ C{=}\ddot{\underset{..}{O}} \\ H \end{matrix}$,

Assume that the O atom is sp²-hybridized.

SOLUTION:

We conclude that C uses sp² hybrid orbitals in bonding, because sp² hybrid orbitals have a trigonal planar arrangement. We can imagine the hybridization processes for C and O as follows(Fig 2 – 26):

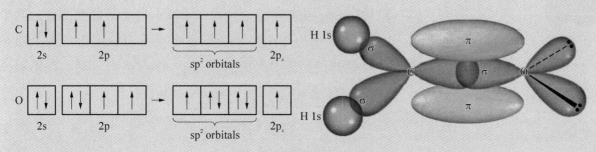

Fig 2 – 26

Carbon has one electron in each of the three sp² orbitals, which are used to form sigma bonds with the H atoms and the O atom. There is also an electron in the 2p orbital, which forms a pi bond with oxygen. Oxygen has two electrons in two of its sp² hybrid orbitals. These are the lone pairs on oxygen. Its third sp² hybrid orbital with one electron is used to form a sigma bond with carbon. The 2p orbital (with one electron) overlaps with the 2p orbital of C to form a pi bond.

杂化轨道的主要特征有：

• 杂化轨道具有确定的方向性。常见的杂化轨道及其对应的分子几何构型如表 2 – 6 所示。

表 2 – 6 常见的杂化轨道及其对应的分子几何构型

杂化轨道	键 角	分子几何构型	实 例
2 个 sp	180°	直线型	$BeCl_2$
3 个 sp²	120°	平面三角形	BF_3
4 个 sp³	109.5°	四面体形	CH_4
5 个 sp³d	90°,120°	三角双锥形	PCl_5
6 个 sp³d²	90°	正八面体形	SF_6

• 随 s 成分增加,键能增大,键长减小。

实验测得 NO_2、NO_3^-、SO_2 和 SO_3 等分子或离子中的单键和双键的键长相等而且键长数值介于单、双键键长之间,这个现象是杂化轨道不能解释的。

共振体(resonance form)是指一个分子有两个或两个以上的路易斯结构,在自然界中,这个

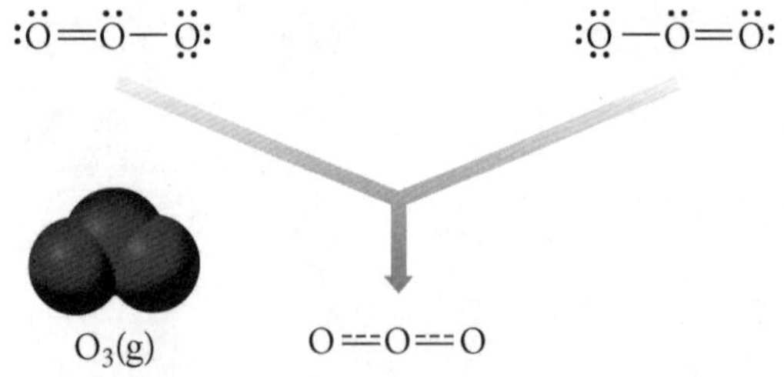

:Ö=Ö—Ö: :Ö—Ö=Ö: 分子以多个路易斯结构同时存在。臭氧的共振结构如

图 2 - 27 所示：

O₃(g)   O═O═O

共振结构概念是建立在经典结构概念的基础上的。价键理论过分强调了成键电子只能在成键的两个原子之间运动,但实际上电子可以在成键的两个原子间的范围以外的区域运动,称为离域运动。在书写分

图 2 - 27 臭氧的共振结构

子的共振结构时,原子的位置不变,但可以移动电子,反映了电子的离域性。

例题精讲 10

Write a Lewis structure for the NO_3^- ion. Include resonance structures.

SOLUTION：

Begin by writing the skeletal structure. Since nitrogen is the least electronegative atom, put it in the central position.

$$\begin{array}{c} O \\ O \quad N \quad O \end{array}$$

Calculate the total number of electrons for the Lewis structure by summing the number of valence electrons for each atom and adding 1 for the 1- charge.

Total number of electrons for Lewis structure

= (number of valence e^- in N)+3 (number of valence e^- in O)+1=5+3(6)+1=24

Place two bonding electrons between each pair of atoms. O : N : O (with O above)

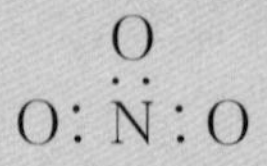

Distribute the remaining electrons, first to terminal atoms. There are not enough electrons to complete the octet on the central atom. :Ö:N:Ö: (with :Ö: above)

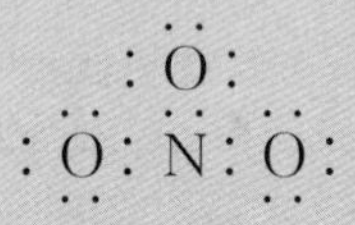

Form a double bond by moving a lone pair from one of the oxygen atoms into the bonding region with nitrogen. Enclose the structure in brackets and include the charge.

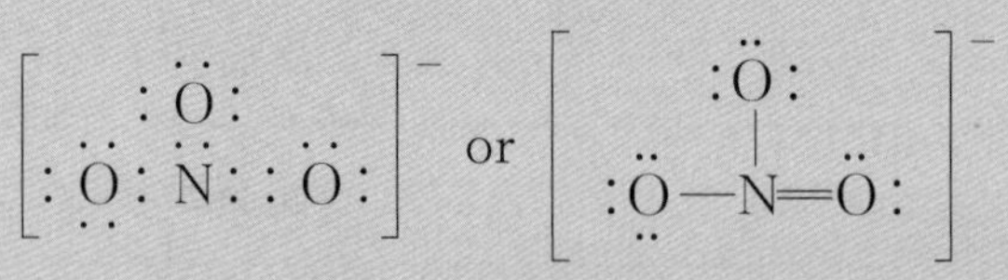

$$\left[\begin{array}{c} :\ddot{O}: \\ :\ddot{O}:N::\ddot{O}: \end{array} \right]^- \quad or \quad \left[\begin{array}{c} :\ddot{O}: \\ :\ddot{O}—N=\ddot{O}: \end{array} \right]^-$$

Since the double bond can form equally well with any of the three oxygen atoms, write all three structures as resonance structures.

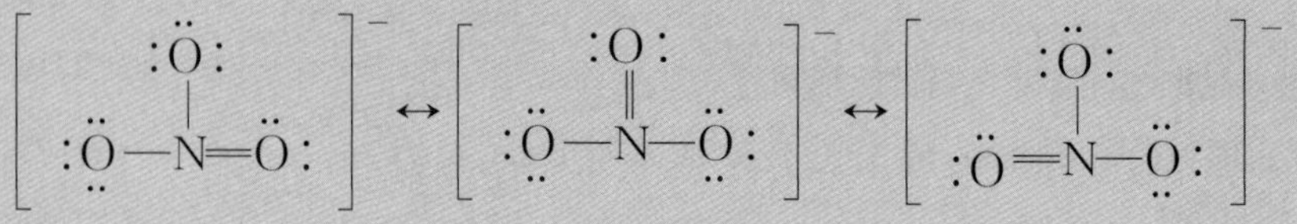

$$\left[\begin{array}{c} :\ddot{O}: \\ :\ddot{O}—N=\ddot{O}: \end{array} \right]^- \leftrightarrow \left[\begin{array}{c} :O: \\ \| \\ :\ddot{O}—N—\ddot{O}: \end{array} \right]^- \leftrightarrow \left[\begin{array}{c} :\ddot{O}: \\ :\ddot{O}=N—\ddot{O}: \end{array} \right]^-$$

价键理论对 Lewis 八电子规则做了一定的补充：原子间轨道重叠,共用自旋相反的电子对,

共价键具有饱和性和方向性；能量相近的轨道可组合成杂化轨道使轨道成键能力增大，解释了分子几何构型。

2.5 ◆ 价层电子对互斥理论　VSEPR Theory

分子的共价键（单键、双键或叁键）中的电子对以及孤对电子由于相互排斥作用而趋向尽可能彼此远离，分子尽可能采取对称的结构，这个理论比较简单又能较准确地判断分子的几何构型，称为价层电子对互斥理论（valence shell electron pair repulsion theory，简称 VSEPR Theory）。

根据 VSEPR 理论，分子内原子的电子对之间的排斥决定了分子的几何形状（geometry of the molecule）。分子的几何结构总是采取电子对尽可能远离的结构，这种情况下能量最低。

价电子对数为 2 时，呈直线型（linear geometry）（图 2 – 28）。

图 2 – 28　$BeCl_2$ 和 CO_2 的分子构型是直线型

$BeCl_2$ 的几何结构是由这两对共用电子对之间的排斥力决定的，直线型几何结构使它们尽可能地远离，此时两个化学键之间的夹角即键角（bond angle）为 $180°$。

根据 CO_2 的路易斯结构：$\overset{..}{O}=C=\overset{..}{O}:$，两个双键相互排斥（就像 $BeCl_2$ 中的两个单键相互排斥一样），导致 CO_2 的线性几何结构为直线型。实验观察证实了二氧化碳确实是一种直线型分子：

价电子对数为 3 时，呈平面三角型（Trigonal Planar Geometry）（图 2 – 29）。

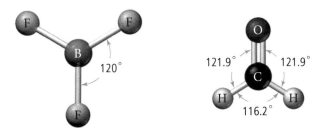

图 2 – 29　BF_3 和 H_2CO_3 的分子构型是平面三角型

根据 BF_3 的路易斯结构：$\overset{\displaystyle :\overset{..}{F}:}{\underset{}{:\overset{..}{F}:B:\overset{..}{F}:}}$，中心原子 B 周围有三对共用电子对，这三对共用电子对尽可能远离形成平面三角型结构，这时键角为 $120°$。另一个分子结构为平面三角形的分子是甲醛 $\overset{\displaystyle :\overset{..}{O}:}{\underset{\displaystyle H-C-H}{\|}}$，中心原子 C 周围有一个双键和两个单键，当中心原子与配位原子之间通过双键或叁键结合时，共价双键和共价叁键都被当作一个共价单键处理，每个键只计算一对电子。这时

它们的键角接近我们最初预测的理想 120°,但 H—C—O 键角略大于 H—C—H 键角,因为双键比单键的电子密度更大,因此对单键的排斥力略大。

一般来说,不同类型的电子对产生的斥力略有不同,由此产生的键角反映了这些差异。

价电子对数为 4 时,呈四面体型(Tetrahedral Geometry)(图 2-30)。甲烷 CH_4 中心原子 C 周围有四对共用电子对,键角为 109.5°:

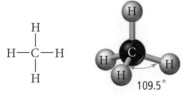

图 2-30 CH_4 的分子构型是四面体型

价电子对数为 5 时,呈三角双锥型(Trigonal Bipyramidal Geometry)(图 2-31)。五氯化磷 PCl_5 中心原子 P 周围有五对共用电子对,键角分别为 90°和 120°:

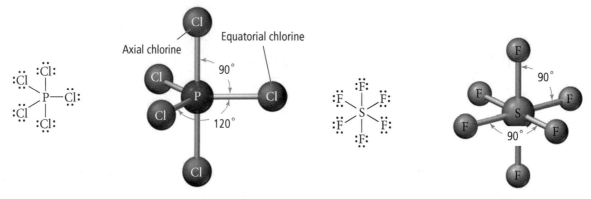

图 2-31 PCl_5 的分子构型是三角双锥型　　**图 2-32 SF_6 的分子构型是八面体型**

价电子对数为 6 时,呈八面体型(Octahedral Geometry)(图 2-32)。六氟化硫 SF_6 中心原子 S 周围有六对共用电子对,键角分别为 90°:

中心原子周围只有 n 个以单键邻接的原子而没有孤对电子存在时,可直接预测结果。AX_n 型分子构型的基本类型如表 2-7 所示。

表 2-7 AX_n 型分子构型的基本类型

AX_n	AX_2	AX_3	AX_4	AX_5	AX_6
分子构性	直线型	平面三角型	四面体型	三角双锥型	八面体型

例题精讲 11

Determine the molecular geometry of NO_3^-.

SOLUTION:

The electron geometry that minimizes the repulsions between three electron groups is trigonal planar.

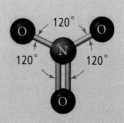

Fig 2-33

Since the three bonds are equivalent (because of the resonance structures), they each exert the same repulsion on the other two and the molecule has three equal bond angles of 120°.

对于中心原子周围只有 n 个以单键邻接的原子,还有 m 个孤电子对的分子,其价层电子对总数为 $n+m$,如果把孤电子对 E 也写入分子式,就可以写作 AX_nE_m。

根据 VSEPR 理论,把各种分子 AX_nE_m 的分子几何构型与价层电子对总数、成键电子对数、孤电子对数的关系总结在表 2-8 中:

表 2-8 AX_nE_m 的中心原子价电子排布与分子几何构型

A 的价电子总数	成键电子对数 n	孤对电子对数 m	分子类型 AX_nE_m	A 的价电子对排布方式	分子几何构型	实 例
2	2	0	AX_2	X——A——X	直线型 (linear)	$BeCl_2$、CO_2
3	3	0	AX_3		平面三角型 (trigonal planar)	BF_3、BCl_3、SO_3、CO_3^{2-}、NO_3^-
	2	1	AX_2E_1		V 型 (V-shaped)	SO_2、O_3、NO_2、NO_2^-
4	4	0	AX_4		四面体型 (tetrahedral)	CH_4、CCl_4、$SiCl_4$、NH_4^+、SO_4^{2-}、PO_4^{3-}
	3	1	AX_3E_1		三角锥型 (trigonal pyramidal)	NH_3、PF_3、$AsCl_3$、H_3O^+、SO_3^{2-}
	2	2	AX_2E_2		V 型 (V-shaped)	H_2O、H_2S、SF_2、SCl_2
5	5	0	AX_5		三角双锥型 (trigonal bipyramidal)	PF_5、PCl_5、AsF_5

续 表

A 的价电子总数	成键电子对数 n	孤对电子对数 m	分子类型 AX_nE_m	A 的价电子对排布方式	分子几何构型	实 例
5	4	1	AX_4E_1		跷跷板型（see-saw）	SF_4、$TeCl_4$
	3	2	AX_3E_2		T 型（T-shaped）	ClF_3、BrF_3
	2	3	AX_2E_3		直线型（linear）	XeF_2、I_3^-、IF_2^-
6	6	0	AX_6		八面体型（octahedral）	SF_6、SiF_6^{2-}、AlF_6^{3-}
	5	1	AX_5E_1		四方锥型（square pyramidal）	ClF_5、BrF_5、IF_5
	4	2	AX_4E_2		平面正方形（square planar）	XeF_4、ICl_4^-

分子几何构型的判断规则：

- 孤对电子的存在使分子的基本构型增多。
- 孤对电子的存在影响分子的基本构型中的键角而使分子变形。
- 电子对之间的排斥力大小顺序为：

孤电子对 — 孤电子对 ＞ 孤电子对 — 成键电子对 ＞ 成键电子对 — 成键电子对

氨气的路易斯结构写为 H—N—H，中心原子 N 原子有四对电子对，其中三对共用电子对和一对孤对电子对,他们互相排斥。但是原子排列形成的分子构型为三角锥形。如果 NH_3 中的四对电子对相互之间的斥力相等,那么分子中的键角为 $109.5°$。然而,由于孤电子对只受一个原子核吸引,而成键电子对受两个原子核吸引,所以孤电子对成键电子对斥力更大,氨中 N—H 键之间的键角略小,为 $107°$。它的分子结构如图 2-34 所示:

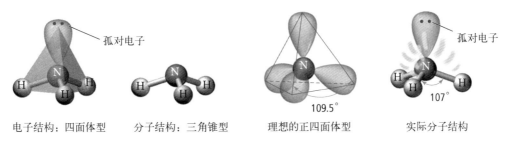

电子结构:四面体型　　分子结构:三角锥型　　理想的正四面体型　　实际分子结构

图 2-34　NH_3 的分子结构

水的路易斯结构写为 H—Ö—H,价电子对形成的几何构型为四面体型,由于孤对电子对成键电子对的影响,使得水的键角小于 $109.5°$,为 $104.5°$。水分子的几何构型为 V 型,又称折线形(bent)(图 2-35)。

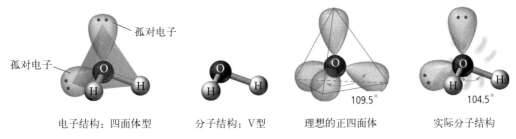

电子结构:四面体型　　　分子结构:V型　　　理想的正四面体　　　实际分子结构

图 2-35　H_2O 的分子结构

SF_4 的路易斯结构式为

$$:\overset{\displaystyle :\ddot{F}:}{\underset{\displaystyle :\ddot{F}:}{\ddot{F}-\overset{\displaystyle |}{\underset{\displaystyle |}{S}}-\ddot{F}:}}$$

,中心原子硫有五对电子对,其中一对孤电子对,四对共用电子对。电子构型为三角双锥型,分子构型为变形四面体型(图 2-36)。

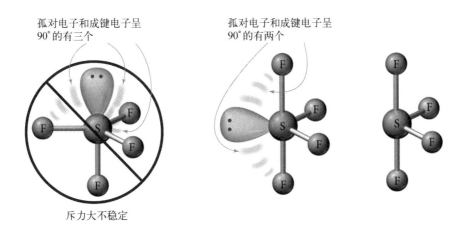

孤对电子和成键电子呈 90° 的有三个　　　孤对电子和成键电子呈 90° 的有两个

斥力大不稳定

图 2-36　SF_4 的分子结构

BrF_3 的路易斯结构式为 $\begin{matrix}:\ddot{F}:\\|\\:\ddot{B}r-\ddot{F}:\\|\\:\ddot{F}:\end{matrix}$，中心原子溴有五对电子对，其中两对孤电子对，三对共用

电子对。电子构型为三角双锥型，分子构型为 T 型（图 2 - 37）。

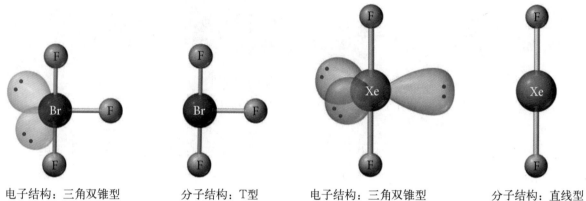

电子结构：三角双锥型　　　　　分子结构：T型　　　　电子结构：三角双锥型　　　　　分子结构：直线型

图 2 - 37　BrF₃ 的分子结构　　　　　　　图 2 - 38　XeF₂ 的分子结构

XeF_2 的路易斯结构式为 $\begin{matrix}:\ddot{F}:\\|\\:\ddot{X}e:\\|\\:\ddot{F}:\end{matrix}$，中心原子氙有五对电子对，其中三对孤电子对，两对共用电子

对。电子构型为三角双锥型，分子构型为直线型（图 2 - 38）。

BrF_5 的路易斯结构式为 $\begin{matrix}:\ddot{F}:\\|\\:\ddot{F}-\ddot{B}r-\ddot{F}:\\/\quad\backslash\\:\ddot{F}:\quad:\ddot{F}:\end{matrix}$，中心原子溴有六对电子对，其中一对孤电子对，五对

共用电子对。电子构型为八面体型，分子构型为四角锥型（图 2 - 39）。

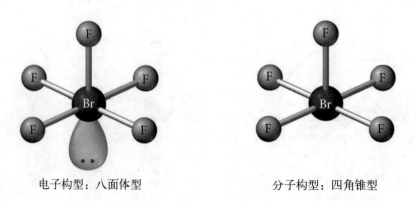

电子构型：八面体型　　　　　　　　　　分子构型：四角锥型

图 2 - 39　BrF₅ 的分子结构

XeF_4的路易斯结构式为 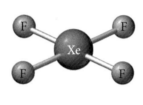 ，中心原子氙有六对电子对，其中两对孤电子对，四对

共用电子对。电子构型为八面体型，分子构型为平面正方形(图 2 - 40)。

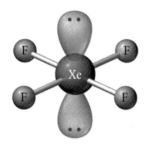

电子构型：八面体型　　　　　　分子构型：平面正方形

图 2 - 40　XeF₄的分子结构

例题精讲 12

Predict the geometry and bond angles of PCl_3.

SOLUTION：

The electron geometry is tetrahedral(four electron groups) and the molecular geometry—the shape of the molecule—is trigonal pyramidal(three bonding groups and one lone pair). Because of the presence of a lone pair, the bond angles are less than 109.5°(Fig 2 - 41).

Trigonal pyramidal

Fig 2 - 41

例题精讲 13

Predict the geometry and bond angles of ICl_4^-.

SOLUTION：

The electron geometry is octahedral(six electron groups) and the molecular geometry—the shape of the molecule—is square planar (four bonding groups and two lone pairs). Even though lone pairs are present, the bond angles are 90°, because the lone pairs are symmetrically arranged and do not compress the I—Cl bond angles (Fig 2 - 42).

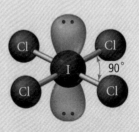

Square planar

Fig 2 - 42

例题精讲 14

Predict the geometry about each interior atom in methanol (CH_3OH) and make a sketch of the molecule.

SOLUTION：

Begin by drawing the Lewis structure of CH_3OH. CH_3OH contains two interior atoms：one carbon atom and one oxygen atom. To determine the shape of methanol，determine the geometry about each interior atom as follows(Fig 2 - 43，Table 2 - 9)：

Table 2 - 9

Atom	Number of Electron Groups	Number of Lone Pairs	Molecular Geometry
Carbon	4	0	Tetrahedral
Oxygen	4	2	Bent

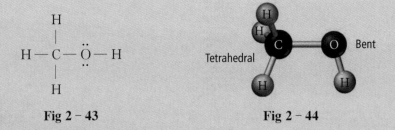

Fig 2 - 43   Fig 2 - 44

Using the geometries of each of these，draw a three-dimensional sketch of the molecule as shown here(Fig 2 - 44).

2.6 ◆ 金 属 键 理 论 Metallic Bond Theory

金属(除汞外)的共同特征是具有金属光泽、能导电、传热、富有延展性。

金属键(metal bond)是指金属中自由电子与阳离子间将金属原子结合起来而成为金属晶体的作用力。

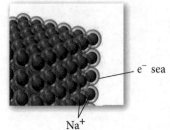

金属原子半径较大,价电子数较少,电子容易从离开金属原子而形成自由。这些电子不再属于某一个原子,而是在整个金属晶体内自由移动,为整个金属晶体所共有,就像金属阳离子浸泡在电子的"海洋"中一样(图 2 - 45)。

一种金属与另一种或几种金属或非金属经过混合熔化,冷却凝固后形成的具有金属特性的金属材料叫作合金(alloy)。合金的生成常会

图 2 - 45 钠的电子海模型

改变元素单质的性质。例如,钢的强度大于其主要组成元素铁。这是由于合金与单质中的原子排列有很大差异。不同于纯净金属的是,多数合金没有固定的熔点,温度处在熔化温度范围内时,混合物为固液并存状态。因此可以说,合金的熔点比组分金属低。常见的合金中,黄铜是铜和锌的合金,青铜是锡和铜的合金。

2.7 ◈ 分子间作用力和氢键
Intermolecular Forces and Hydrogen Bond

分子间作用力(intermolecular forces,又称范德华力 Vander Waals forces)是分子和分子之间存在的一种作用力。分子间作用力是一种静电作用,它比化学键弱得多。只有在分子间距很小(约 500 pm 以内)时才起作用,当分子稍为远离时,分子间作用力迅速减弱。

分子间作用力的类型主要有取向力、诱导力、色散力三种。

取向力(dipole-dipole force)是指极性分子和极性分子之间的静电作用。极性分子具有正负两极,当两个极性分子互相靠近时,同性相斥异性相吸,分子按一定顺序排列。这种作用力存在于所有极性分子之间。

例题精讲 15

Which of these molecules have dipole-dipole forces?

(a) CO_2 (b) CH_2Cl_2 (c) CH_4

SOLUTION:

(a) CO_2

① Since the electronegativity of carbon is 2.5 and that of oxygen is 3.5, CO_2 has polar bonds.

② The geometry of CO_2 is linear(Fig 2 - 46). Consequently, the dipoles of the polar bonds cancel, so the molecule is not polar and does not have dipole-dipole forces.

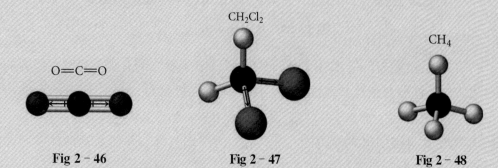

Fig 2 - 46   Fig 2 - 47   Fig 2 - 48

(b) CH_2Cl_2

① The electronegativity of C is 2.5, that of H is 2.1, and that of Cl is 3.0. Consequently, CH_2Cl_2 has two polar bonds (C—Cl) and two bonds that are nearly nonpolar (C—H).

② The geometry of CH_2Cl_2 is tetrahedral (Fig 2 - 47). Since the C—Cl bonds and the C—H bonds are different, their dipoles do not cancel but sum to a net dipole moment. The molecule is polar and has dipole-dipole forces.

(c) CH_4

① Since the electronegativity of C is 2.5 and that of hydrogen is 2.1, the C—H bonds are nearly nonpolar.

② In addition, since the geometry of the molecule is tetrahedral (Fig 2 - 48), any slight polarities that the bonds might have will cancel. CH_4 is therefore nonpolar and does not have dipole-dipole forces.

当非极性分子与极性分子相遇时,极性分子的固有偶极产生电场,使非极性分子电子云变形而正负电荷不重合,产生诱导偶极。诱导力(dipole-induced dipole forces)是极性分子固有偶极与非极性分子诱导偶极间的作用力。极性分子之间相互作用,也会产生诱导偶极,所以诱导力也存在于极性分子之间。

非极性分子组成的物质在一定条件下能够液化(condensation)或者凝固(freezing),说明非极性分子间也有作用力。由于非极性分子的电子不断运动,原子核也在不断震动,可能在某一瞬间正负电荷中心分离,产生瞬时偶极(temporary dipole),从而产生分子间作用力。这种由分子不断产生的瞬时偶极而形成的作用力称为色散力(dispersion force,又称London force)。

例如,一个氢原子在某一时刻正负电荷中心不重合产生电场,在它相邻的原子中又引发了一个偶极,这样分子间的正负电荷互相产生了色散力(图2-49)。因为所有分子都有电子,所以色散力存在于所有分子之间。

图 2 - 49 色 散 力

非极性分子间只有色散力的作用;极性分子与非极性分子级之间有诱导力和色散力的作用;极性分子间有取向力、色散力和诱导力的作用。除极少数强极性分子(如 HF、H_2O)外,大多数分子间作用力以色散力为主。

分子间作用力比共价键弱得多,没有方向性和饱和性,当气体分子凝聚为液体或固体时,只要分子周围空间允许,它总是尽可能多地吸引其他分子。

分子间作用力与物质的沸点(boiling point)、熔点、汽化热、熔化热、溶解度、黏度等密切有关。非极性分子,分子间色散力随相对分子质量增加、分子变形性增加而增大,例如 F_2、Cl_2、Br_2、I_2 的熔点随相对分子质量的增大而依次升高。稀有气体原子半径逐渐增大使水分子与稀有气体原子间的诱导力增大,例如,稀有气体由 He 到 Xe 的溶解度随相对分子质量的增大而依次增大。

分子结构相似时,分子的相对分子质量越大,一般含有的电子数越多,分子间的色散力就越大。

相对分子质量相同的物质,分子间作用力一定也相同吗? 物质的沸点不仅与相对分子质量有关,还与分子的结构有关。

正戊烷(n-pentane)和新戊烷(neopentane)的摩尔质量相同,但正戊烷的沸点比新戊烷高,为什么呢? 因为这两个分子的结构不同。正戊烷分子是长条形的,相邻分子间相互作用的面积大,相比之下,新戊烷分子呈圆形,使得相邻分子之间的相互作用面积更小,所以正戊烷的分子间作用力大于新戊烷的,其结果是新戊烷的沸点较低(图 2 - 50)。

离子在水溶液中,极性分子水带正电的一端被阴离子吸引,带负电的一端被阳离子吸引,产生离子偶极力(ion-dipole force)(图 2 - 51)。这种力存在于离子和极性分子之间。

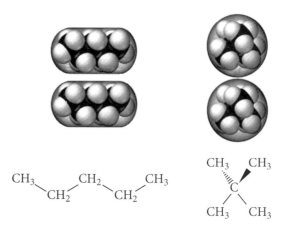

(a) 正戊烷
摩尔质量=72.15 g/mol
沸点=36.1℃

(b) 新戊烷
摩尔质量=72.15 g/mol
沸点=9.5℃

图 2 - 50　正戊烷和新戊烷的结构和沸点

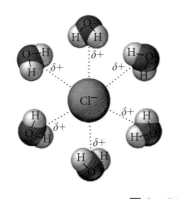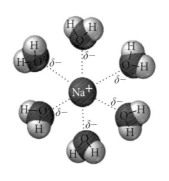

图 2 - 51　离 子 偶 极 力

氢键(hydrogen bond)是指分子中与高电负性原子 X 以共价键相连的 H 原子,和另一分子中一个高电负性原子 Y 之间所形成的一种弱键,写作:

$$X—H\cdots\cdots Y$$

其中,X、Y 均是电负性高、半径小的原子,最常见的有 F、O、N。HF、NH_3 和 H_2O 分子间都存在氢键。它是一种特殊的分子间作用力,比化学键弱,又比范德华力强。氢键具有方向性和饱和性。

分子间存在氢键时熔沸点会显著升高。例如,氧族氢化物 H_2O、H_2S、H_2Se 和 H_2Te 中,尽管 H_2O 的摩尔质量最小,但由于水分子间存在氢键,使得水的沸点最高(图 2 - 52)。

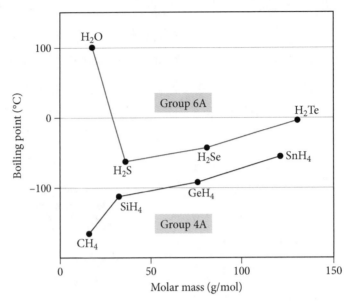

图 2－52　**4A and 6A 氢化物的沸点变化**

例题精讲 16

One of these compounds is a liquid at room temperature. Which one and why?

$$
\begin{array}{ccc}
\overset{\displaystyle O}{\underset{\displaystyle \parallel}{}} & \overset{\displaystyle H}{\underset{\displaystyle |}{}} & \\
H-C-H & H-C-F & H-O-O-H \\
& \underset{\displaystyle H}{|} & \\
\text{Formaldehyde} & \text{Fluoromethane} & \text{Hydrogen peroxide}
\end{array}
$$

SOLUTION：

The three compounds have similar molar masses：

Formaldehyde	30.03 g/mol
Fluoromethane	34.03 g/mol
Hydrogen peroxide	34.02 g/mol

So the strengths of their dispersion forces are similar. All three compounds are also polar, so they have dipole-dipole forces. Hydrogen peroxide, however, is the only one of these compounds that also contains H bonded directly to F, O, or N. Therefore, it also has hydrogen bonding and is likely to have the highest boiling point of the three. Since the example stated that only one of the compounds was a liquid, you can safely assume that hydrogen peroxide is the liquid. Note that, although fluoromethane contains both H and F, H is not directly bonded to F, so fluoromethane does not have hydrogen bonding as an intermolecular force. Similarly, formaldehyde contains both H and O, but H is not directly bonded to O, so formaldehyde does not have hydrogen bonding either.

2.8 ◆ 理想气体定律 The Ideal Gas Law

气体的压强(pressure)指的是单位面积内气体分子与周围表面发生碰撞所产生作用力的大小(图 2 - 53),常见的单位如表 2 - 10 所示。

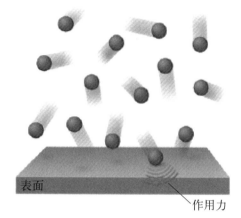

图 2 - 53 气体压强

表 2 - 10 压强的单位

单 位	符号	标准大气压强
Pascal (1 N/m²)	Pa	100 kPa
Pounds per square inch	psi	14.7 psi
Torr (1 mmHg)	torr	760 torr (exact)
Inches of mercury	in Hg	29.92 in Hg
Atmosphere	atm	1 atm

理想气体状态方程(the ideal gas law,又称 Clapeyron law 克拉伯龙方程)的表达式为:

$$pV = nRT$$

式中,n 为气体物质的量(其单位为 mol);R 为摩尔气体常数(又称普适气体恒量)。这个方程适用于温度不太低、压强不太高的"理想"气体。常数 $R = 0.082\,06\,\dfrac{L \cdot atm}{mol \cdot K}$。

温度恒定时,一定量气体的压强(p)与它的体积(V)的乘积为恒量,称为玻意耳定律(Boyle's Law)。

$$pV = 恒量 \qquad (T, n\ 恒定)$$

气体的压强是由气体微粒与容器壁表碰撞产生的。如果减小气体的体积,同样数量的气体微粒压缩在更小的体积中,导致与容器表面的碰撞增多,从而压强增大。

例题精讲 17

A woman has an initial lung volume of 2.75 L, which is filled with air at an atmospheric pressure of 1.02 atm. If she increases her lung volume to 3.25 L without inhaling any additional air, what is the pressure in her lungs?

SOLUTION:

$$p_1 V_1 = p_2 V_2$$

$$p_2 = \frac{V_1}{V_2} p_1 = \frac{2.75\ L}{3.25\ L} \times 1.02\ atm = 0.863\ atm$$

压强恒定时,一定量气体的体积(V)与它的热力学温标(T)成正比,称为查理定律(Charles's Law)。

$$\frac{V}{T} = 恒量 \qquad (p, n \text{ 恒定})$$

当温度升高时,气体微粒运动加快,与容器表面碰撞更频繁,每次碰撞的作用力也更大。同时增大气体的体积,单位面积受到的碰撞会减少,从而压强可以保持恒定。

例题精讲 18

A sample of gas has a volume of 2.80 L at an unknown temperature. When the sample is submerged in ice water at $T = 0.00\,℃$, its volume decreases to 2.57 L. What was its initial temperature (in K and in ℃)?

SOLUTION:

$$\frac{V_1}{T_1} = \frac{V_2}{T_2} \Rightarrow T_1 = \frac{V_1}{V_2} T_2$$

$$T_2 = 0.00 + 273.15 = 273.15 \text{ K}$$

$$T_1 = \frac{V_1}{V_2} T_2 = \frac{2.80 \text{ L}}{2.57 \text{ L}} \times 273.15 \text{ K} = 297.6 \text{ K}$$

$$T_1 = 297.6 - 273.15 = 24 \text{ ℃}$$

对一定物质的量的气体,体积和压力的乘积与热力学温度成正比,称为克拉伯龙方程:

$$pV = nRT$$

理想气体状态方程中温度 T 必须用热力学温标,单位开尔文(K);气体物质的量 n,单位摩尔(mol);体积 V,常用单位立方分米或立方厘米(dm^3 或 cm^3);压力 p,单位一般用帕斯卡 Pa 或千帕 kPa,大气压(atm)。

摩尔气体常数 R 常用的几种表述有:

$$R = \frac{pV}{nT} = 8.31 \text{ kPa} \cdot dm^3 \cdot mol^{-1} \cdot K^{-1} = 0.083\,1 \text{ bar} \cdot dm^3 \cdot mol^{-1} \cdot K^{-1} = 0.082\,1 \text{ atm} \cdot dm^3 \cdot$$

$$mol^{-1} \cdot K^{-1} = 62.4 \text{ mmHg} \cdot dm^3 \cdot mol^{-1} \cdot K^{-1} = 8.31 \text{ J} \cdot mol^{-1} \cdot K^{-1} = 1.99 \text{ cal} \cdot mol^{-1} \cdot K^{-1}$$

例题精讲 19

Calculate the volume occupied by 0.845 mol of nitrogen gas at a pressure of 1.37 atm and a temperature of 315 K.

SOLUTION:

$$pV = nRT$$

$$V = \frac{nRT}{p} = \frac{0.845 \text{ mol} \times 0.082\,06 \dfrac{\text{L} \cdot \text{atm}}{\text{mol} \cdot \text{K}} \times 315 \text{ K}}{1.37 \text{ atm}} = 15.9 \text{ L}$$

例题精讲 20

Calculate the number of moles of gas in a 3.24 L basketball inflated to a total pressure of 24.3 psi at 25 ℃. (Note: The total pressure is not the same as the pressure read on a pressure gauge such as the type used for checking a car or bicycle tire. That pressure, called the gauge pressure, is the difference between the total pressure and atmospheric pressure. In this case, if atmospheric pressure is 14.7 psi, the gauge pressure would be 9.6 psi. However, for calculations involving the ideal gas law, you must use the total pressure of 24.3 psi.)

SOLUTION:

$$pV = nRT \Rightarrow n = \frac{pV}{RT}$$

$$p = 24.3 \text{ psi} \times \frac{1 \text{ atm}}{14.7 \text{ psi}} = 1.653 \underline{1} \text{ atm}$$

(Since rounding the intermediate answer would result in a slightly different final answer, we mark the least significant digit in the intermediate answer but don't round until the end.)

$$T = 25 + 273 = 298 \text{ K}$$

$$n = \frac{pV}{RT} = \frac{1.653 \underline{1} \text{ atm} \times 3.24 \text{ L}}{0.082 \, 06 \, \dfrac{\text{L} \cdot \text{atm}}{\text{mol} \cdot \text{K}} \times 298 \text{ K}} = 0.219 \text{ mol}$$

　　同温同压下,同体积气体所含分子数目相等。在恒温恒压下,气体反应中各气体的体积与气体的物质的量呈正比。

　　在相同的温度与相同的压力下,相同体积的气体的物质的量相同。若有 A、B 两种气体,它们的气态方程分别是:

$$p_a V_a = n_a R T_A, \quad p_b V_b = n_b R T_b$$

　　当 $p_a = p_b$, $T_a = T_b$, $V_a = V_b$ 时,n_a 必然等于 n_b。

2.9 ◦ 晶　　体　Crystalline Solids

　　固体物质可以分为晶体(crystalline)和非晶体(amorphous)两种。晶体有规则的几何外形,固定的熔点(melting point)。根据构成晶体微粒的不同,可以把晶体分为三类——分子晶体(molecular solids)、离子晶体(ionic solids)和原子晶体(atomic solids)。根据原子晶体(atomic solid)原子间的相互作用类型,可将其分为无化学键型(nonbonded)、金属型(metallic)和空间网状共价型(network covalent)(图 2-54)。

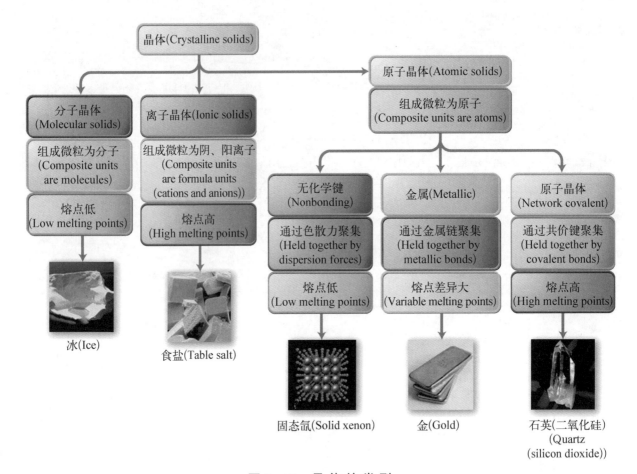

图 2 - 54 晶 体 的 类 型

分子晶体是共价分子通过分子间作用力整齐排列形成的晶体。因为分子间作用力比较弱，容易被克服，所以分子晶体的熔沸点较低、硬度较小。很多非金属单质和化合物常温下为气体、易挥发的液体或易融化(melting)、易升华(sublimation)的固体。处于气态或液态的共价分子降温凝聚可通过分子间作用力聚集在一起，形成分子晶体。不同分子晶体的熔沸点高低可通过比较分子间作用力的强弱来判断，分子间作用力越强，分子晶体熔沸点越高。分子间存在氢键的分子晶体熔沸点较高。

离子晶体是阴阳离子通过离子键紧密堆积形成的晶体。离子键比分子间作用强很多，所以离子晶体熔点比分子晶体的高。对不同的离子晶体，离子所带电荷越高，离子半径越小，则离子键越强，离子晶体熔点越高。

原子晶体是原子直接形成的晶体。根据原子晶体的原子间的相互作用类型，原子晶体可以分为无化学键原子晶体、金属晶体(metallic crystal)和网状共价原子晶体。

无化学键原子晶体是原子通过较弱的色散力聚集在一起形成的晶体。稀有气体都是无化学键原子晶体，它们熔点低，随摩尔质量增大，熔点逐渐增大。

金属晶体，如铁、金等，是金属原子通过金属键结合在一起的晶体。

网状共价原子晶体，如金刚石(diamond)、晶体硅、碳化硅和二氧化硅，原子是通过共价键(covalent bond)连接在一起的。由于共价键非常强，所以网状共价原子晶体具有熔点高，硬度大的性质。锗和硅的导电性处于绝缘体和金属之间。纯ⅣA族元素单质形成的半导体是本征半导体,只有很少且等量的电子和空穴,导电性差;掺入ⅤA族元素引入更多的电子,用带负电的电子导电,称为N型半导体,导电性增强;掺入ⅢA族元素引入更多的空穴,用带正电的空穴导电,称为P型半导体,导电性也增强;掺入等量ⅢA/ⅡB族和ⅤA/ⅥA族元素(比如砷化镓、硫化锌)电子和空穴复合,导电性不变,也是本征半导体。

2.10 ◆ 气体分压定律 Law of Partial Pressure

很多情况下,气体样品不是纯净气体,而是混合气体。理想气体不考虑分子间的互相影响,每种气体组分都是相对独立的,每种气体产生的压强称为自己的"分压"(partial pressure,用 p_i 表示)

在温度与体积恒定时,混合气体的总压力等于各组分气体分压之和,某气体分压等于总压力乘该气体摩尔分数或体积分数,这称为气体分压定律(partial pressures)。

$$p_{总} = \sum p_i$$

$$p_i = p_{总} \times \frac{n_i}{\sum n_i}$$

式中 $p_{总}$ 表示混合气体的总压力, p_i 表示某组分的压力, n_i 表示某组分的物质的量。

例题精讲 21

A 1.00 L mixture of helium, neon, and argon has a total pressure of 662 mmHg at 298 K. If the partial pressure of helium is 341 mmHg and the partial pressure of neon is 112 mmHg, what mass of argon is present in the mixture?

SOLUTION:

$p_{total} = p_{He} + p_{Ne} + p_{Ar}$

$p_{Ar} = p_{total} - p_{He} - p_{Ne} = 662 \text{ mmHg} - 341 \text{ mmHg} - 112 \text{ mmHg} = 209 \text{ mmHg}$

$209 \text{ mmHg} \times \dfrac{1 \text{ atm}}{760 \text{ mmHg}} = 0.275 \text{ atm}$

$n = \dfrac{pV}{RT} = \dfrac{0.275 \text{ atm} \times 1.00 \text{ L}}{0.082\,06 \dfrac{\text{L} \cdot \text{atm}}{\text{mol} \cdot \text{K}} \times 298 \text{ K}} = 1.125 \times 10^{-2} \text{ mol Ar}$

$1.125 \times 10^{-2} \text{ mol Ar} \times \dfrac{39.95 \text{ g Ar}}{1 \text{ mol Ar}} = 0.449 \text{ g Ar}$

例题精讲 22

A 12.5 L scuba diving tank contains a helium-oxygen (heliox) mixture made up of 24.2 g of He and 4.32 g of O_2 at 298 K. Calculate the mole fraction and partial pressure of each component in the mixture and the total pressure of the mixture.

SOLUTION：

$$24.2 \text{ g He} \times \frac{1 \text{ mol He}}{4.00 \text{ g He}} = 6.05 \text{ mol He}$$

$$4.32 \text{ g } O_2 \times \frac{1 \text{ mol } O_2}{32.00 \text{ g } O_2} = 0.135 \text{ mol } O_2$$

$$\chi_{He} = \frac{n_{He}}{n_{He} + n_{O_2}} = \frac{6.05}{6.05 + 0.135} = 0.978 \, 17$$

$$\chi_{O_2} = \frac{n_{O_2}}{n_{He} + n_{O_2}} = \frac{0.135}{6.05 + 0.135} = 0.021 \, 827$$

$$p_{\text{total}} = \frac{(n_{He} + n_{O_2})RT}{V} = \frac{(6.05 + 0.135) \times 0.082 \, 06 \dfrac{L \cdot atm}{mol \cdot K} \times 298 \text{ K}}{12.5 \text{ L}} = 12.100 \text{ atm}$$

$$p_{He} = \chi_{He} \times p_{\text{total}} = 0.978 \, 17 \times 12.100 \text{ atm} = 11.8 \text{ atm}$$

$$p_{O_2} = \chi_{O_2} \times p_{\text{total}} = 0.021 \, 827 \times 12.100 \text{ atm} = 0.264 \text{ atm}$$

例题精讲 23

Collecting Gases over Water

293 K the partial pressure of water is 17.55 mmHg. In order to determine the rate of photosynthesis, the oxygen gas emitted by an aquatic plant is collected over water at a temperature of 293 K and a total pressure of 755.2 mmHg. Over a specific time period, a total of 1.02 L of gas is collected. What mass of oxygen gas (in grams) is formed?

SOLUTION：

$$p_{O_2} = p_{\text{total}} - p_{H_2O}(20\,℃) = 755.2 \text{ mmHg} - 17.55 \text{ mmHg} = 737.65 \text{ mmHg}$$

$$737.65 \text{ mmHg} \times \frac{1 \text{ atm}}{760 \text{ mmHg}} = 0.970 \, 59 \text{ atm}$$

$$n_{O_2} = \frac{p_{O_2}V}{RT} = \frac{0.970 \, 59 \text{ atm} \times 1.02 \text{ L}}{0.082 \, 06 \dfrac{L \cdot atm}{mol \cdot K} \times 293 \text{ K}} = 4.117 \, 5 \times 10^{-2} \text{ mol}$$

$$4.117 \, 5 \times 10^{-2} \text{ mol } O_2 \times \frac{32.00 \text{ g } O_2}{1 \text{ mol } O_2} = 1.32 \text{ g } O_2$$

2.11 ◆ 气体分子运动论 Kinetic Molecular Theory

气体由大量分子组成,分子是具有一定质量的微粒。气体分子本身体积很小,可以忽略不计。分子间距离很大,分子间作用力小,故分子运动自由且易被压缩。分子不断做无规则运动,并均匀分布于整个空间,分子运动时不断相互碰撞,同时也撞击器壁而产生压力。气体分子互相碰撞或碰撞容器壁是完全弹性(completely elastic)的,无规则的分子运动不做功就没有能量损失,体系的温度不会自动降低。气体分子的平均动能(average kinetic energy)与温度(K)成正比。

其中常数 k 的物理意义是分子气体常数,数值为 $k = R/N_A = 1.380\,65 \times 10^{-23}$ J·K^{-1}。

温度是分子热运动动能的量度(图 2-55),对个别分子或少量分子体系没有意义。

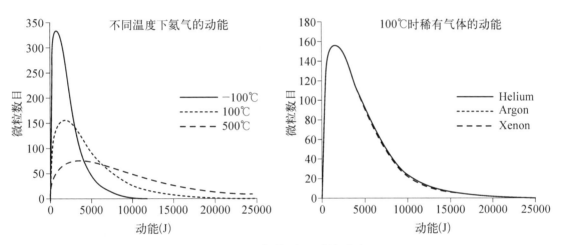

图 2-55 气体分子动能分布

对于物质的量为 n(mol)的理想气体:

$$\sqrt{\overline{v^2}} = v_{rms} = \sqrt{\frac{3pV}{nN_Am}} = \sqrt{\frac{3pV}{nM}} = \sqrt{\frac{3p}{\rho}} = \sqrt{\frac{3RT}{M}}$$

式中,v_{rms} 是分子速率的平方的平均值的根值,称为均方根速率(root mean square velocity)。它与速率的算术平均值不同,利用这个公式可以直接计算分子速率。气体分子的均方根速率与温度的平方根成正比(图 2-56)。

利用上式还可导出:

$$\frac{v_A}{v_B} = \sqrt{\frac{3RT/M_A}{3RT/M_B}} = \sqrt{\frac{M_B}{M_A}}$$

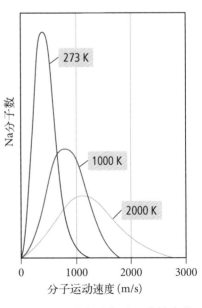

图 2-56 速度分布随温度的变化

气体分子速率与气体的摩尔质量平方根成反比(图 2 - 57)。

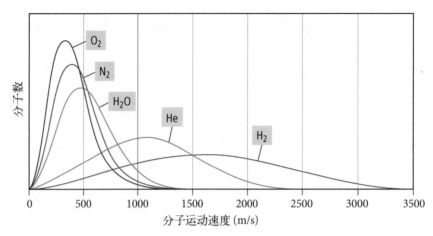

图 2 - 57 速度分布随摩尔质量的变化

例题精讲 24

Calculate the root mean square velocity of oxygen molecules at 25 ℃.

SOLUTION:

$T = 25 + 273 = 298 \text{ K}$

$$M = \frac{32.00 \text{ g O}_2}{1 \text{ mol O}_2} \times \frac{1 \text{ kg}}{1\,000 \text{ g}} = 32.00 \times 10^{-3} \text{ kg/mol}$$

$$v_{\text{rms}} = \sqrt{\frac{3RT}{M}} = \sqrt{\frac{3 \times 8.314 \text{ J/(mol} \cdot \text{K)} \cdot 298 \text{ K}}{32.00 \times 10^{-3} \text{ kg/mol}}} = \sqrt{2.32 \times 10^5 \text{ J/kg}}$$

$$= \sqrt{2.32 \times 10^5 \frac{\frac{\text{kg} \cdot \text{m}^2}{\text{s}^2}}{\text{kg}}} = 482 \text{ m/s}$$

理想气体满足两个条件:(a) 气体分子的体积比分子间距小很多,(b) 气体分子之间的作用力非常小可忽略不计。但实际气体并非这样,所以要对理想气体进行修正。修正的气态方程——van der Waals 方程为:

$$\left(p + \frac{an^2}{V^2}\right)(V - nb) = nRT$$

式中,a 是压力修正项;b 是体积修正项。

高压时,由于氩原子本身的大小,1 mol 的氩所占的体积比 1 mol 的理想气体大。(图 2 - 58)

低温时,因为氩分子间的作用力减少了分子与容器壁的碰撞次数,所以氩的压强比理想气体的小。(图 2 - 59)

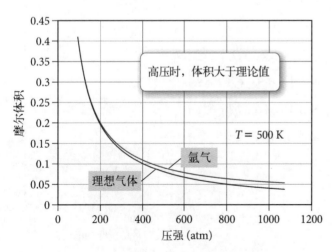

图 2 - 58 实际气体分子体积的影响

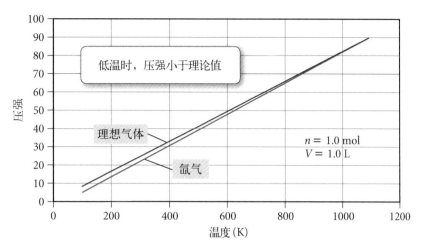

图 2 - 59　实际气体分子间作用力的影响

2.12 ◈ 蒸发和蒸气压　Vaporization and Vapor Pressure

　　液体中的分子和气体中的分子都在不停地运动,速率有快有慢,动能有大有小,这些分子的运动速率和能量呈不对称的峰形分布(图 2 - 60)。

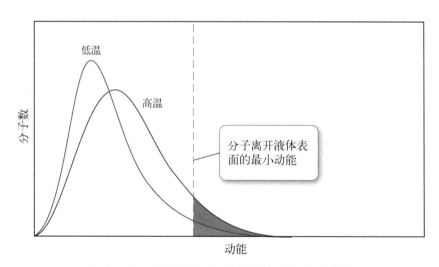

图 2 - 60　不同温度下水分子的动能分布曲线

　　分布曲线右端的水分子能量足够大,运动足够快,能克服分子引力,逸出液面而汽化,这种现象称为蒸发(evaporation)。温度越高,液体表面积越大,分子间作用力越小,液体汽化(vaporization)速率越大。

　　在能量分布曲线左端的蒸气分子,能量较小,运动速度较慢,在相互碰撞过程中会返回液相,这种从气体到液体的转变与汽化相反,称为冷凝(condensation)。

　　取一个盛有液态水的烧瓶抽至真空,温度不变时,水蒸发的速度就不变,随着时间推移,水蒸气分子逐渐增多,冷凝速度逐渐增大,最终冷凝速度和蒸发速度相等,就达到了动态平衡

(dynamic equilibrium)(图 2-61)。冷凝和蒸发继续以相同的速度进行,液体上方水蒸气的浓度是恒定的。

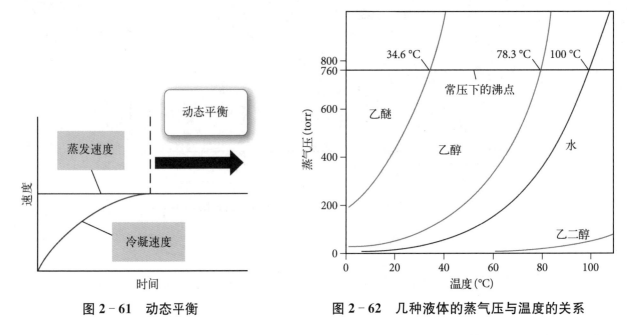

图 2-61　动态平衡　　　　图 2-62　几种液体的蒸气压与温度的关系

与液相处于动态平衡的气体称为饱和蒸气(saturated vapor),该气体的压强称为饱和蒸气压,简称蒸气压(vapor pressure)。一定温度下,液体的蒸气压是一个定值,与液体的体积、液体的量无关。

液体的饱和蒸气压随温度有明显变化,当温度升高时,液体分子中能量高、速度快的分子百分数增多,分子离开液体表面的概率增加,饱和蒸气压增大(图 2-62)。液体的沸点(boiling point)是液体的蒸气压等于外部压强时的温度,压强减小,液体的沸点降低。

不同液体的蒸气压大小可以通过分子间作用力比较,若分子间作用力较弱,容易克服,该物质蒸气压较大,易挥发。反之,若分子间作用力强,不容易克服,则该物质蒸气压低,难挥发。

2.13 ◆ 溶　液　Solutions

溶液(solution)的浓度有多种表示方法(表 2-11)。

表 2-11　溶液浓度的表示方法

物　理　量	定　义　式	单　位
物质的量浓度(c)	$\dfrac{n(溶质)}{V(溶液)}$	mol/L(M)
质量摩尔浓度(m)	$\dfrac{n(溶质)}{m(溶剂)}$	mol/kg

物 理 量	定 义 式	单 位
物质的量分数(χ)	$\dfrac{n(溶质)}{n(溶质)+n(溶剂)}$	—
摩尔百分数($\text{mol}\%$)	$\dfrac{n(溶质)}{n(溶质)+n(溶剂)}\times 100\%$	$\%$
质量分数	$\dfrac{m(溶质)}{m(溶液)}$	—
体积分数	$\dfrac{V(溶质)}{V(溶液)}$	—

质量分数(parts by mass)为溶质(solute)的质量与溶液质量之比,符号为ω,无量纲,可用分数或百分数表示(又称质量百分浓度)。

物质的量分数(mole fraction)为溶液中某组分的物质的量与各组分的物质的量之和的比值,符号为χ,无量纲,可用分数或百分数表示。

质量摩尔浓度(molality)为溶质的物质的量除以溶剂(solvent)的质量,符号为m,单位为$\text{mol} \cdot \text{kg}^{-1}$。

相同温度、压力下,溶液中某组分混合前的体积与混合前各组分的体积总和之比,称为某组分的体积分数(parts by volume),符号为φ,无量纲。

物质的量浓度(molarity)简称浓度,为单位体积的溶液中所含溶质物质的量,符号为c,单位为$\text{mol} \cdot \text{L}^{-1}$(或$\text{mol} \cdot \text{dm}^{-3}$)。

例题精讲 25

A solution is prepared by dissolving 17.2 g of ethylene glycol ($C_2H_6O_2$) in 0.500 kg of water. The final volume of the solution is 515 mL. For this solution, calculate the concentration in each unit.

(a) molarity　(b) molality　(c) percent by mass　(d) mole fraction　(e) mole percent

SOLUTION:

(a) $n(C_2H_6O_2) = 17.2 \text{ g } C_2H_6O_2 \times \dfrac{1 \text{ mol } C_2H_6O_2}{62.07 \text{ g } C_2H_6O_2} = 0.277\,1 \text{ mol } C_2H_6O_2$

$\text{Molarity} = \dfrac{0.277\,1 \text{ mol } C_2H_6O_2}{0.515 \text{ L solution}} = 0.538 \text{ M}$

(b) $\text{Molality} = \dfrac{0.277\,1 \text{ mol } C_2H_6O_2}{0.500 \text{ kg } H_2O} = 0.554 \text{ mol/kg}$

(c) Percent by mass $=\dfrac{17.2\ \text{g}}{17.2\ \text{g}+5.00\times10^2\ \text{g}}\times100\%=3.33\%$

(d) $n(\text{H}_2\text{O})=5.00\times10^2\ \text{g H}_2\text{O}\times\dfrac{1\ \text{mol H}_2\text{O}}{18.02\ \text{g H}_2\text{O}}=27.75\ \text{mol H}_2\text{O}$

$\chi=\dfrac{0.277\underline{\ }1\ \text{mol}}{0.277\underline{\ }1\ \text{mol}+27.75\ \text{mol}}=9.89\times10^{-3}$

(e) $\text{mol}\%=\chi\times100\%=0.989\%$

例题精讲 26

What is the molarity of a 6.56% by mass glucose ($\text{C}_6\text{H}_{12}\text{O}_6$) solution? (The density of the solution is 1.03 g/mL.)

SOLUTION:

$n(\text{C}_6\text{H}_{12}\text{O}_6)=6.56\ \text{g C}_6\text{H}_{12}\text{O}_6\times\dfrac{1\ \text{mol C}_6\text{H}_{12}\text{O}_6}{180.16\ \text{g C}_6\text{H}_{12}\text{O}_6}=0.036\underline{\ }412\ \text{mol C}_6\text{H}_{12}\text{O}_6$

$V(\text{soln})=100\ \text{g soln}\times\dfrac{1\ \text{mL}}{1.03\ \text{g}}\times\dfrac{10^{-3}\ \text{L}}{\text{mL}}=0.097\underline{\ }087\ \text{L soln}$

$c=\dfrac{0.036\underline{\ }412\ \text{mol C}_6\text{H}_{12}\text{O}_6}{0.097\underline{\ }087\ \text{L soln}}=0.375\ \text{M C}_6\text{H}_{12}\text{O}_6$

2.14 ◈ 溶 解 度 Solubility

在一定温度下,一定量饱和溶液中溶质的含量叫作溶解度(solubility),单位为 g/100 g 水或 $\text{cm}^3/100$ g。溶解的过程包括溶质分子或离子的扩散,需吸热以克服原有溶质、溶剂微粒间的吸引力,从而使溶液体积增大;溶剂分子与溶质分子间进行新的结合,即溶剂化的过程,放热、体积缩小;固体的不断溶解(dissolution)和晶体的不断析出(recrystallization)形成了溶解过程的动态平衡(dynamic equilibrium)。溶解的溶质与固体(未溶解的)溶质处于动态平衡状态的溶液称为饱和溶液(saturated solution)。

一种物质在另一种物质中的溶解度既取决于两物质相溶的倾向,也取决于分子间作用力的类型。大量实验事实发现"相似相溶"的规律,即物质结构越相似,越容易相溶。极性溶剂(polar solvents),如水,倾向于溶解许多极性或离子溶质,而非极性溶剂(nonpolar solvents),如己烷,倾向于溶解许多非极性溶质(表 2-12)。溶解过程是溶剂分子拆散,溶质分子拆散,溶质和溶剂分子结合的过程,溶剂和溶质分子越相似,溶解后分子周围的作用力变化就越小,这样的过程就越容易发生。

表 2 - 12 实验室常见的溶剂

常见极性溶剂	常见非极性溶剂
水(H_2O)	己烷(C_6H_{14})
丙酮(CH_3COCH_3)	乙醚($CH_3CH_2OCH_2CH_3$)
甲醇(CH_3OH)	甲苯(C_7H_8)
乙醇(CH_3CH_2OH)	四氯化碳(CCl_4)

例题精讲 27

Vitamins are often categorized as either fat soluble or water soluble. Water-soluble vitamins dissolve in body fluids and are easily eliminated in the urine, so there is little danger of overconsumption. Fat-soluble vitamins, on the other hand, can accumulate in the body's fatty deposits. Overconsumption of a fat-soluble vitamin can be dangerous to your health. Examine the structure of each vitamin shown here and classify it as either fat soluble or water soluble.

(a) Vitamin C

(b) Vitamin K_3

(c) Vitamin A

(d) Vitamin B_5

SOLUTION：

(a) The four —OH bonds in vitamin C make it highly polar and allow it to hydrogen bond with water. Vitamin C is water soluble.

(b) The C—C bonds in vitamin K₃ are nonpolar and the C—H bonds are nearly so. The C=O bonds are polar, but the bond dipoles oppose and largely cancel each other, so the molecule is dominated by the nonpolar bonds. Vitamin K₃ is fat soluble.

(c) The C—C bonds in vitamin A are nonpolar and the C—H bonds are nearly so. The one polar —OH bond may increase its water solubility slightly, but overall vitamin A is nonpolar and therefore fat soluble.

(d) The three —OH bonds and one —NH bond in vitamin B₅ make it highly polar and allow it to hydrogen bond with water. Vitamin B₅ is water soluble.

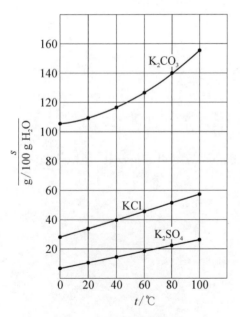

图 2 - 63   溶解度曲线

溶解度是指在一定温度与压强下,一定质量饱和溶液中溶质的含量。

溶解度经验规律有多种应用:

(1) 硫酸铜的重结晶。

① 粗制的 $CuSO_4 \cdot 5H_2O$ 含有少量的 Fe^{3+}、NO_3^- 等杂质。

② 加热,蒸发浓缩,使 $CuSO_4$ 在高温近于饱和,冷却结晶。

③ 杂质因含量少,在冷却时并未达到饱和而留在溶液中。

(2) 从草木灰中提取钾盐。

根据原料组成情况,观察溶解度曲线(solubility curve)(图 2 - 63),控制适当的溶解、蒸发浓缩条件;掌握好温度、浓度条件,可以分别得到粗制的 KCl、K_2SO_4 和 K_2CO_3。

(3) 用 CCl_4 萃取(chemical extraction)水中的碘。

① CCl₄萃取水中的碘的原理。

a. 20 ℃时，I₂在水中的溶解度远小于在CCl₄中的溶解度。

b. CCl₄是非极性分子，H₂O是极性分子，两者互不相溶并分层。

c. 大部分的I₂由水层转移到CCl₄层，从而达到分离碘和水的目的。

② 萃取的分类。

a. 物理萃取。

物理萃取是指利用溶质在两种不互溶的溶剂中溶解度的差异来进行分离的方法。

b. 化学萃取。

化学萃取是指利用被萃物与萃取溶剂发生化学作用而从一相转移到另一相的分离方法。

（4）蒸馏。

蒸馏（distillation）是指利用液体混合物中各组分沸点的差异而将组分分离的过程。主要操作为将液体加热，易挥发（easily vaporizable）组分蒸发产生的蒸气导入冷凝管（condenser），又冷凝（recondensed）为液体的一种蒸发、冷凝的过程。蒸馏是分离沸点相差较大的液体混合物的一种重要的操作（图 2 - 64）。

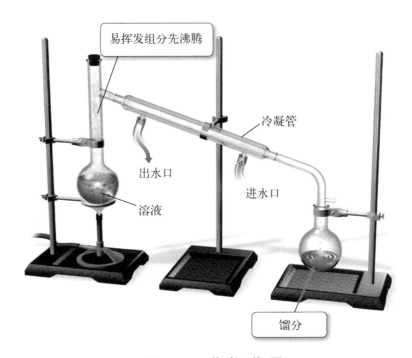

图 2 - 64 蒸 馏 装 置

2.15 ◆ 溶 解 平 衡 Solution Equilibrium

固体在液体溶剂中溶解形成溶液，不存在绝对不溶解的物质，只是溶解了多少而已。如将固态 CaF₂放入水中，表面的 Ca²⁺和 F⁻受到水分子的作用，离开固体表面进入溶液，这个过程称为溶解(dissolution)。与此同时,溶液中的 Ca^{2+} 和 F^- 浓度逐渐增大,受晶体表面阴阳离子的吸引,会重新回到固体表面,这个过程称为结晶(crystallization)。一定温度下,当溶解速率和结晶速率相等时,就达到了溶解平衡(Solubility Equilibria),所得溶液为该温度下的 CaF_2 饱和溶液。表示溶解结晶平衡的常数是溶度积常数(Solubility Product Constant,简称 K_{sp})。对以下溶解平衡:

$$A_m B_n(s) \rightleftharpoons m A^{n+}(aq) + n B^{m-}(aq)$$

溶度积常数可表示为 $K_{sp} = [A^{n+}]^m [B^{m-}]^n$

可以用 K_{sp} 来计算物质的物质的量浓度。

例题精讲 28

Calculate the molar solubility of $PbCl_2$ in pure water.

SOLUTION:

	$PbCl_2(s) \rightleftharpoons$	$Pb^{2+}(aq)$	$+$	$2Cl^-(aq)$
Initial		0.00		0.00
Change		$+S$		$+2S$
Equilibrate		S		$2S$

$K_{sp} = [Pb^{2+}][Cl^-]^2 = S \times (2S)^2 = 4S^3$

$$S = \sqrt[3]{\frac{K_{sp}}{4}} = \sqrt[3]{\frac{1.17 \times 10^{-5}}{4}} = 1.43 \times 10^{-2} \text{ M}$$

例题精讲 29

The molar solubility of Ag_2SO_4 in pure water is 1.2×10^{-5} M. Calculate K_{sp}.

SOLUTION:

	$Ag_2SO_4(s) \rightleftharpoons$	$2Ag^+(aq)$	$+$	$SO_4^{2-}(aq)$
Initial		0.00		0.00
Change		$+2S$		$+S$
Equilibrate		$2S$		S

$K_{sp} = [Ag^+]^2[SO_4^{2-}] = (2S)^2 \times S = 4S^3 = 4 \times (1.2 \times 10^{-5})^3 = 6.9 \times 10^{-15}$

溶度积常数与物质的量浓度的关系与电离(dissociation)过程中化学计量数(stoichiometry)有关,对于电离方程式具有相同的化学计量数的化合物,溶度积常数越大,溶解度越大。观察下列两个物质的溶度积常数和摩尔溶解度(molar solubility)(表 2-13)。

表 2 - 13 $Mg(OH)_2$ 和 $FeCO_3$ 的溶度积常数和摩尔溶解度

化 合 物	溶度积常数	摩尔溶解度
$Mg(OH)_2$	2.06×10^{-13}	3.74×10^{-5} M
$FeCO_3$	3.07×10^{-11}	5.54×10^{-6} M

氢氧化镁(Magnesium hydroxide)的溶度积常数比碳酸亚铁[iron(Ⅱ) carbonate]的小,但是溶解度比碳酸亚铁的溶解度大。

物质在含有相同离子(common ion)的溶液中的溶解度低于在纯水中的溶解度。

例题精讲 30

What is the molar solubility of CaF_2 in a solution containing 0.100 M NaF?

SOLUTION：

$$CaF_2(s) \rightleftharpoons Ca^{2+}(aq) \quad + \quad 2F^-(aq)$$

Initial	0.00	0.100
Change	$+S$	$+2S$
Equilibra	S	$0.100+2S$

$K_{sp} = [Ca^{2+}][F^-]^2 = S \times (0.100+2S)^2 = S \times 0.100^2$ (S is small)

$$S = \frac{K_{sp}}{0.010\,0} = \frac{1.46 \times 10^{-10}}{0.010\,0} = 1.46 \times 10^{-8} \text{ M}$$

溶液的 pH 值会影响物质在该溶液中的溶解度。

例题精讲 31

Determine whether each compound is more soluble in an acidic solution than in a neutral solution.

(a) BaF_2 (b) AgI   (c) $Ca(OH)_2$

SOLUTION：

(a) The solubility of BaF_2 is greater in acidic solution because the F^- ion is a weak base. (F^- is the conjugate base of the weak acid HF and is therefore a weak base.)

(b) The solubility of AgI is not greater in acidic solution because the I^- is not a base. (I^- is the conjugate base of the strong acid HI and is therefore pH-neutral.)

(c) The solubility of $Ca(OH)_2$ is greater in acidic solution because the OH^- ion is a strong base.

2.16 ◆ 沉 淀 的 生 成 Precipitation

当物质溶解在水中完全电离为离子时,反应商(reaction quotient)表示溶液中离子浓度化学计量数次幂的乘积,用 Q 表示。通过反应商,可以分析溶液中沉淀的生成、沉淀的"完全"程度、沉淀的溶解和转化问题。

- 如果 $Q < K_{sp}$,表示溶液没有达到饱和,可以有更多的溶质溶解进入溶液。
- 如果 $Q = K_{sp}$,表示溶液达到饱和,沉淀和溶解达到平衡状态。
- 如果 $Q > K_{sp}$,表示将有溶质从溶液中沉淀出来。

例题精讲 32

A solution containing lead(Ⅱ) nitrate is mixed with one containing sodium bromide to form a solution that is 0.015 0 M in $Pb(NO_3)_2$ and 0.003 50 M in NaBr. Does a precipitate form in the newly mixed solution?

SOLUTION:

Possible cross products: $NaNO_3$ soluble

$PbBr_2$ $K_{sp} = 4.67 \times 10^{-6}$

$Q = [Pb^{2+}][Br^-]^2 = 0.015\ 0 \times 0.003\ 50^2 = 1.84 \times 10^{-7}$

$Q = 1.84 \times 10^{-7}$; $Q < K_{sp}$, therefore no precipitate forms.

一种溶液可能同时含有几种不同的离子,这些离子通常可以通过选择性沉淀(selective precipitation)的方法分离出来。选择性沉淀是指一定条件下,使一种离子先沉淀,其他离子在另一条件下沉淀的现象。

例题精讲 33

The magnesium and calcium ions present in seawater ($[Mg^{2+}] = 0.059$ M and $[Ca^{2+}] = 0.011$ M) can be separated by selective precipitation with KOH. What minimum $[OH^-]$ triggers the precipitation of the Mg^{2+} ion?

SOLUTION:

$Q = [Mg^{2+}][OH^-]^2 = 0.059 \times [OH^-]^2$

When $Q = K_{sp}$, $0.059 \times [OH^-]^2 = K_{sp} = 2.06 \times 10^{-13}$

$[OH^-] = 1.9 \times 10^{-6}$ M

例题精讲 34

You add potassium hydroxide to the solution in Example 2.33. When the $[OH^-]$ reaches 1.9×10^{-6} M (as you just calculated), magnesium hydroxide begins to precipitate out of solution. As you continue to add KOH, the magnesium hydroxide continues to precipitate. However, at some point, the $[OH^-]$ becomes high enough to begin to precipitate the calcium ions as well. What is the concentration of Mg^{2+} when Ca^{2+} begins to precipitate?

SOLUTION：

$Q = [Ca^{2+}][OH^-]^2 = 0.011 \times [OH^-]^2$

When $Q = K_{sp}$, $0.011 \times [OH^-]^2 = K_{sp} = 4.68 \times 10^{-6}$

$[OH^-] = 2.06 \times 10^{-2}$ M

$Q = [Mg^{2+}][OH^-]^2 = [Mg^{2+}](2.06 \times 10^{-2})^2$

When $Q = K_{sp}$, $[Mg^{2+}](2.06 \times 10^{-2})^2 = K_{sp} = 2.06 \times 10^{-13}$

$[Mg^{2+}] = 4.9 \times 10^{-10}$ M

从结果可以看出，选择性沉淀效果很好。Mg^{2+} 的浓度从 0.059 M 下降到 4.9×10^{-10} M 后，Ca^{2+} 才开始沉淀，此时 99.99% 的镁离子已经被分离出来了。

2.17 ◦ 胶　体　Colloid

胶体（colloid）又称胶状分散体（colloidal dispersion）是一种高度分散的多相不均匀体系，溶剂为分散介质（dispersing medium），溶质为分散相（dispersed substance）。胶体是一种分散质粒子直径介于粗分散体系和溶液之间的一类分散体系，胶体粒子尺寸在 1 nm 到 100 nm 之间。按照分散剂状态不同分为气溶胶、液溶胶、固溶胶三类，如烟、云、雾是气溶胶，有色玻璃、玛瑙是固溶胶，蛋白溶液、淀粉溶液是液溶胶。

溶胶的分散粒子具有胶束（colloidal suspensions）结构，例如 $Fe(OH)_3$（图 2-65）。溶胶热力学不稳定，分散粒子表面有分子间作用力，相碰撞有聚集趋势；溶胶动力学稳定性，胶体粒子间的电排斥，保持了溶胶的相对稳定性。

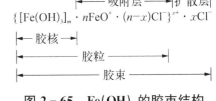

图 2-65　$Fe(OH)_3$ 的胶束结构

聚沉是指往溶胶中加入适量电解质使带电胶粒吸附相反电荷，胶粒间的排斥作用被破坏，溶胶有块状或絮状沉淀形成的现象。

丁达尔效应（Tyndall effect）是指一束光线透过胶体，由于胶体粒子对光的散射，从入射光的垂直方向可以观察到胶体里出现的一条光亮的"通路"的光学现象（图 2-66）。

胶体会有丁达尔现象，而溶液中的溶质太小，以至于无法散射光，几乎不会出现丁达尔效应，所以可以采用丁达尔现象来区分胶体和溶液。

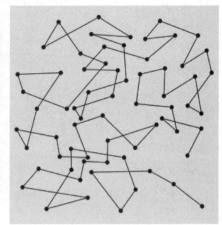

图 2 - 66 丁达尔效应   图 2 - 67 布朗运动

在显微镜下观察分散在液体中的胶体粒子时,可以看到胶体粒子做无规则运动,这种运动被称为布朗运动(Brownian motion)(图 2 - 67),是由液体中的微粒互相碰撞引起的。

课后练习Exercise

1. Use Lewis symbols to predict the formula for the compound that forms between magnesium and nitrogen.

2. Write the Lewis structure for CO.

3. Write the Lewis structure for CH_2O.

4. Write the Lewis structure for the hypochlorite ion, ClO^-.

5. Assign formal charges to each atom in the resonance forms of N_2O. Which resonance form is likely to contribute most to the correct structure of N_2O?

A $:\ddot{N}=N=\ddot{O}:$ B $:N\equiv N-\ddot{\ddot{O}}:$ C $:\ddot{\ddot{N}}-N\equiv O:$

6. Write a Lewis structure for the NO_2^- ion. Include resonance structures.

7. Determine the hybridization state of the underlined atoms in the following compounds: (a) $\underline{Si}Br_4$ and (b) $\underline{B}Cl_3$.

8. What is the hybridization of Xe in XeF_4?

9. Describe the bonding in the hydrogen cyanide molecule, HCN. Assume that N is sp-hybridized.

10. Write Lewis structures for the following molecules and ions: (a) OF_2, (b) N_2F_2, (c) Si_2H_6, (d) OH^-, (e) CH_2ClCOO^-, (f) $CH_3NH_3^+$.

11. Write Lewis structures for the following ions: (a) O_2^{2-}, (b) C_2^{2-}, (c) NO^+, (d) NH_4^+. Show formal charges.

12. The skeletal structure of acetic acid shown below is correct, but some of the bonds are wrong.

(a) Identify the incorrect bonds and explain what is wrong with them.

(b) Write the correct Lewis structure for acetic acid.

$$
\begin{array}{ccc}
\text{H} & :\!\ddot{\text{O}}: & \\
| & | & \\
\text{H}\!=\!\text{C}\!-\!\text{C}\!-\!\ddot{\text{O}}\!-\!\text{H} \\
| & & \\
\text{H} & &
\end{array}
$$

13. Draw two resonance structures for diazomethane, CH_2N_2. Show formal charges. The skeletal structure of the molecule is:

$$
\begin{array}{ccc}
& \text{H} & \\
\text{C} & \text{N} & \text{N} \\
& \text{H} &
\end{array}
$$

14. Draw three reasonable resonance structures for the OCN^- ion. Show formal charges.

15. In the vapor phase, beryllium chloride consists of discrete $BeCl_2$ molecules. Is the octet rule satisfied for Be in this compound? If not, can you form an octet around Be by drawing another resonance structure? How plausible is this structure?

16. Write a Lewis structure for $SbCl_5$. Does this molecule obey the octet rule?

17. Write Lewis structures for the reaction:

$$AlCl_3 + Cl^- \longrightarrow AlCl_4^-$$

What kind of bond joins Al and Cl in the product?

18. Determine the molecular geometry of CCl_4.

19. Predict the molecular geometry and bond angle of ClNO.

20. Predict the molecular geometry of I_3^-.

21. Predict the geometry about each interior atom in acetic acid ($H_3C\!-\!\overset{\displaystyle O}{\overset{\|}{C}}\!-\!OH$) and make a sketch of the molecule.

22. Which of the following molecules has the shortest nitrogen-to-nitrogen bond? N_2H_4, N_2O, N_2, N_2O_4. Explain.

23. Methyl isocyanate (CH_3NCO) is used to make certain pesticides. In December 1984, water leaked into a tank containing this substance at a chemical plant, producing a toxic cloud that killed thousands of people in Bhopal, India. Draw Lewis structures for CH_3NCO, showing formal charges.

24. Several resonance structures for the molecule CO_2 are shown next. Explain why some of them are likely to be of little importance in describing the bonding in this molecule.

(a) $\ddot{\text{O}}\!=\!\text{C}\!=\!\ddot{\text{O}}$ (b) $:\!\text{O}\!\overset{+}{\equiv}\!\text{C}\!-\!\ddot{\text{O}}\!:^-$ (c) $:\!\text{O}\!\overset{+}{\equiv}\!\overset{-}{\text{C}}\quad:\!\ddot{\text{O}}\!:$ (d) $:\!\overset{-}{\ddot{\text{O}}}\!-\!\overset{2+}{\text{C}}\!-\!\ddot{\text{O}}\!:^-$

25. Draw Lewis structures for the following chlorofluorocarbons (CFCs), which are partly responsible for the depletion of ozone in the stratosphere: (a) $CFCl_3$, (b) CF_2Cl_2, (c) CHF_2Cl, (d) CF_3CHF_2.

26. Write Lewis structures for the following four isoelectronic species: (a) CO, (b) NO^+, (c) CN^-, (d) N_2. Show formal charges.

27. The N—O bond distance in nitric oxide is 115 pm, which is intermediate between a triple bond (106 pm) and a double bond (120 pm). (a) Draw two resonance structures for NO and comment on their relative importance. (b) Is it possible to draw a resonance structure having a triple bond between the atoms?

28. Which molecules have dipole-dipole forces?

    (a) CI_4 (b) CH_3Cl (c) HCl

29. Which has the higher boiling point, HF or HCl? Why?

30. A snorkeler takes a syringe filled with 16 mL of air from the surface, where the pressure is 1.0 atm, to an unknown depth. The volume of the air in the syringe at this depth is 7.5 mL. What is the pressure at this depth? If the pressure increases by 1 atm for every additional 10 m of depth, how deep is the snorkeler?

31. A gas in a cylinder with a moveable piston has an initial volume of 88.2 mL. If we heat the gas from 35 ℃ to 155 ℃, what is its final volume (in mL)?

32. An 8.50 L tire contains 0.552 mol of gas at a temperature of 305 K. What is the pressure (in atm and psi) of the gas in the tire?

33. What volume does 0.556 mol of gas occupy at a pressure of 715 mmHg and a temperature of 58 ℃?

34. A sample of hydrogen gas is mixed with water vapor. The mixture has a total pressure of 755 torr and the water vapor has a partial pressure of 24 torr. What amount (in moles) of hydrogen gas is contained in 1.55 L of this mixture at 298 K?

35. A diver breathes a heliox mixture with an oxygen mole fraction of 0.050. What must the total pressure be for the partial pressure of oxygen to be 0.21 atm?

36. A common way to make hydrogen gas in the laboratory is to place a metal such as zinc in hydrochloric acid. The hydrochloric acid reacts with the metal to produce hydrogen gas, which is then collected over water. Suppose a student carries out this reaction and collects a total of 154.4 mL of gas at a pressure of 742 mmHg and a temperature of 25 ℃. What mass of hydrogen gas (in mg) does the student collect?

37. Calculate the root mean square velocity of gaseous xenon atoms at 25 ℃.

38. Determine whether each compound is soluble in hexane.

    (a) water (H_2O)   (b) propane ($CH_3CH_2CH_3$)

(c) ammonia (NH_3)   (d) hydrogen chloride (HCl)

39. A solution is prepared by dissolving 50.4 g sucrose ($C_{12}H_{22}O_{11}$) in 0.332 kg of water. The final volume of the solution is 355 mL. Calculate the concentration of the solution in each unit.

    (a) molarity   (b) molality   (c) percent by mass   (d) mole fraction

    (e) mole percent

40. What is the molarity of a 10.5% by mass glucose ($C_6H_{12}O_6$) solution? (The density of the solution is 1.03 g/mL.)

41. Calculate the molar solubility of $Fe(OH)_2$ in pure water.

42. The molar solubility of AgBr in pure water is 7.3×10^{-7} M. Calculate K_{sp}.

43. Calculate the molar solubility of CaF_2 in a solution containing 0.250 M $Ca(NO_3)_2$.

44. Which compound，$FeCO_3$ or $PbBr_2$，is more soluble in acid than in base? Why?

45. If the concentration of Mg^{2+} in the previous solution was 0.025 M，what minimum $[OH^-]$ triggers precipitation of the Mg^{2+} ion?

46. A solution is 0.085 M in Pb^{2+} and 0.025 M in Ag^+. (a) If selective precipitation is to be achieved using NaCl，what minimum concentration of NaCl do you need to begin to precipitate the ion that precipitates first? (b) What is the concentration of each ion left in solution at the point where the second ion begins to precipitate?

第3章

氧化还原反应和电化学
Oxidation-Reduction Reactions and Electrochemistry

3.1 ◈ 氧化还原反应 Oxidation-Reduction Reactions

氧化还原反应(oxidation-reduction reactions,简称 redox reactions)是一类有电子转移(electrons transfer)的反应。失电子(loss electrons)的过程叫作氧化反应(oxidation),得电子(gain electrons)的过程叫作还原反应(reduction)。

氧化态(oxidation state),又称氧化数,是指按一定原则分配电子时原子可能带的电荷。氧化数代表化合物里电子转移和成键电子对的偏移情况。在单质中,原子间的成键电子没有任何偏离,元素的氧化数等于零。在二元离子化合物中,各元素的氧化数和离子的电荷数相一致。在共价化合物中,成键电子对总是向电负性大的元素靠近。氧化数不一定是整数,如 $Na_2S_4O_6$,Na 的氧化数为 $+1$,O 为 -2,S 则为 $+2.5$。

把氧化数升高的过程叫作氧化,氧化数降低的过程叫作还原。氧化数降低的物质称为氧化剂(oxidizing agent),在反应中被还原(be reduced);氧化数升高的物质称为还原剂(reducing agent),在反应中被氧化(be oxidized)。

利用氧化数升降守恒可以配平(balance)氧化还原反应方程式:

① 根据实验事实确定反应的反应物、生成物。

② 确定反应过程中元素氧化数的变化。

③ 氧化反应和还原反应一定同时发生,根据电子得失数目相等的原则进行配平。

④ 根据质量守恒定律配平其他物质。

例题精讲 1

Balance the redox equation:$Fe^{2+}(aq)+MnO_4^-(aq)\longrightarrow Fe^{3+}(aq)+Mn^{2+}(aq)$

SOLUTION:

$5Fe^{2+}(aq)+8H^+(aq)+MnO_4^-(aq)\longrightarrow 5Fe^{3+}(aq)+Mn^{2+}(aq)+4H_2O(l)$

例题精讲 2

Balance the equation occurring in basic solution：$I^-(aq) + MnO_4^-(aq) \longrightarrow I_2(aq) + MnO_2(s)$

SOLUTION：

$6I^-(aq) + 4H_2O(l) + 2MnO_4^-(aq) \longrightarrow 3I_2(aq) + 2MnO_2(s) + 8OH^-(aq)$

3.2 ◈ 电池的电动势和电极电势
Cell Potential and Electrode Potential

原电池(galvanic cell)，又称为伏打电池，是一种电化学电池(electrochemical cell)，它通过自发(spontaneous)的氧化还原反应将化学能转化为电能产生电流(electrical current)。

原电池主要由电解质溶液、浸在溶液中的正、负极和连接电极的导线组成。

例如，氧化还原反应：

$$Zn(s) + Cu^{2+}(aq) \longrightarrow Zn^{2+}(aq) + Cu(s)$$

当金属 Zn 置于 Cu^{2+} 的溶液中，Zn 失去电子，被氧化，Cu^{2+} 得到电子，被还原。电子直接从 Zn 转移到 Cu^{2+}。

该反应是一个自发的氧化还原反应。如图 3-1，将金属 Zn 置于盛有硫酸锌溶液的烧杯中，金属 Cu 置于盛有硫酸铜溶液的另一烧杯中，两个烧杯中的溶液用"盐桥"(salt bridge)联结，盐桥是一个盛有强电解质(strong electrolyte)如 KNO_3 饱和溶液的胶冻的 U 型管(U-shaped tube)，用于构成电流通路。铜片和锌片用导线连接，其间串联一个小灯泡，这样就形成了锌—铜原电池（也可写作 Zn—Cu 原电池）。锌—铜原电池由锌电极（Zn—$ZnSO_4$）和铜电极（Cu—$CuSO_4$）组成。

在这个装置中锌片和硫酸铜溶液没有接触，但是实验中可以观察到，锌片逐渐溶解，铜片表面有固体析出，灯泡发光，这说明有电子定向移动而形成了电流。反应中锌发生氧化反应，向外电路输出电子，作负极(anode)，用－表示[negative（－）sign]；铜发生还原反应，从外电路接受电子，为正极(cathode)，用＋表示[positive（＋）sign]。电极反应写作：

负极　　$Zn(s) \longrightarrow Zn^{2+}(aq) + 2e^-$

正极　　$Cu^{2+}(aq) + 2e^- \longrightarrow Cu(s)$

把单位时间里通过任一横截面的电量叫作电流强度，简称电流(electrical current)，电流符号为 I，单位是安培(amperes，简称 amps)，用符号"A"表示。

$$1\,A = 1\,C/s$$

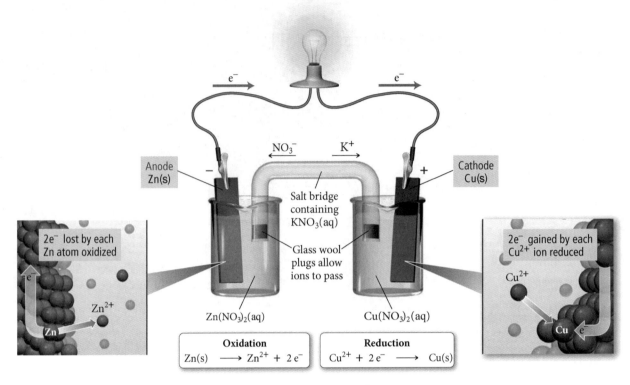

图 3-1　锌—铜原电池

一个电子的电量是 1.602×10^{-19} C，1 A 表示 1 秒内流过 6.242×10^{18} 个电子。

在原电池中，电池正负极之间的电势差（potential difference）称为电池的电动势（cell potential），用 E_{cell} 表示。电池的电动势受反应物和生成物浓度以及温度（通常为 25 ℃）的影响。在热力学标准状态（standard conditions）即溶液浓度为 1 mol/L，气体压强为 100 kPa 时，电池的电动势称为标准电动势（the standard cell potential），用 E_{cell}° 表示。

电池中的每个电极都有自己的电势，称为电极电势（electrode potential）。标准状态时的电极电势称为标准电极电势（standard electrode potential）。

将镀了铂黑的铂片插入 H^+ 浓度为 1 mol/L 的溶液中，并通入标准压力的纯净氢气，这样的电极称为标准氢电极（standard hydrogen electrode，简称 SHE）（图 3-2），并规定该电极的电极电势为零。

当标准氢电极作正极时，电极反应表示为：

$$2H^+(aq) + 2e^- \longrightarrow H_2(g) \qquad E_{H^+/H_2}^{\circ} = 0.00 \text{ V}$$

E 的右下角注明参加电极反应的氧化态和还原态，一般氧化态在前还原态在后，称为电极电对。右上角的"o"代表标准状态。

电池中，正极的电极电势和负极电极电势之差为电池的电动势，用 $E_{池}$（E_{cell}）表示。

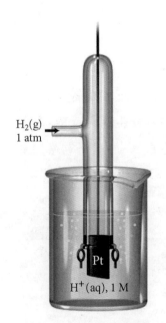

$H_2(g)$
1 atm

Pt

$H^+(aq)$, 1 M

图 3-2　标准氢电极

$$E_池 = E_正 - E_负$$

所以,将标准的氢电极与其他电极连接形成电池,测得电池的电动势,就可以确定该电极的电势(图 3-3)。若电极处于标准状态,计算得到的就是该电极的标准电极电势,用 $E_池^\circ(E_{cell}^\circ)$ 表示。

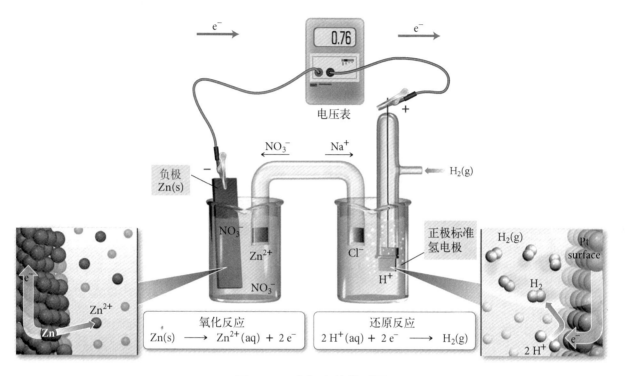

图 3-3　电极电势的测量

3.3 ◆ 标准电极电势和氧化还原反应

Standard Electrode Potentials and Oxidation Reduction Reactions

各参与电极反应的物质都处于标准状态时的电极电势就是标准电极电势,它的数值是相对于标准氢电极 $E_{H^+/H_2}^\circ = 0.00\ \text{V}$ 而确定的。表 3-1 列举了一些常用的标准电极电势的值。

表 3-1　水溶液中的标准电极电势

电 对 平 衡 式	E°/V
$F_2(g) + 2e^- \longrightarrow 2F^-(aq)$	$+2.87$
$Co^{3+}(aq) + e^- \longrightarrow Co^{2+}(aq)$	$+1.82$
$H_2O_2(aq) + 2H^+(aq) + 2e^- \longrightarrow 2H_2O$	$+1.77$
$PbO_2(s) + 4H^+(aq) + SO_4^{2-}(aq) + 2e^- \longrightarrow PbSO_4(s) + 2H_2O$	$+1.70$

电 对 平 衡 式	E°/V
$Ce^{4+}(aq) + e^- \longrightarrow Ce^{3+}(aq)$	$+1.61$
$MnO_4^-(aq) + 8H^+(aq) + 5e^- \longrightarrow Mn^{2+}(aq) + 4H_2O$	$+1.51$
$Au^{3+}(aq) + 3e^- \longrightarrow Au(s)$	$+1.50$
$Cl_2(g) + 2e^- \longrightarrow 2Cl^-(aq)$	$+1.36$
$Cr_2O_7^{2+}(aq) + 14H^+(aq) + 6e^- \longrightarrow 2Cr^{3+}(aq) + 7H_2O$	$+1.33$
$MnO_2(s) + 4H^+(aq) + 2e^- \longrightarrow Mn^{2+}(aq) + 2H_2O$	$+1.23$
$O_2(g) + 4H^+(aq) + 4e^- \longrightarrow 2H_2O$	$+1.23$
$Br_2(l) + 2e^- \longrightarrow 2Br^-(aq)$	$+1.07$
$NO_3^-(aq) + 4H^+(aq) + 3e^- \longrightarrow NO(g) + 2H_2O$	$+0.96$
$2Hg^{2+}(aq) + 2e^- \longrightarrow Hg_2^{2+}(aq)$	$+0.92$
$Hg_2^{2+}(aq) + 2e^- \longrightarrow 2Hg(l)$	$+0.85$
$Ag^+(aq) + e^- \longrightarrow Ag(s)$	$+0.80$
$Fe^{3+}(aq) + e^- \longrightarrow Fe^{2+}(aq)$	$+0.77$
$O_2(g) + 2H^+(aq) + 2e^- \longrightarrow H_2O_2(aq)$	$+0.68$
$MnO_4^-(aq) + 2H_2O + 3e^- \longrightarrow MnO_2(s) + 4OH^-(aq)$	$+0.59$
$I_2(s) + 2e^- \longrightarrow 2I^-(aq)$	$+0.53$
$O_2(g) + 2H_2O + 4e^- \longrightarrow 4OH^-(aq)$	$+0.40$
$Cu^{2+}(aq) + 2e^- \longrightarrow Cu(s)$	$+0.34$
$AgCl(s) + e^- \longrightarrow Ag(s) + Cl_2(aq)$	$+0.22$
$SO_4^{2-}(aq) + 4H^+(aq) + 2e^- \longrightarrow SO_2(g) + 2H_2O$	$+0.20$
$Cu^{2+}(aq) + e^- \longrightarrow Cu^+(aq)$	$+0.15$
$Sn^{4+}(aq) + 2e^- \longrightarrow Sn^{2+}(aq)$	$+0.13$
$2H^+(aq) + 2e^- \longrightarrow H_2(g)$	0.00
$Pb^{2+}(aq) + 2e^- \longrightarrow Pb(s)$	-0.13
$Sn^{2+}(aq) + 2e^- \longrightarrow Sn(s)$	-0.14
$Ni^{2+}(aq) + 2e^- \longrightarrow Ni(s)$	-0.25
$Co^{2+}(aq) + 2e^- \longrightarrow Co(s)$	-0.28

续　表

电　对　平　衡　式	E°/V
$PbSO_4(s) + 2e^- \longrightarrow Pb(s) + SO_4^{2-}(aq)$	-0.31
$Cd^{2+}(aq) + 2e^- \longrightarrow Cd(s)$	-0.40
$Fe^{2+}(aq) + 2e^- \longrightarrow Fe(s)$	-0.44
$Cr^{3+}(aq) + 3e^- \longrightarrow Cr(s)$	-0.74
$Zn^{2+}(aq) + 2e^- \longrightarrow Zn(s)$	-0.76
$2H_2O + 2e^- \longrightarrow H_2(g) + 2OH^-(aq)$	-0.83
$Mn^{2+}(aq) + 2e^- \longrightarrow Mn(s)$	-1.18
$Al^{3+}(aq) + 3e^- \longrightarrow Al(s)$	-1.66
$Be^{2+}(aq) + 2e^- \longrightarrow Be(s)$	-1.85
$Mg^{2+}(aq) + 2e^- \longrightarrow Mg(s)$	-2.37
$Na^+(aq) + e^- \longrightarrow Na(s)$	-2.71
$Ca^{2+}(aq) + 2e^- \longrightarrow Ca(s)$	-2.87
$Sr^{2+}(aq) + 2e^- \longrightarrow Sr(s)$	-2.89
$Ba^{2+}(aq) + 2e^- \longrightarrow Ba(s)$	-2.90
$K^+(aq) + e^- \longrightarrow K(s)$	-2.93
$Li^+(aq) + e^- \longrightarrow Li(s)$	-3.05

在标准氢电极以上各电极电势都是正值,与氢电极组成电池时作正极;在标准氢电极以下各电极电势都是负值,与氢电极组成电池时为负极。电极电势越正,电极反应中氧化性物质越容易夺得电子转变为相应的还原态;电极电势越负,电极反应中还原态物质越容易失去电子转变为相应的氧化态。E° 较高的氧化态物质和 E° 较低的还原态物质能发生氧化还原反应。

例题精讲 3

　　Use tabulated standard electrode potentials to calculate the standard cell potential for the following reaction occurring in an electrochemical cell at 25 ℃. (The equation is balanced.)

$$Al(s) + NO_3^-(aq) + 4H^+(aq) \longrightarrow Al^{3+}(aq) + NO(g) + 2H_2O(l)$$

SOLUTION:

$$E_{cell}^\circ = E_{cat}^\circ - E_{an}^\circ = 0.96\ V - (-1.66\ V) = 2.62\ V$$

根据电池的电动势（$E^o_{池}$）可以判断水溶液中氧化还原反应的自发性。自发氧化还原反应所组成的电池的电动势为正值，反之若 $E^o_{池} < 0$，说明该反应无法自发进行。

例题精讲 4

Without calculating E^o_{cell}, predict whether each of the following redox reactions is spontaneous. If the reaction is spontaneous as written, make a sketch of the electrochemical cell in which the reaction could occur. If the reaction is not spontaneous as written, write an equation for the spontaneous direction in which the reaction would occur and sketch the electrochemical cell in which the spontaneous reaction would occur. In your sketches, make sure to label the anode (which should be drawn on the left), the cathode, and the direction of electron flow.

(a) $Fe(s) + Mg^{2+}(aq) \longrightarrow Fe^{2+}(aq) + Mg(s)$

(b) $Fe(s) + Pb^{2+}(aq) \longrightarrow Fe^{2+}(aq) + Pb(s)$

SOLUTION：

(a) The magnesium half-reaction has the more negative electrode potential and therefore repels electrons more strongly and undergoes oxidation. The iron half-reaction has the more positive electrode potential and therefore attracts electrons more strongly and undergoes reduction. So the reaction as written is not spontaneous.

The reverse reaction is spontaneous：$Fe^{2+}(aq) + Mg(s) \longrightarrow Fe(s) + Mg^{2+}(aq)$

(b) The iron half-reaction has the more negative electrode potential and therefore repels electrons and undergoes oxidation. The lead half-reaction has the more positive electrode potential and therefore attracts electrons and undergoes reduction. Therefore, the reaction is spontaneous as written.

3.4 ◈ 浓度对电极电势的影响
——能斯特方程式
Cell Potential and Concern—Nernst Equation

很多反应溶液的浓度不一定是 1 M，气体的压强也不一定是 100 kPa，那电极电势就不再是标准电极电势了。

用 ox 代表氧化态（oxidizing state），red 代表还原态（reducing state），对电池反应：

$$a\ ox_1 + b\ red_2 = c\ red_1 + d\ ox_2$$

可以用标准电池电动势 $E_{池}^{\circ}$ 计算任意浓度时的电池电动势 $E_{池}$：

$$E_{池}=E_{池}^{\circ}-\frac{2.303RT}{nF}\lg\frac{[red_1]^c[ox_2]^d}{[ox_1]^a[red_2]^b}$$

方程式中 $R=8.31\,J\cdot mol^{-1}\cdot K^{-1}$，$F=96\,485\,C/mol\,e^-$，且 $\ln K=2.303\lg K$。当 $T=25\,℃$ 时：

$$E_{池}=E_{池}^{\circ}-\frac{0.059\,2}{n}\lg\frac{[red_1]^c[ox_2]^d}{[ox_1]^a[red_2]^b}$$

式中 n 表示电池反应中转移电子的物质的量。

例题精讲 5

Determine the cell potential for an electrochemical cell based on the following two half-reactions：

Oxidation：$Cu(s)\longrightarrow Cu^{2+}(aq,\,0.010\,M)+2e^-$

Reduction：$MnO_4^-(aq,\,2.0\,M)+4\,H^+(aq,\,1.0\,M)+3e^-\longrightarrow MnO_2(s)+2H_2O(l)$

$E_{Cu^{2+}/Cu}^{\circ}=0.34\,V$

$E_{MnO_4^-/MnO_2}^{\circ}=1.68\,V$

SOLUTION：

$$E_{cell}^{\circ}=E_{cat}^{\circ}-E_{an}^{\circ}=1.68\,V-0.34\,V=1.34\,V$$

$$E_{cell}=E_{cell}^{\circ}-\frac{0.059\,2}{n}\lg\frac{[Cu^{2+}]^3}{[MnO_4^-]^2[H^+]^8}=1.34\,V-\frac{0.059\,2}{6}\lg\frac{(0.010)^3}{(2.0)^2(1.0)^8}$$

$$=1.34\,V-(-0.065\,V)=1.41\,V$$

对于电极反应 $m\,ox+n\,e^-\rightleftharpoons q\,red$，浓度与电极电势的关系为：

$$E=E^{\circ}-\frac{0.059\,2\,V}{n}\lg\frac{[red]^q}{[ox]^m}=E^{\circ}+\frac{0.059\,2\,V}{n}\lg\frac{[ox]^m}{[red]^q}$$

注意式中正负号与氧化态、还原态的对应关系。

电极电势的大小首先由电极物质的特性所决定；物质的浓度（包括气态物质的压强）对电极电势的大小也有显著影响。

3.5 ◆ 电 解 Electrolysis

自发的氧化还原反应组成原电池，电池的电动势等于两电极电势差，若对某个非自发的氧化还原反应(nonspontaneous redox reaction)施加相反方向的大于等于自发电动势的电压，就可以使其发生。这种将电能转化为化学能的过程称为电解(electrolysis)，这样的装置叫作电解池

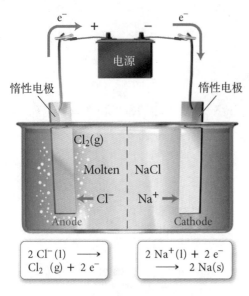

图 3－4　电解熔融氯化钠

氧化反应(阳极)：$2Cl^-(l) \longrightarrow Cl_2(g) + 2e^-$；
还原反应(阴极)：$2Na^+(l) + 2e^- \longrightarrow 2Na(s)$；
总反应：$2Na^+(l) + 2Cl^-(l) \longrightarrow 2Na(s) + Cl_2(g)$。

(electrolytic cell)。

在电解池中，电子由外接电源（external power source）的负极（anode）出发，通过导线流向电解池的阴极（cathode）发生还原（reduction）反应，在电解池的阳极（anode）发生氧化反应产生电子又流回电源的正极（cathode）。电解池的阳极用"＋"表示，阴极用"－"表示。

电解熔融盐(molten salt)时，阴离子(anion)被氧化，阳离子(cation)被还原，电解熔融氯化钠的过程如图 3－4 所示。

当有多种离子时，电极电势较大（more positive）的阳离子氧化性较强，在阴极先被还原，电极电势较小（more negative）的阴离子还原性较强，在阳极先被氧化。

例题精讲 6

Predict the half-reaction occurring at the anode and the cathode for electrolysis for each reaction.

(a) a mixture of molten $AlBr_3$ and $MgBr_2$

(b) an aqueous solution of LiI

SOLUTION：

(a) anode：$2Br^-(l) \longrightarrow Br_2(g) + 2e^-$

cathode：$Al^{3+}(l) + 3e^- \longrightarrow Al(s)$

(b) anode：$2I^-(aq) \longrightarrow I_2(l) + 2e^-$

cathode：$2H_2O(l) + 2e^- \longrightarrow H_2(g) + 2OH^-(aq)$

(a) In the electrolysis of a molten salt, the anion is oxidized and the cation is reduced. However, this mixture contains two cations. Start by writing the possible oxidation and reduction half-reactions that might occur. Since Br^- is the only anion, write the equation for its oxidation, which occurs at the anode. At the cathode, both the reduction of Al^{3+} and the reduction of Mg^{2+} are possible. The one that actually occurs is the one that occurs most easily. Since the reduction of Al^{3+} has a more positive electrode potential in aqueous solution, this ion is more easily reduced. Therefore, the reduction of Al^{3+} occurs at the cathode.

(b) Since LiI is in an aqueous solution, two different oxidation half-reactions are possible at the anode, the oxidation of I^- and the oxidation of water. Write half-reactions for each including the electrode potential. Remember to use the electrode potential of water under conditions in which $[H^+] = 10^{-7}$ M. Since the oxidation of I^- has the more negative electrode potential, it will be the half-reaction to occur at the anode. Similarly, write half-reactions for the two possible reduction half-reactions that might occur at the cathode, the reduction of Li^+ and the reduction of water.

Since the reduction of water has the more positive electrode potential (even when considering overvoltage, which would raise the necessary voltage by about $0.4\sim0.6$ V), it will be the half reaction to occur at the cathode.

例题精讲7

Gold can be plated out of a solution containing Au^{3+} according to the half-reaction:

$$Au^{3+}(aq) + 3e^- \longrightarrow Au(s)$$

What mass of gold (in grams) is plated by a 25-minute flow of 5.5 A current?

SOLUTION:

$$25 \text{ min} \times \frac{60 \text{ s}}{1 \text{ min}} \times \frac{5.5 \text{ C}}{1 \text{ s}} \times \frac{1 \text{ mol } e^-}{96\,485 \text{ C}} \times \frac{1 \text{ mol Au}}{3 \text{ mol } e^-} \times \frac{196.97 \text{ Au}}{1 \text{ mol Au}} = 5.6 \text{ g Au}$$

3.6 ◆ 金 属 的 腐 蚀　Corrosion

金属暴露在空气中被氧化的过程称为金属的腐蚀(corrosion)。

钢铁为铁碳合金,在钢铁的腐蚀过程中,铁做负极失去电子形成 Fe^{2+},氧气或水滴中溶解的 H^+ 在做正极的碳表面得到电子,这样形成原电池,经过一系列化学反应形成铁锈(图 3-5)。

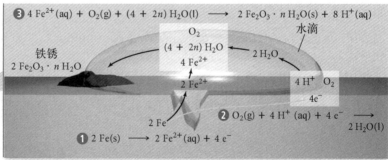

图 3-5　钢 铁 生 锈

在这一过程中,水滴中溶解电解质而导电,形成电流的闭合通路,且水是反应过程中必不可少的反应物,所以潮湿环境中钢铁更容易生锈。若在钢铁表面有电解质(electrolytes),溶解在水滴中,会提高导电性,加快腐蚀速率(promote rusting)。H^+会参加电化学反应,所以在酸性较强的环境中,钢铁的腐蚀速率较快。

减慢金属腐蚀速率是一项非常重要的事。防止钢铁生锈的方法主要是保持金属干燥(keep iron dry)。还可以通过连接更活泼金属或者与电源负极相连的方法减慢金属腐蚀速率。

课后练习Exercise

1. Balance the redox reaction in acidic solution.

$$Cu(s) + NO_3^-(aq) \longrightarrow Cu^{2+}(aq) + NO_2(g).$$

2. Balance the following redox reaction occurring in basic solution.

$$ClO^-(aq) + Cr(OH)_4^-(aq) \longrightarrow CrO_4^{2-}(aq) + Cl^-(aq)$$

3. Use tabulated standard electrode potentials to calculate the standard cell potential for the following reaction occurring in an electrochemical cell at 25 ℃. (The equation is balanced.)

$$3Pb^{2+}(aq) + 2Cr(s) \longrightarrow 3Pb(s) + 2Cr^{3+}(aq)$$

4. Are the following redox reactions spontaneous under standard conditions?
   (a) $Zn(s) + Ni^{2+}(aq) \longrightarrow Zn^{2+}(aq) + Ni(s)$
   (b) $Zn(s) + Ca^{2+}(aq) \longrightarrow Zn^{2+}(aq) + Ca(s)$

5. Determine the cell potential of an electrochemical cell based on the following two half-reactions：
   Oxidation：$Ni(s) \longrightarrow Ni^{2+}(aq, 2.0 M) + 2e^-$
   Reduction：$VO_2^+(aq, 0.010 M) + 2H^+(aq, 1.0 M) + e^- \longrightarrow VO^{2+}(aq, 2.0 M) + H_2O(l)$ $E^o_{VO_2^+/VO^{2+}} = 1.00 V$

6. Predict the half-reactions occurring at the anode and the cathode for the electrolysis of aqueous Na_2SO_4.

7. Silver can be plated out of a solution containing Ag^+ according to the half-reaction：

$$Ag^+(aq) + e^- \longrightarrow Ag(s)$$

How much time (in minutes) would it take to plate 12 g of silver using a current of 3.0 A?

第 4 章

化 学 动 力 学

Chemical Kinetics

4.1 ◆ 反 应 速 率 The Rate of a Chemical Reaction

化学反应速率(the rate of a chemical reaction)是指单位时间内反应物或生成物浓度的改变量,是对化学反应快慢程度的定量描述。

$$化学反应速率(\upsilon) = \frac{反应物或生成物浓度的变化(\Delta c)}{发生改变的时间(\Delta t)}$$

对于一个化学反应:

$$m\text{A} + n\text{B} \longrightarrow p\text{C} + q\text{D}$$

A、B 是反应物,C、D 是生成物,m、n、p、d 是它们的化学计量数。化学反应速率表示为:

$$速率(\upsilon) = -\frac{1}{m}\frac{\Delta[\text{A}]}{\Delta t} = -\frac{1}{n}\frac{\Delta[\text{B}]}{\Delta t} = +\frac{1}{p}\frac{\Delta[\text{C}]}{\Delta t} = +\frac{1}{q}\frac{\Delta[\text{D}]}{\Delta t}$$

例题精讲 1

Consider the balanced chemical equation:

$$\text{H}_2\text{O}_2(\text{aq}) + 3\text{I}^-(\text{aq}) + 2\text{H}^+(\text{aq}) \longrightarrow \text{I}_3^-(\text{aq}) + 2\text{H}_2\text{O}(\text{l})$$

In the first 10.0 seconds of the reaction, the concentration of I^- dropped from 1.000 M to 0.868 M.

(a) Calculate the average rate of this reaction in the first 10.0 seconds.

(b) Determine the rate of change in the concentration of H^+ during the first 10.0 seconds.

SOLUTION:

(a) Rate $= -\dfrac{1}{3}\dfrac{\Delta[\text{I}^-]}{\Delta t} = -\dfrac{1}{3}\dfrac{(0.868\ \text{M} - 1.000\ \text{M})}{10.0\ \text{s}} = 4.40 \times 10^{-3}\ \text{M/s}$

$$(b)\ \text{Rate} = -\frac{1}{2}\frac{\Delta[H^+]}{\Delta t}$$

$$-\frac{\Delta[H^+]}{\Delta t} = 2\text{rate} = 2 \times 4.40 \times 10^{-3}\ \text{M/s} = 8.80 \times 10^{-3}\ \text{M/s}$$

化学反应速率随时间而改变,视实际需要可选用平均速率或瞬时速率。平均速率 v 是指单位时间内,物质浓度的改变量;瞬时速率 v 定义为化学反应在时间 t 时平均速率的极限值;初速率 v_0 是指反应刚开始一刹那的瞬时速率。

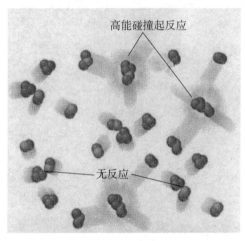

高能碰撞起反应

无反应

图 4-1 碰撞理论模型

碰撞理论(collision theory)是一种最早的反应速率理论。

其主要论点有:将分子看成刚性硬球,反应物分子必须相互碰撞才可能发生反应;要使分子间发生反应,碰撞是必要条件,但非充分条件;只有那些能量超过能发生反应的最低能量且空间方位适宜的活化分子的碰撞,即"有效碰撞"才能起反应(图 4-1)。

化学反应有可逆性,因此所测速率实际是净反应速率,即正逆反应速率之差。可逆反应速率达到平衡时,净反应速率为零,平衡浓度不再随时间变化。

基元反应(elementary step)是指反应物分子相互碰撞,一步就起反应而变为生成物的反应。

恒温条件下,基元反应的反应速率与反应物浓度指数幂的乘积成正比,各浓度的指数与反应物的系数相一致,这个关系称为质量作用定律,又称为速率定律(the rate law)。

对于基元反应 $a\text{A} + b\text{B} \longrightarrow c\text{C}$,速率方程为

$$v = -\frac{1}{a}\frac{d(\text{A})}{dt} = -\frac{1}{b}\frac{d(\text{B})}{dt} = +\frac{1}{c}\frac{d(\text{C})}{dt} = k[\text{A}]^a[\text{B}]^b$$

式中,k 叫作速率常数(rate constant),它的单位取决于速率、浓度单位及反应级数(reaction order)。

研究指出,大多数反应往往需要经过连续进行的好几步反应才完成,其中的每一步都是基元反应。反应物分子要经过几步,才能转化为生成物的反应称为非基元反应。

非基元反应的速率方程式比较复杂,浓度的次方和反应物的系数不一定相同。

对于化学反应

$$a\text{A} + b\text{B} \longrightarrow c\text{C} + d\text{D}$$
$$v = k[\text{A}]^m[\text{B}]^n$$

对 A 来说反应级数是 m,对 B 来说反应级数为 n。总反应级数为 $(m+n)$。

从化学反应的速率方程还可以知道反应级数。反应级数是反应速率方程中各反应物浓度的指数之和。反应级数的大小能反映出反应物浓度对反应速率影响的程度。反应级数越大，其反应速率受浓度影响越大。

4.1.1 零级反应

零级反应(zero-order reaction)是指反应速率与浓度无关(即与浓度的零次方成正比)的化学反应。

设反应物 A 转变为生成物 P 的反应代表零级反应，那么反应 A→P 的速率方程式为

$$\upsilon = -\frac{d[A]}{dt} = k[A]^0 = k$$

设起始态 $t=0$ 时，A 的浓度为 $[A]_0$；终态时间为 t 时，A 的浓度为 $[A]$，对上式进行积分可得

$$[A] = [A]_0 - kt$$

将 $[A]$ 对 t 作图，得直线，其斜率的负值等于速率常数 k(图 4-2)。

4.1.2 一级反应

一级反应(first-order reaction)是指反应速率与反应物浓度的一次方成正比的所有化学反应。

设反应物 A 转变为生成物 P 的反应代表一级反应，那么反应 A→P 的速率方程式为

$$\upsilon = -\frac{d[A]}{dt} = k[A]^1, \quad \frac{d[A]}{[A]} = -kdt$$

设起始态 $t=0$ 时，A 的浓度为 $[A]_0$；终态时间为 t 时，A 的浓度为 $[A]$，对上式进行积分可得

$$\ln[A] = \ln[A]_0 - kt$$

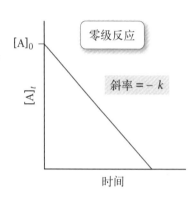

图 4-2 零级反应 $[A]-t$ 图

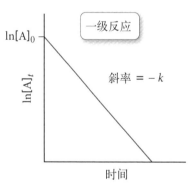

图 4-3 一级反应 $\ln[A]-t$ 图

$\ln[A]$ 与 t 呈直线关系(图 4-3)：

例题精讲 2

Consider the equation for the decomposition of SO_2Cl_2:

$$SO_2Cl_2(g) \longrightarrow SO_2(g) + Cl_2(g)$$

The concentration of SO_2Cl_2 was monitored at a fixed temperature as a function of time during the decomposition reaction, and the following data were tabulated(Table 4-1):

Table 4 - 1

Time(s)	$[SO_2Cl_2](M)$	Time(s)	$[SO_2Cl_2](M)$
0	0.100	800	0.079 3
100	0.097 1	900	0.077 0
200	0.094 4	1 000	0.074 8
300	0.091 7	1 100	0.072 7
400	0.089 0	1 200	0.070 6
500	0.086 5	1 300	0.068 6
600	0.084 0	1 400	0.066 6
700	0.081 6	1 500	0.064 7

Show that the reaction is first order, and determine the rate constant for the reaction.

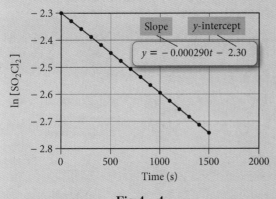

Fig 4 - 4

SOLUTION:

In order to show that the reaction is first order, prepare a graph of $\ln[SO_2Cl_2]$ versus time as shown (Fig 4 - 4).

The plot is linear, confirming that the reaction is indeed first order. To obtain the rate constant, fit the data to a line. The slope of the line will be equal to $-k$. Since the slope of the best fitting line (which is most easily determined on a graphing calculator or with spreadsheet software such as Microsoft Excel) is -2.90×10^{-4} s^{-1}, the rate constant is therefore $+2.90 \times 10^{-4}$ s^{-1}.

例题精讲 3

In Example 2, you determined that the decomposition of SO_2Cl_2 (under the given reaction conditions) is first order and has a rate constant of $+2.90 \times 10^{-4}$ s^{-1}. If the reaction is carried out at the same temperature, and the initial concentration of SO_2Cl_2 is 0.022 5 M, what will the SO_2Cl_2 concentration be after 865 s?

SOLUTION:

$$\ln[A]_t = -kt + \ln[A]_0$$

$$\ln[SO_2Cl_2]_t = -kt + \ln[SO_2Cl_2]_0$$

$$\ln[SO_2Cl_2]_t = -(2.90 \times 10^{-4} \text{ s}^{-1}) \times 865 \text{ s} + \ln(0.022\ 5)$$

$$\ln[SO_2Cl_2]_t = -0.251 - 3.79$$

$$[SO_2Cl_2]_t = e^{-4.04} = 0.017\ 5 \text{ M}$$

对于一级反应，$\ln \dfrac{[A]_t}{[A]_0} = -kt$

反应物消耗一半所需的时间，在化学动力学中称为半衰期（half-life），用 $t_{1/2}$ 表示。

当 $[A]_t = \dfrac{1}{2}[A]_0$ 时：

$$\ln \frac{\dfrac{1}{2}[A]_0}{[A]_0} = \ln \frac{1}{2} - k\,t_{1/2}$$

$$t_{1/2} = \frac{0.693}{k}$$

这就是一级反应的半衰期公式，半衰期只与速率常数 k 有关（图 4-5）。

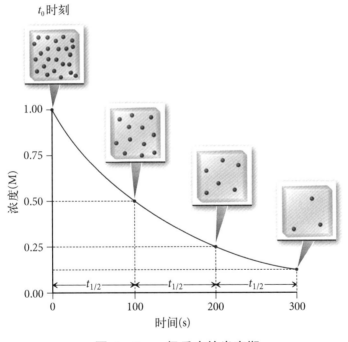

图 4-5 一级反应的半衰期

例题精讲 4

Molecular iodine dissociates at 352 ℃ with a first-order rate constant of 0.271 s^{-1}. What is the half-life of this reaction?

SOLUTION：

$$t_{1/2} = \frac{0.693}{k} = \frac{0.693}{0.271 \text{ s}^{-1}} = 2.56 \text{ s}$$

4.1.3 二级反应

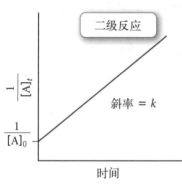

图 4－6 二级反应 $\frac{1}{[A]}$ - t 图

二级反应（second-order reaction）是指反应速率与反应物浓度二次方成正比的所有化学反应。

若以 A→P 代表二级反应，那么反应速率

$$\upsilon = -\frac{d[A]}{dt} = k[A]^2$$

对上式积分可得

$$\frac{1}{[A]} = \frac{1}{[A]_0} + kt$$

反应物浓度倒数与时间 t 呈直线关系（图 4－6）。

例题精讲 5

Consider the equation for the decomposition of NO_2:

$$NO_2(g) \longrightarrow NO(g) + O(g)$$

The concentration of NO_2 is monitored at a fixed temperature as a function of time during the decomposition reaction and the data tabulated in table 4－2. Show by graphical analysis that the reaction is not first order and that it is second order. Determine the rate constant for the reaction.

Table 4－2

Time(s)	[NO₂](M)	Time(s)	[NO₂](M)	Time(s)	[NO₂](M)
0	0.010 00	350	0.005 28	700	0.003 59
50	0.008 87	400	0.004 95	750	0.003 43
100	0.007 97	450	0.004 66	800	0.003 29
150	0.007 23	500	0.004 40	850	0.003 16
200	0.006 62	550	0.004 16	900	0.003 03
250	0.006 11	600	0.003 95	950	0.002 92
300	0.005 67	650	0.003 76	1 000	0.002 82

SOLUTION：

In order to show that the reaction is not first order, prepare a graph of $\ln[NO_2]$ versus time as shown (Fig 4 – 7).

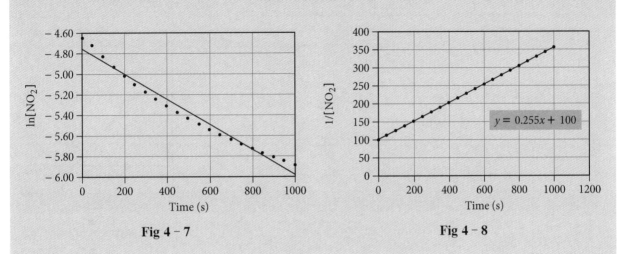

Fig 4 – 7   **Fig 4 – 8**

The plot is not linear (the straight line does not fit the data points), confirming that the reaction is not first order. In order to show that the reaction is second order, prepare a graph of $1/[NO_2]$ versus time as shown(Fig 4 – 8).

This graph is linear (the data points fit well to a straight line), confirming that the reaction is indeed second order. To obtain the rate constant, determine the slope of the best fitting line. The slope is $0.255 \ M^{-1} \cdot s^{-1}$; therefore, the rate constant is $0.255 \ M^{-1} \cdot s^{-1}$.

4.1.4　不同级数反应速率的变化规律

化学反应的级数不同,反应速率的变化规律也不同,简要归纳如下(表 4 – 3):

表 4 – 3　不同级数反应速率的变化规律

反应级数	速率方程	速率方程的积分形式	速率曲线
零级反应	$Rate = -\dfrac{d[A]}{dt}$ $= k[A]^0 = k$	$[A] = [A]_0 - kt$	零级反应 斜率 $= -k$

反应级数	速 率 方 程	速率方程的积分形式	速 率 曲 线
一级反应	$\text{Rate} = -\dfrac{d[A]}{dt}$ $= k[A]^1$	$\ln[A] = \ln[A]_0 - kt$	一级反应 $\ln[A]_0$; $\ln[A]_t$; 斜率 $= -k$; 时间
二级反应	$\text{Rate} = -\dfrac{d[A]}{dt}$ $= k[A]^2$	$\dfrac{1}{[A]} = \dfrac{1}{[A]_0} + kt$	二级反应 ; $\dfrac{1}{[A]_t}$; 斜率 $= k$; $\dfrac{1}{[A]_0}$; 时间

通过实验测定反应物浓度与时间的关系,可以参考这些关系式确定反应级数和速率常数。

例题精讲 6

Consider the reaction between carbon monoxide and nitrogen dioxide：

$$NO_2(g) + CO(g) \longrightarrow NO(g) + CO_2(g)$$

The initial rate of the reaction is measured at several different concentrations of the reactants with the accompanied results (Table 4-4).

Table 4-4

$[NO_2](M)$	$[CO](M)$	Initial Rate(M/s)
0.10	0.10	0.002 1
0.20	0.10	0.008 2
0.20	0.20	0.008 3
0.40	0.10	0.033

From the data, determine：

(a) the rate law for the reaction

(b) the rate constant for the reaction

SOLUTION：

（a）Begin by examining how the rate changes for each change in concentration. Between the first two experiments, the concentration of NO_2 doubles, the concentration of CO stays constant, and the rate quadruples, suggesting that the reaction is second order in NO_2.

Between the second and third experiments, the concentration of NO_2 stays constant, the concentration of CO doubles, and the rate remains constant (the small change in the least significant figure is simply experimental error), suggesting that the reaction is zero order in CO.

Between the third and fourth experiments, the concentration of NO_2 again doubles and the concentration of CO halves, yet the rate quadruples again, confirming that the reaction is second order in NO_2 and zero order in CO.

Write the overall rate expression：Rate$=k[NO_2]^2$

（b）To determine the rate constant for the reaction, solve the rate law for k and substitute the concentration and the initial rate from any one of the four measurements. In this case, we use the first measurement.

$$k = \frac{\text{rate}}{[NO_2]^2} = \frac{0.002\ 1\ \text{M/s}}{(0.10\ \text{M})^2} = 0.21\ \text{M}^{-1}\text{s}^{-1}$$

综上所述，反应级数和速率方程要通过实验方法确定；化学反应的速率与反应物的浓度有关；速率方程的积分形成表示了反应物浓度与反应时间的关系；一级反应的半衰期与反应物浓度无关；零级反应和二级反应的半衰期与反应物浓度有关。

4.2 ◆ 反 应 机 理 Reaction Mechanisms

基元反应或复杂反应的基元步骤中发生反应所需的微粒数目称为反应分子数（molecularity）。反应的分子数只能针对基元反应或复杂反应的基元步骤而言，非基元反应不能谈反应分子数。反应方程式中反应物的化学计量数之和不一定是反应分子数。

比如氢气与氯化碘反应可以生成氯化氢和碘：

$$H_2(g) + 2ICl(g) \longrightarrow 2HCl(g) + I_2(g)$$

这个反应就是经由多个步骤完成的复杂反应，每一步骤都是一个基元反应。研究复杂反应的反应机理（reaction mechanism），就是要弄清楚它的基元步骤。

它的反应历程是如下两个基元反应：

$$① \quad H_2(g) + ICl(g) \longrightarrow HI(g) + HCl(g)$$

$$② \quad HI(g) + ICl(g) \longrightarrow HCl(g) + I_2(g)$$

反应过程中的中间产物（intermediate product）在某个基元步骤中生成，后又在其他基元步骤中被消耗，例如上式中的 HI，在反应①中生成，又在②中被消耗。

反应若包含一个基元反应，如 $2HI \rightarrow H_2 + 2I$，其反应速率为

$$v = -\frac{d[HI]}{dt} = k[HI][HI] = k[HI]^2$$

反应若包含多个基元反应，则速率方程由速率慢的一步所决定，称为速率控制步骤（rate-determining step），如

$$S_2O_8^{2-} + 3I^- \longrightarrow 2SO_4^{2-} + I_3^-$$

其反应机理是由 3 个基元反应分步完成的。

$$S_2O_8^{2-} + I^- \longrightarrow S_2O_8I^{3-}（慢）$$

$$S_2O_8I^{3-} + I^- \longrightarrow 2SO_4^{2-} + I_2（快）$$

$$I_2 + I^- \longrightarrow I_3^-（快）$$

反应速率由第一步所控制，所以反应速率方程为 $v = k[S_2O_8^{2-}][I^-]$，是二级反应。

反应机理是一个以实验为基础的理论研究，提出的有效反应机理需要满足两个条件：复杂反应的各基元步骤加和后与该复杂反应一致；通过反应机理得到的速率方程应与实验测得的速率方程相一致。

当一个复杂反应的反应机理是由一个快反应开始，后边的反应为慢反应时，由反应机理推测的速率方程中包括中间产物的浓度，但是中间产物并没有在该复杂反应的总反应中出现，实验测得的速率方程中不可能包括中间产物，这就会出现两速率方程不一致的情况。出现这种情况时，通常将中间产物的浓度用总反应中反应物浓度表示出来。例如反应 $H_2 + I_2 \longrightarrow 2HI$，实验测定它是二级反应，并确定速率方程为

$$v = -\frac{d[H_2]}{dt} = k[H_2][I_2]$$

推导过程如下：

反应进程

$$I_2 \Longleftrightarrow 2I（快）$$

$$2I + H_2 \longrightarrow 2HI（慢）$$

反应速率

$$\upsilon = -\frac{d[H_2]}{dt} = k_2[H_2][I]^2$$

I 与 I_2 分子间的平衡关系

$$\frac{[I]^2}{[I_2]} = K$$

速率方程

$$-\frac{d[H_2]}{dt} = k_2[H_2]K[I_2] = k_2K[H_2][I_2] = k[H_2][I_2]$$

例题精讲 7

Ozone decomposes to oxygen by this reaction：

$$2O_3(g) \longrightarrow 3O_2(g)$$

The experimentally observed rate law for this reaction is：

$$\text{Rate} = k[O_3]^2[O_2]^{-1}$$

Show that this proposed mechanism is consistent with the experimentally observed rate law.

$$① \; O_3(g) \underset{k_{-1}}{\overset{k_1}{\rightleftharpoons}} O_2(g) + O(g) \qquad \text{Fast}$$

$$② \; O_3(g) + O(g) \xrightarrow{k_2} 2O_2(g) \qquad \text{Slow}$$

SOLUTION：

Because the second step is rate limiting，write the rate law based on the second step.

$$\text{Rate} = k_2[O_3][O]$$

Set the rates of the forward reaction and the reverse reaction of the first step equal to each other. Solve the expression from the previous step for $[O]$, the concentration of the intermediate. Rate(forword) = Rate(backward)

$$k_1[O_3] = k_{-1}[O_2][O]$$

$$[O] = \frac{k_1[O_3]}{k_{-1}[O_2]}$$

Substitute $[O]$ into the rate law predicted by the slow step.

$$\text{Rate} = k_2[O_3]\frac{k_1[O_3]}{k_{-1}[O_2]} = k_2\frac{k_1}{k_{-1}}\frac{[O_3]^2}{[O_2]} = k[O_3]^2[O_2]^{-1}$$

4.3 ◈ 温度对反应速率的影响
The Effect of Temperature on Reaction Rate

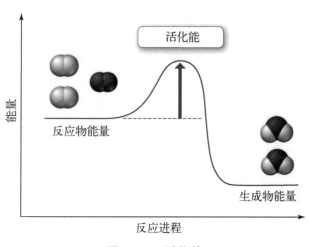

图 4-9 活化能

一般来说,温度升高,化学反应速率加快,温度降低,化学反应速率减慢。化学反应的速率方程表示为 $v=k[\text{A}]^n$,温度对速率常数 k 会产生影响。

活化能 E_a(activation energy)是指在基元反应中,活化分子的平均能量与反应物分子平均能量之差(图 4-9)。

反应物的分子 R 必须经过一个中间活化状态(R^*)才能转变成产物 P:

$$R \longrightarrow R^* \longrightarrow P$$
$$R \rightleftharpoons R^*$$

R 与 R^* 处于动态平衡,由 $R \longrightarrow R^*$ 需要吸收的能量即为 E_a。

阿累尼乌斯(Arrhenius)方程表示了速率常数与温度的关系

$$\lg k = -\frac{E_a}{2.303R} \times \frac{1}{T} + C$$

$$k = A\mathrm{e}^{\frac{-E_a}{RT}}$$

方程式中,C 是常数,R 是摩尔气体常数(8.314 J/mol·K),A 是常数,称为频率因子,E_a 表示活化能。

实验测定不同温度的速率常数 k,将 $\lg k$ 对 $1/T$ 作图,由所得直线斜率可求算 E_a。

例题精讲 8

The decomposition of ozone is important to many atmospheric reactions.

$$O_3(g) \longrightarrow O_2(g) + O(g)$$

A study of the kinetics of the reaction results in the following date(Table 4-5):

Table 4-5

Temperature(K)	Rate Constant($M^{-1} \cdot s^{-1}$)	Temperature(K)	Rate Constant($M^{-1} \cdot s^{-1}$)
600	3.37×10^3	800	3.58×10^5
700	4.85×10^4	900	1.70×10^6

续 表

Temperature(K)	Rate Constant($M^{-1} \cdot s^{-1}$)	Temperature(K)	Rate Constant($M^{-1} \cdot s^{-1}$)
1 000	5.90×10^6	1 500	2.46×10^8
1 100	1.63×10^7	1 600	3.93×10^8
1 200	3.81×10^7	1 700	5.93×10^8
1 300	7.83×10^7	1 800	8.55×10^8
1 400	1.45×10^8	1 900	1.19×10^9

Determine the value of the frequency factor and activation energy for the reaction.

SOLUTION:

To determine the frequency factor and activation energy, prepare a graph of the natural log of the rate constant ($\ln k$) versus the inverse of the temperature ($1/T$)(Fig 4 – 10).

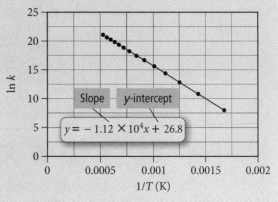

Fig 4 – 10

The plot is linear, as expected for Arrhenius behavior. The line that fits best has a slope of -1.12×10^4 K and a y-intercept of 26.8. Calculate the activation energy from the slope by setting the slope equal to $-E_a/R$ and solving for E_a: $E_a = 93.1$ kJ/mol

Calculate the frequency factor (A) by setting the intercept equal to $\ln A$: $A = 4.36 \times 10^{11}$

Since the rate constants are measured in units of $M^{-1} \cdot s^{-1}$, the frequency factor is in the same units. Consequently, we can conclude that the reaction has an activation energy of 93.1 kJ/mol and a frequency factor of 4.36×10^{11} $M^{-1} \cdot s^{-1}$.

已知不同温度下的速率常数，也可以求得 E_a 的大小：

$$\ln \frac{k_2}{k_1} = \frac{E_a}{R}\left(\frac{1}{T_1} - \frac{1}{T_2}\right)$$

例题精讲9

Consider the reaction between carbon monoxide and nitrogen dioxide.

$$NO_2(g) + CO(g) \longrightarrow NO(g) + CO_2(g)$$

The rate constant at 701 K is measured as 2.57 $M^{-1} \cdot s^{-1}$ and that at 895 K is measured as 567 $M^{-1} \cdot s^{-1}$. Find the activation energy for the reaction in kJ/mol.

SOLUTION：

$$\ln \frac{k_2}{k_1} = \frac{E_a}{R}\left(\frac{1}{T_1} - \frac{1}{T_2}\right)$$

$$\ln \frac{567 \text{ M}^{-1} \cdot \text{s}^{-1}}{2.57 \text{ M}^{-1} \cdot \text{s}^{-1}} = \frac{E_a}{R}\left(\frac{1}{701 \text{ K}} - \frac{1}{895 \text{ K}}\right)$$

$$5.40 = \frac{E_a}{R} \times \left(\frac{3.09 \times 10^{-4}}{\text{K}}\right)$$

$$E_a = 5.40 \div \left(\frac{3.09 \times 10^{-4}}{\text{K}}\right) R$$

$$= 5.40 \div \left(\frac{3.09 \times 10^{-4}}{\text{K}}\right) \times 8.314 \frac{\text{J}}{\text{mol} \cdot \text{K}^{-1}}$$

$$= 1.45 \times 10^5 \text{ J/mol}$$

$$= 145 \text{ kJ/mol}$$

4.4 ◆ 催 化 作 用 Catalysis

增加反应物浓度或升高温度都可以加快化学反应速率，但有时这两种方法并不可行。催化剂(catalyst)是指在化学反应中能改变反应物的化学反应速率而不改变化学平衡，且本身的质量和化学性质在化学反应前后都没有发生改变的物质。催化剂能显著地改变化学反应速率，而不影响化学平衡。能加快化学反应速率的催化剂称为正催化剂，而减慢化学反应速率的催化剂称为负催化剂。一般说的催化剂是指正催化剂。

催化剂能够催化反应，具有选择性(图4-10)，不同的反应需要不同的催化剂。

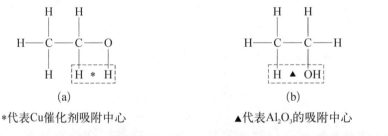

*代表Cu催化剂吸附中心   ▲代表Al$_2$O$_3$的吸附中心

图 4 - 11   C$_2$H$_5$OH 在 Cu 的催化作用下脱 H$_2$ 和在 Al$_2$O$_3$ 表面发生脱水反应

反应原料中含有的微量杂质使催化剂的活性、选择性明显下降或丧失的现象称为催化剂中毒(catalyst poisoning)。只要整体结构未发生变化时，用烧炭、清洗、还原等方法及时处理，使催化剂的催化活性得以恢复的过程，称为催化剂再生(catalyst regeneration)。

催化剂能改变化学反应历程，使决速步骤的活化能降低，从而加快了化学反应速率。

臭氧分解反应中加入催化剂时决速步骤的活化能比未加催化剂时低(图4-12)。

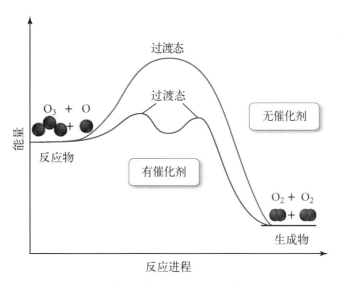

图 4-12　催化剂改变臭氧分解的反应历程

酶是指一类在生物体内有催化活性的蛋白质。酶是由链状多肽组成的,多肽则是由氨基酸脱水缩合而成。酶催化的特性有专一性、高效性、条件温和。有些反应条件要求很高的反应,在催化剂存在时常温常压下即可反应。

4.5 ◆ 比尔—朗伯定律 Lambert-Beer Law

比尔—朗伯定律是光吸收的基本定律,适用于所有的电磁辐射和所有的吸光物质,包括气体、固体、液体、分子、原子和离子。比尔—朗伯定律是比色分析及分光光度法的理论基础。光被吸收的量正比于光程中产生光吸收的分子数目。

比尔—朗伯定律数学表达式:

$$A = \lg(1/T) = Kbc$$

A 为吸光度,T 为透射比(透光度),是出射光强度(I)比入射光强度(I_0)。K 为摩尔吸光系数。它与吸收物质的性质及入射光的波长 λ 有关。

c 为吸光物质的浓度,单位为 mol/L,b 为吸收层厚度,单位为 cm。

课后练习Exercise

1. For the balanced chemical equation in Example 4.1:

$$H_2O_2(aq) + 3I^-(aq) + 2H^+(aq) \longrightarrow I_3^-(aq) + 2H_2O(l)$$

predict the rate of change in concentration of H_2O_2 and I_3^- during this time interval.

2. Consider the equation:

$$CHCl_3(g) + Cl_2(g) \longrightarrow CCl_4(g) + HCl(g)$$

The initial rate of reaction is measured at several different concentrations of the reactants with the following results:

$[CHCl_3](M)$	$[Cl_2](M)$	Initial Rate(M/s)
0.010	0.010	0.003 5
0.020	0.010	0.006 9
0.020	0.020	0.009 8
0.040	0.040	0.027

From the data, determine:

(a) the rate law for the reaction.

(b) the rate constant (k) for the reaction.

3. Cyclopropane rearranges to form propene in the gas phase.

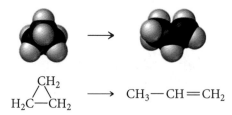

$$\underset{H_2C-CH_2}{\overset{CH_2}{\triangle}} \longrightarrow CH_3-CH=CH_2$$

The reaction is first order in cyclopropane and has a measured rate constant of $3.36 \times 10^{-5} \ s^{-1}$ at 720 K. If the initial cyclopropane concentration is 0.044 5 M, what will the cyclopropane concentration be after 235.0 minutes?

4. A first-order reaction has a half-life of 26.4 seconds. How long does it take for the concentration of the reactant in the reaction to fall to one-eighth of its initial value?

5. For the decomposition of ozone reaction in Example 4.8, use the results of the Arrhenius analysis to predict the rate constant at 298 K.

6. Use the results from Example 4.9 and the given rate constant of the reaction at either of the two temperatures to predict the rate constant for this reaction at 525 K.

7. Predict the overall reaction and rate law that results from the following two-step mechanism.

$$2A \longrightarrow A_2 \qquad \text{Slow}$$
$$A_2 + B \longrightarrow A_2B \qquad \text{Fast}$$

第 5 章

化 学 热 力 学
Thermochemistry

化学热力学(thermochemistry)是化学学科的一个重要分支。利用化学热力学可以解释许多化学现象,还能依据这些原理判断反应进行的方向,预测反应发生的可能性。

5.1 ◈ 反应热的测量 Calorimetry

很多化学反应的热效应可以直接测量,测量反应热的仪器称为量热计(calorimeter)。

5.1.1 保温杯式量热计

很多水溶液中的反应(aqueous reactions)的热效应可以用"保温杯式"量热计(coffee-cup calorimeter)测量(图 5-1)。

反应过程中会放出(evolve)或吸收(absorb)热量,使温度发生变化,通过温度计(thermometer)读取温度变化的值,可以计算反应过程中的热效应。

计算公式:

$$q_{rxn} = q_{soln} = m_{soln} \times c_{s, soln} \times \Delta T$$

式中 ΔT 表示溶液温度变化值,$c_{s, soln}$ 为溶液的比热容(heat capacity),m_{soln} 表示溶液的质量。这种量热计测定的反应热是在恒压条件下的热效应,称为恒压热效应。

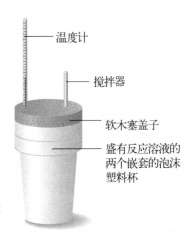

焓(enthalpy)是一种与内能有联系的物理量,用 H 表示,化学反应的生成物和反应物焓的差称为焓变(enthalpy change,ΔH),等于恒压反应热。若 $\Delta H < 0$,反应放热;若 $\Delta H > 0$,反应吸热。

图 5-1 保温杯式量热计

$$\Delta H = -q_{soln} = -m_{soln} \times c_{s, soln} \times \Delta T$$

例题精讲 1

Magnesium metal reacts with hydrochloric acid according to the balanced equation:

$$Mg(s) + 2HCl(aq) \longrightarrow MgCl_2(aq) + H_2(g)$$

（温度计、搅拌器、软木塞盖子、盛有反应溶液的两个嵌套的泡沫塑料杯）

In an experiment to determine the enthalpy change for this reaction, 0.158 g of Mg metal is combined with enough HCl to make 100.0 mL of solution in a coffee cup calorimeter. The HCl is sufficiently concentrated so that the Mg completely reacts. The temperature of the solution rises from 25.6 ℃ to 32.8 ℃ as a result of the reaction. Find ΔH for the reaction as written. Use 1.00 g/mL as the density of the solution and $c_{s,soln} = 4.18$ J/g · ℃ as the specific heat capacity of the solution.

SOLUTION:

$c_{s,soln} = 4.18$ J/g · ℃

$m_{soln} = 100.0$ mL soln $\times \dfrac{1.00 \text{ g}}{1 \text{ mL soln}} = 1.00 \times 10^2$ g

$\Delta T = T_f - T_i = 32.8 \text{ ℃} - 25.6 \text{ ℃} = 7.2 \text{ ℃}$

$q_{soln} = m_{soln} \times c_{s,soln} \times \Delta T = 3.0 \times 10^3$ J

$\Delta H = \dfrac{-3.0 \times 10^3 \text{ J}}{0.158 \text{ gMg} \times \dfrac{1 \text{ molMg}}{24.31 \text{ gMg}}} = -4.6 \times 10^5$ J/mol Mg

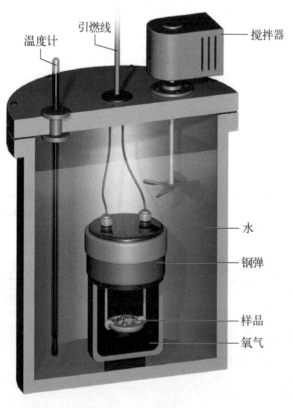

温度计
引燃线
搅拌器
水
钢弹
样品
氧气

图 5-2 弹式量热计

5.1.2 弹式量热计

另一种常见的量热计称为弹式量热计(bomb calorimeter)(图 5-2),它是一种测量物质燃烧热的仪器,测定的是恒容反应热。

使用弹式量热计时,将样品(sample)放入连接有引燃线(ignition wire)的钢弹内,并充入氧气(oxygen gas)进行点火燃烧,整个钢弹置于装有水的绝热容器(insulated container)中,由温度计(thermometer)记录温度数据进行热量计算。

用温度变化值 (ΔT) 可计算出量热计吸收(absorb)的热量:

$$q_{cal} = c_{cal} \times \Delta T$$

式中,c_{cal} 是量热计常数,需用标准物质进行标定。

量热计使用的是绝热容器,所以没有热量放出,量热计吸收的热量就等于反应放出的热量(两者大小相等,但符号相反):

$$q_{cal} = -q_{rxn}$$

由于反应是在恒容条件下进行的,这样测得燃烧过程内能(internal energy)的变化:

$$q_{rxn} = q_v = \Delta E$$

例题精讲 2

When 1.010 g of sucrose ($C_{12}H_{22}O_{11}$) undergoes combustion in a bomb calorimeter, the temperature rises from 24.92 ℃ to 28.33 ℃. Find ΔE for the combustion of sucrose in kJ/mol sucrose. The heat capacity of the bomb calorimeter, determined in a separate experiment, is 4.90 kJ/℃. (You can ignore the heat capacity of the small sample of sucrose because it is negligible compared to the heat capacity of the calorimeter.)

SOLUTION:

$\Delta T = T_f - T_i = 28.33\ ℃ - 24.92\ ℃ = 3.41\ ℃$

$q_{cal} = c_{cal} \times \Delta T = 4.9\ kJ/℃ \times 3.41\ ℃ = 16.7\ kJ$

$q_{rxn} = -q_{cal} = -16.7\ kJ$

$\Delta E = \dfrac{q_{rxn}}{n(C_{12}H_{22}O_{11})} = \dfrac{-16.7\ kJ}{1.010\ g\ C_{12}H_{22}O_{11} \times \dfrac{1\ mol\ C_{12}H_{22}O_{11}}{342.3\ g\ C_{12}H_{22}O_{11}}}$

$= -5.66 \times 10^3\ kJ/mol\ C_{12}H_{22}O_{11}$

5.2 ◆ 内 能 与 焓 Internal Energy and Enthalpy

5.2.1 体系

开放体系是指与环境(surrounding)既有能量交换又有物质交换的体系。封闭体系是指与环境有能量交换但没有物质交换的体系。孤立体系(isolated system)是指与环境既没有能量交换也没有物质交换的体系。

5.2.2 状态函数

状态是指体系的物理性质(如质量、温度、压力、体积、密度等)和化学性质的总和。

状态函数(state function)是指由物质状态决定的物理量。仅由体系状态决定的函数,在定态下有定值;其改变量仅取决于体系的始态和终态,而与变化的路径无关;凡只与体系所处状态有关,而与变化路径无关的物理量都是状态函数。

5.2.3 内能

内能是指体系内物质所含分子及原子的动能、势能、核能、电子能等能量的总和。

内能不包括体系宏观运动的动能和体系在外力场中的势能。包含在内能中的核能指的是核的平动、转动等能量,不涉及与核反应相关的能量。内能是状态函数,物质的内能由其所处的状态决定。

热力学第一定律:

$$\Delta U = Q + W$$

$\Delta U = U_1 - U_2$，U_2 是终态的内能，U_1 是始态的内能；Q 是体系吸收或放出的热；W 是体系对环境或者环境对体系所做的功。

表 5-1 物理量的正负号

	>0	<0
ΔU	体系内能增加	体系内能减少
Q	体系吸收热量	体系放出热量
W	环境对体系做功	体系对环境做功

功包括体积功(W_e)和非体积功(W')，即功等于所有功之和 $W = W_e + W'$：

a. 体积功：是指系统由于体积改变而与环境交换的能量。

气体对抗外压膨胀，对外做功，为负值；气体被压缩，功为正值。

$$W = -P\Delta V$$

例题精讲 3

To inflate a balloon you must do pressure-volume work on the surroundings. If you inflate a balloon from a volume of 0.100 L to 1.85 L against an external pressure of 1.00 atm, how much work is done (in joules)?

SOLUTION：

$\Delta V = V_2 - V_1 = 1.85 \text{ L} - 0.100 \text{ L} = 1.75 \text{ L}$

$W = -p\Delta V = -1.00 \text{ atm} \times 1.75 \text{ L} = -1.75 \text{ L} \cdot \text{atm}$

$-1.75 \text{ L} \cdot \text{atm} \times \dfrac{101.3 \text{ J}}{1 \text{ L} \cdot \text{atm}} = -177 \text{ J}$

b. 非体积功：是指除体积功以外的功，如电功、机械功等。

当体系在等容条件下变化并且不做其他功时，$\Delta U = Q_v$。

等容条件下，$\Delta V = 0$，则体积功 $W_e = 0$；体系不做其他功，$W' = 0$，则 $W = 0$。

5.2.4 焓

焓(enthalpy)是一种与内能相联系的物理量，也是一种状态函数。一个系统的焓(H)定义为它的内能和它的压强和体积乘积的和。

$$H = U + pV$$

恒压过程中的焓变 ΔH 可表示为：

$$\sum H(\text{生成物}) - \sum H(\text{反应物}) = \Delta H$$

在等压条件下,体系的焓变等于体系内能的变化值和体系所做的等压体积膨胀功之和:

$$\Delta H = \Delta U + p \Delta V$$

等压变化过程的热效应 Q_p 可以直接测定,此时只做体积膨胀功的体系的焓变等于 Q_p,即:

$$\Delta H = Q_p$$

恒容变化过程中的热效应 Q_v 也可直接测得,此时不做其他功,所以体系内能变化等于 Q_v,即:

$$\Delta U = Q_v$$

对理想气体而言,$p \Delta V = \Delta n R T$,所以 $\Delta H = \Delta U + \Delta n R T$。

ΔH 为正值表示反应吸热,称为吸热反应(endothermic reaction)。ΔH 为负值表示反应放热,称为放热反应(exothermic reaction)。

例题精讲 4

Identify each process as endothermic or exothermic and indicate the sign of ΔH.

(a) sweat evaporating from skin

(b) water freezing in a freezer

(c) wood burning in a fire

SOLUTION:

(a) Sweat evaporating from skin cools the skin and is therefore endothermic, with a positive ΔH. The skin must supply heat to the perspiration in order for it to continue to evaporate.

(b) Water freezing in a freezer releases heat and is therefore exothermic, with a negative ΔH. The refrigeration system in the freezer must remove this heat for the water to continue to freeze.

(c) Wood burning in a fire releases heat and is therefore exothermic, with a negative ΔH.

Exothermic and Endothermic Processes: A Molecular View

In an exothermic reaction, some bonds break and new ones form, and the nuclei and electrons reorganize into an arrangement with lower potential energy. As the molecules rearrange, their potential energy converts into thermal energy, the heat emitted in the reaction.

In an endothermic reaction, the opposite happens: as some bonds break and others form, the nuclei and electrons reorganize into an arrangement with higher potential energy, absorbing thermal energy in the process.

5.3 ◈ 热化学方程式 Thermochemical Equations

5.3.1 热化学方程式

化学反应的焓变,用 ΔH_{rxn} 表示,也称为反应焓(enthalpy of reaction)或反应热(heat of reaction),它取决于反应物的物质的量。热化学方程式(thermochemical equations)是指注明物质状态和反应热的化学方程式。

如

$$H_2(g) + \frac{1}{2}O_2(g) \longrightarrow H_2O(l) \qquad \Delta H_{rxn} = -286 \text{ kJ/mol}$$

其中,ΔH_{rxn} 称为摩尔反应焓。

书写热化学方程式的注意必须注明物态,1 mol 反应是指将某个化学反应看成一个整体单元,ΔH 必须与某一定的反应方程式相联系。

例题精讲 5

An LP gas tank in a home barbeque contains 13.2 kg of propane,C_3H_8. Calculate the heat (in kJ) associated with the complete combustion of all of the propane in the tank.

$$C_3H_8(g) + 5O_2(g) \longrightarrow 3CO_2(g) + 4H_2O(g) \qquad \Delta H_{rxn} = -2\,044 \text{ kJ/mol}$$

SOLUTION:

$$13.2 \text{ kg } C_3H_8 \times \frac{1\,000 \text{ g}}{1 \text{ kg}} \times \frac{1 \text{mol } C_3H_8}{44.09 \text{ g } C_3H_8} \times \frac{-2\,044 \text{ kJ}}{1 \text{ mol } C_3H_8} = -6.12 \times 10^5 \text{ kJ}$$

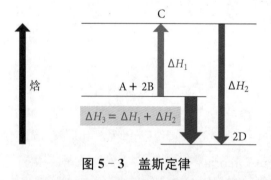

图 5-3 盖斯定律

5.3.2 热化学定律

相同条件下,正向反应和逆向(reverse)反应的 ΔH 数值相等,但符号相反。

一个反应若能分解成几步实现,则总反应的 ΔH 等于各分步反应 ΔH 之和。这个定律称为盖斯定律(Hess's law)(图 5-3)。

例题精讲 6

Find ΔH_{rxn} for the reaction:

$$3C(s) + 4H_2(g) \longrightarrow C_3H_8(g)$$

Use these reactions with known ΔH's:

$$C_3H_8(g) + 5O_2(g) \longrightarrow 3CO_2(g) + 4H_2O(g) \qquad \Delta H_1 = -2\,043\ \text{kJ/mol}$$
$$C(s) + O_2(g) \longrightarrow CO_2(g) \qquad \Delta H_2 = -393.5\ \text{kJ/mol}$$
$$2H_2(g) + O_2(g) \longrightarrow 2H_2O(g) \qquad \Delta H_3 = -483.6\ \text{kJ/mol}$$

SOLUTION:

$$3CO_2(g) + 4H_2O(g) \longrightarrow C_3H_8(g) + 5O_2(g) \quad \Delta H = +2\,043\ \text{kJ/mol}$$
$$3 \times [C(s) + O_2(g) \longrightarrow CO_2(g)] \quad \Delta H = 3 \times (-393.5\ \text{kJ/mol})$$
$$2 \times [2H_2(g) + O_2(g) \longrightarrow 2H_2O(g)] \quad \Delta H = 2 \times (-483.6\ \text{kJ/mol})$$
$$3C(s) + 4H_2(g) \longrightarrow C_3H_8(g) \quad \Delta H_{rxn} = 3 \times \Delta H_2 + 2 \times \Delta H_3 - \Delta H_1 = -104.7\ \text{kJ/mol}$$

5.4 ◈ 标准生成焓 Standard Enthalpy of Formation

5.4.1 标准状态

气态物质的标准状态(standard states)用压强表示,1×10^5 Pa 为气态物质的热力学标准状态,用 p° 表示。溶液的标准状态是指溶质的浓度为 1 mol/kg,对稀溶液也可以用 1 mol/L。对液体和固体,标准状态是指处于标准压力下的纯物质。焓变数值随温度变化,但变化不大,所以未注明温度的标态摩尔反应焓变(standard enthalpy changes)就表示 298 K 和标准状态时的焓变,用 $\Delta_r H_m^\circ$ 表示,其中 ΔH 表示焓变,r 表示反应,m 表示摩尔,右上角的"o"表示标准状态,简写为 ΔH°。

5.4.2 标准生成焓的计算

标准生成焓(standard enthalpy of formation)是指在标态和 T(K)条件下由稳定态单质生成 1 mol 某种物质(化合物或其他形式的物种)的焓变,符号 $\Delta_f H_m^\circ$,简写为 ΔH_f°。稳定态单质本身的标准生成焓等于 0。

任何一个反应的焓变等于生成物的标准生成焓之和减去反应物的标准生成焓之和。

$$\Delta H_{rxn}^\circ = \sum n_p \Delta H_f^\circ(\text{生成物}(\text{products})) - \sum n_r \Delta H_f^\circ(\text{反应物}(\text{reactants}))$$

式中,n 表示化学反应中的计量系数。

例题精讲 7

Use the standard enthalpies of formation to determine ΔH_{rxn}° for the reaction:

$$4NH_3(g) + 5O_2(g) \longrightarrow 4NO(g) + 6H_2O(g)$$

SOLUTION:

Begin by looking up the standard enthalpy of formation for each reactant and product.

$$\Delta H^{\circ}_{\text{rxn}} = \sum n_{\text{p}} \Delta H^{\circ}_{\text{f}}(\text{products}) - \sum n_{\text{r}} \Delta H^{\circ}_{\text{f}}(\text{reactants})$$

$$= [4 \times \Delta H^{\circ}_{\text{f}}(\text{NO}) + 6 \times \Delta H^{\circ}_{\text{f}}(\text{H}_2\text{O, g})] - [4 \times \Delta H^{\circ}_{\text{f}}(\text{NH}_3) + 5 \times \Delta H^{\circ}_{\text{f}}(\text{O}_2)]$$

$$= [4 \times (+91.3 \text{ kJ/mol}) + 6 \times (-241.8 \text{ kJ/mol})] - [4 \times (-45.9 \text{ kJ/mol})$$
$$+ 5 \times 0.00 \text{ kJ/mol}] = -902.0 \text{ kJ/mol}$$

例题精讲 8

A city of 100,000 people uses approximately 1.0×10^{11} kJ of energy per day. Suppose all of that energy comes from the combustion of liquid octane (C_8H_{18}) to form gaseous water and gaseous carbon dioxide. Use standard enthalpies of formation to calculate $\Delta H^{\circ}_{\text{rxn}}$ for the combustion of octane and then determine how many kilograms of octane would be necessary to provide this amount of energy.

SOLUTION：

$$C_8H_{18}(l) + \frac{25}{2}O_2(g) \longrightarrow 8CO_2(g) + 9H_2O(g)$$

$$\Delta H^{\circ}_{\text{rxn}} = \sum n_{\text{p}} \Delta H^{\circ}_{\text{f}}(\text{products}) - \sum n_{\text{r}} \Delta H^{\circ}_{\text{f}}(\text{reactants})$$

$$= [8 \times \Delta H^{\circ}_{\text{f}}(\text{CO}_2) + 9 \times \Delta H^{\circ}_{\text{f}}(\text{H}_2\text{O, g})] - [1 \times \Delta H^{\circ}_{\text{f}}(\text{C}_8\text{H}_{18}) + \frac{25}{2} \times \Delta H^{\circ}_{\text{f}}(\text{O}_2)]$$

$$= [8 \times (-393.5 \text{ kJ/mol}) + 9 \times (-241.8 \text{ kJ/mol})]$$

$$- [1 \times (-250.1 \text{ kJ/mol}) + \frac{25}{2} \times 0.00 \text{ kJ/mol}]$$

$$= -5\,074.1 \text{ kJ/mol}$$

$$\frac{-1.0 \times 10^{11} \text{ kJ}}{-5\,074.1 \text{ kJ/mol}} \times 114.22 \text{ g/mol} \times 10^{-3} \text{ kg/g} = 2.3 \times 10^6 \text{ kg}$$

5.5 ◆ 键　焓　Bond Enthalpy

键焓（bond enthalpy）是指在温度 T 与标准压强时，气态分子断开 1 mol 化学键的焓变，用 BE 或 $\text{EH}^{\circ}_{\text{m}}$ 表示。

键焓越大，原子间结合力越强；键焓越小，原子间结合力越弱。键焓都是正值，且是一种平均近似值，而不是直接的实验结果。

利用键焓可以估算化学反应的焓变：

$$\Delta H = -\sum \text{BE}(\text{生成物}) + \sum \text{BE}(\text{反应物})$$

例题精讲9

Hydrogen gas, a potential fuel, can be made by the reaction of methane gas and steam.

$$CH_4(g) + 2H_2O(g) \longrightarrow 4H_2(g) + CO_2(g)$$

Use bond energies to calculate ΔH_{rxn}° for this reaction.

SOLUTION:

$$\Delta H_{rxn} = \sum(\Delta H's\ bonds\ broken) - \sum(\Delta H's\ bonds\ formed)$$
$$= [4(C-H) + 4(O-H)] - [4(H-H) + 2(C=O)]$$
$$= (4 \times 414\ kJ/mol + 4 \times 464\ kJ/mol) - (4 \times 436\ kJ/mol + 4 \times 799\ kJ/mol)$$
$$= 1.70 \times 10^2\ kJ/mol$$

5.6 ◆ 熵 Entropy

熵(entropy)是体系混乱度(randomization)的量度,用 S 表示。体系的混乱度越大,熵值就越大。体系总是倾向于向着混乱度增加(即熵增)的方向自发(spontaneous)进行($\Delta S_{univ} > 0$)。

5.6.1 熵的定义式

$$dS = \frac{Q_r}{T} \text{ 或 } Q_r = TdS$$

式中,Q_r 是可逆过程中所吸收的热量。

5.6.2 熵的特点

熵是体系混乱度的量度,熵是一种热力学状态函数。压力对固态、液态物质的熵的影响较小,而对气态物质熵的影响较大。"孤立体系"有自发倾向于混乱度增加(即熵增)的趋势。仅仅根据体系的熵变不能对反应的自发性作出正确判断。

5.6.3 物质熵值的大小

任何理想晶体(perfect crystal)在绝对零度(absolute zero,即 0 K)时,熵值都等于零。

同一物质,其气态的标准熵 (S_m°,简写为 S°)总是大于液态的标准熵,液态的大于固态的;同类物质,摩尔质量 M 越大,标准熵越大;气态多原子分子的标准熵比单原子的大;摩尔质量相同的不同物质,结构越复杂,标准熵越大;同一种物质,其熵随着温度升高而增大。

例题精讲 10

Predict the sign of ΔS for each process：

(a) $H_2O(g) \longrightarrow H_2O(l)$

(b) Solid carbon dioxide sublimes.

(c) $2N_2O(g) \longrightarrow 2N_2(g) + O_2(g)$

SOLUTION：

(a) Since a gas has a greater entropy than a liquid，the entropy decreases and ΔS is negative.

(b) Since a solid has a lower entropy than a gas，the entropy increases and ΔS is positive.

(c) Since the number of moles of gas increases，the entropy increases and ΔS is positive.

5.6.4 熵变的计算

已知各物质的标准熵（S_m°），可以计算化学变化中的标准熵变（ΔS_{rxn}° 简写为 ΔS°）：

$$\Delta S_{rxn}^\circ = \sum n_p S_m^\circ (生成物) - \sum n_r S_m^\circ (反应物)$$

例题精讲 11

Calculate ΔS_{rxn}° for the balanced chemical equation：

$$4NH_3(g) + 5O_2(g) \longrightarrow 4NO(g) + 6H_2O(g)$$

SOLUTION：

Begin by looking up the standard entropy for each reactant and product.

$\Delta S_{rxn}^\circ = \sum n_p S^\circ (products) - \sum n_r S^\circ (reactants)$

$= [4S^\circ(NO) + 6S^\circ(H_2O, g)] - [4S^\circ(NH_3) + 5S^\circ(O_2)]$

$= (4 \times 210.8\,J/(mol \cdot K) + 6 \times 188.8\,J/(mol \cdot K))$

$\quad - (4 \times 192.8\,J/(mol \cdot K) + 5 \times 205.2\,J/(mol \cdot K))$

$= 178.8\,J/(mol \cdot K)$

5.7 ◆ 吉布斯自由能 Gibbs Free Energy

吉布斯自由能(Gibbs free energy)是一个把焓和熵归并在一起的函数,用 G 表示。其定义式为：

$$G = H - TS$$

式中,G 是状态函数,H 表示焓,T 是热力学温度,S 表示熵。

等温变化过程中,吉布斯自由能变可以表示为:

$$\Delta G = \Delta H - T\Delta S$$

该方程称为吉布斯—亥姆霍兹方程(Gibbs-Helmholtz equation)。

化学反应总是向着吉布斯自由能较低的方向进行的。ΔG 可以作为反应自发性的判据(表 5-2):$\Delta G < 0$,反应自发进行;$\Delta G > 0$,反应不能自发进行;$\Delta G = 0$,体系处于平衡状态。

表 5-2 判断反应的自发性

类 型		$\Delta G^\circ = \Delta H^\circ - T\Delta S^\circ$	反应自发性随温度的变化	
ΔH°	ΔS°			
$-$	$+$	$-$	任意温度	正向自发 逆向不自发
$+$	$-$	$+$	任意温度	正向不自发 逆向自发
$+$	$+$	高温$-$ 低温$+$	高温 低温	正向自发 逆向自发
$-$	$-$	高温$+$ 低温$-$	低温 高温	正向自发 逆向自发

例题精讲 12

Consider the reaction for the decomposition of carbon tetrachloride gas:

$$CCl_4(g) \longrightarrow C(s, graphite) + 2Cl_2(g)$$

$$\Delta H^\circ_{rxn} = +95.7 \text{ kJ/mol}; \quad \Delta S^\circ_{rxn} = +142.2 \text{ J/(mol·K)}$$

(a) Calculate ΔG°_{rxn} at 25 ℃ and determine whether the reaction is spontaneous.

(b) If the reaction is not spontaneous at 25 ℃, determine at what temperature (if any) the reaction becomes spontaneous.

SOLUTION:

(a) $T = 273 + 25 = 298$ K

$$\Delta G^\circ_{rxn} = \Delta H^\circ_{rxn} - T\Delta S^\circ_{rxn} = 95.7 \times 10^3 \text{ J/mol} - (298 \text{ K} \times 142.2 \text{ J/(mol·K)})$$

$$= 95.7 \times 10^3 \text{ J/mol} - 42.4 \times 10^3 \text{ J/mol} = +53.3 \times 10^3 \text{ J/mol} > 0$$

The reaction is not spontaneous.

(b) $\Delta G^\circ_{rxn} = \Delta H^\circ_{rxn} - T\Delta S^\circ_{rxn}$

$$T = \frac{\Delta H^\circ_{rxn} - \Delta G^\circ_{rxn}}{\Delta S^\circ_{rxn}} = \frac{95.7 \times 10^3 \text{ J/mol} - 0}{142.2 \text{ J/(mol·K)}} = 673 \text{ K}$$

查得反应物和生成物的标准生成焓 ΔH_f° 和熵值 S°，计算出反应摩尔生成焓 ΔH_{rxn}° 和反应熵变 ΔS_{rxn}°，再利用吉布斯—亥姆霍兹方程 $\Delta G_{rxn}^\circ = \Delta H_{rxn}^\circ - T\Delta S_{rxn}^\circ$ 计算出反应的吉布斯自由能变 ΔG_{rxn}°。

例题精讲 13

One of the possible initial steps in the formation of acid rain is the oxidation of the pollutant SO_2 to SO_3 by the reaction：

$$SO_2(g) + \frac{1}{2}O_2(g) \longrightarrow SO_3(g)$$

Calculate ΔG_{rxn}° at 25 ℃ and determine whether the reaction is spontaneous.

SOLUTION：

$$\Delta H_{rxn}^\circ = \sum n_p \Delta H_f^\circ(\text{products}) - \sum n_r \Delta H_f^\circ(\text{reactants})$$

$$= \Delta H_f^\circ(SO_3, g) - \left[\Delta H_f^\circ(SO_2, g) + \frac{1}{2}\Delta H_f^\circ(O_2, g)\right]$$

$$= -395.7 \text{ kJ/mol} - (-296.8 \text{ kJ/mol} + 0 \text{ kJ/mol}) = -98.9 \text{ kJ/mol}$$

$$\Delta S_{rxn}^\theta = \sum n_p S^\circ(\text{products}) - \sum n_r S^\circ(\text{reactants})$$

$$= S^\circ(SO_3, g) - \left[S^\circ(SO_2, g) + \frac{1}{2}S^\circ(O_2, g)\right]$$

$$= 256.8 \text{ J/mol} \cdot \text{K} - \left(248.2 \text{ J/mol} \cdot \text{K} + \frac{1}{2} \times 205.2 \text{ J/(mol} \cdot \text{K)}\right) = -94.0 \text{ J/mol} \cdot \text{K}$$

$$T = 25 + 273 = 298 \text{ K}$$

$$\Delta G_{rxn}^\circ = \Delta H_{rxn}^\circ - T\Delta S_{rxn}^\circ = -98.9 \times 10^3 \text{ J/mol} - 298 \text{ K} \times (-94.0 \text{ J/mol} \cdot \text{K})$$

$$= -70.9 \times 10^3 \text{ J/mol} = -70.9 \text{ kJ/mol}$$

The reaction is spontaneous at this temperature.

例题精讲 14

For the reaction：

$$SO_2(g) + \frac{1}{2}O_2(g) \longrightarrow SO_3(g)$$

estimate the value of ΔG_{rxn}° at 125 ℃. Is the reaction more or less spontaneous at this elevated temperature; that is, is the value of ΔG_{rxn}° more negative (more spontaneous) or more positive (less spontaneous)?

SOLUTION：

$$T = 125 + 273 = 398 \text{ K}$$

$$\Delta G^{\circ}_{rxn} = \Delta H^{\circ}_{rxn} - T\Delta S^{\circ}_{rxn} = -98.9 \times 10^3 \ \text{J/mol} - 398\ \text{K} \times (-94.0\ \text{J/mol} \cdot \text{K})$$

$$= -61.5 \times 10^3 \ \text{J/mol} = -61.5\ \text{kJ/mol}$$

Since the value of ΔG°_{rxn} at this elevated temperature is less negative (or more positive) than the value of ΔG°_{rxn} at 25 ℃ (which is -70.9 kJ/mol), the reaction is less spontaneous.

与标准生成焓类似,标准吉布斯生成自由能(free energy of formation)的定义是:由稳定态单质(elementary substance)生成 1 mol 化合物或非稳定态单质时的吉布斯自由能变,用 ΔG°_f 表示,单位是 kJ/mol。稳定态单质的标准吉布斯生成自由能等于零。

利用反应物和生成物的标准吉布斯生成自由能值可以计算化学反应的标准吉布斯自由能变 ΔG°_{rxn}。

$$\Delta G^{\circ}_{rxn} = \sum n_p \Delta G^{\circ}_f (\text{生成物}) - \sum n_r \Delta G^{\circ}_f (\text{反应物})$$

例题精讲 15

Ozone in the lower atmosphere is a pollutant that can form by the following reaction involving the oxidation of unburned hydrocarbons:

$$CH_4(g) + 8O_2(g) \longrightarrow CO_2(g) + 2H_2O(g) + 4O_3(g)$$

Use the standard free energies of formation to determine ΔG°_{rxn} for this reaction at 25 ℃.

SOLUTION:

Begin by looking up the standard free energies of formation for each reactant and product. Remember that the standard free energy of formation of a pure element in its standard state is zero.

$$\Delta G^{\circ}_{rxn} = \sum n_p \Delta G^{\circ}_f (\text{products}) - \sum n_r \Delta G^{\circ}_f (\text{reactants})$$

$$= [\Delta G^{\circ}_f (CO_2, g) + 2\Delta G^{\circ}_f (H_2O, g) + 4\Delta G^{\circ}_f (O_3, g)]$$

$$\quad - [\Delta G^{\circ}_f (CH_4, g) + 8\Delta G^{\circ}_f (O_2, g)]$$

$$= [-394.4\ \text{kJ/mol} + 2 \times (-228.6\ \text{kJ/mol}) + 4 \times 163.2\ \text{kJ/mol}]$$

$$\quad - [-50.5\ \text{kJ/mol} + 8 \times 0.0\ \text{kJ/mol}]$$

$$= -148.3\ \text{kJ/mol}$$

如果一个化学方程式被乘上了一个因子(factor),那么它的 ΔG°_{rxn} 也被乘上了同一个因子。

相同条件下,正向反应和逆向(reverse)反应的 ΔG°_{rxn} 数值相等,但符号相反。

若一个反应能分解成几步实现,则总反应的 ΔG°_{rxn} 等于各分步反应 ΔG°_{rxn} 之和。

例题精讲 16

Find ΔG_{rxn}° for the reaction.

$$3C(s) + 4H_2(g) \longrightarrow C_3H_8(g)$$

Use the following reactions with known ΔG's:

$$C_3H_8(g) + 5O_2(g) \longrightarrow 3CO_2(g) + 4H_2O(g) \qquad \Delta G_{rxn}^{\circ} = -2\,074\ kJ/mol$$

$$C(s) + O_2(g) \longrightarrow CO_2(g) \qquad \Delta G_{rxn}^{\circ} = -394.4\ kJ/mol$$

$$2H_2(g) + O_2(g) \longrightarrow 2H_2O(g) \qquad \Delta G_{rxn}^{\circ} = -457.1\ kJ/mol$$

SOLUTION:

$$3CO_2(g) + 4H_2O(g) \longrightarrow C_3H_8(g) + 5O_2(g) \qquad \Delta G_{rxn}^{\circ} = +2\,074\ kJ/mol$$

$$3C(s) + 3O_2(g) \longrightarrow 3CO_2(g) \qquad \Delta G_{rxn}^{\circ} = -1\,183\ kJ/mol$$

$$4H_2(g) + 2O_2(g) \longrightarrow 4H_2O(g) \qquad \Delta G_{rxn}^{\circ} = -914.2\ kJ/mol$$

$$3C(s) + 4H_2(g) \longrightarrow C_3H_8(g)$$

$$\Delta G_{rxn}^{\circ} = +2\,074\ kJ/mol - 1\,183\ kJ/mol - 914.2\ kJ/mol = -23.2\ kJ/mol$$

反应物和生成物不一定处于热力学标准状态，可以通过标准吉布斯自由能变 ΔG_{rxn}° 计算非热力学标准状态时的吉布斯自由能变 ΔG_{rxn}：

$$\Delta G_{rxn} = \Delta G_{rxn}^{\circ} + RT\ln Q$$

该式称为化学反应等温式，式中 Q 表示化学反应的反应商，T 为热力学温度，$R = 8.314\ J/(mol \cdot K)$。当物质处于非标准状态时，可以利用 ΔG_{rxn} 判断反应进行的方向。

例题精讲 17

Consider the reaction at 298 K：

$$2NO(g) + O_2(g) \longrightarrow 2NO_2(g) \qquad \Delta G_{rxn}^{\circ} = -71.2\ kJ/mol$$

Calculate ΔG_{rxn} under these conditions：

$$p_{NO} = 0.100\ atm; \quad p_{O_2} = 0.100\ atm; \quad p_{NO_2} = 2.00\ atm$$

Is the reaction more or less spontaneous under these conditions than under standard conditions?

SOLUTION：

$$Q = \frac{p_{NO_2}^2}{p_{NO}^2 p_{O_2}} = \frac{(2.00)^2}{(0.100)^2(0.100)} = 4.00 \times 10^3$$

$$\Delta G_{rxn} = \Delta G_{rxn}^{\circ} + RT\ln Q = -71.2 \times 10^3\ J/mol + 8.314\ \frac{J}{mol \cdot K} \times 298\ K\ln(4.00 \times 10^3)$$

$$= -71.2 \times 10^3\ J/mol + 20.5 \times 10^3\ J/mol = -50.7 \times 10^3\ J/mol = -50.7\ kJ/mol$$

The reaction is spontaneous under these conditions, but less spontaneous than it would be under standard conditions (because ΔG_{rxn} is less negative than ΔG_{rxn}°).

当体系处于平衡状态时，$\Delta G_{rxn}=0$，同时 $Q=K$，此时：

$$\Delta G_{rxn}=\Delta G_{rxn}^{\circ}+RT\ln Q$$

$$0=\Delta G_{rxn}^{\circ}+RT\ln K$$

$$\Delta G_{rxn}^{\circ}=-RT\ln K$$

当 $K<1$ 时，$\ln K$ 为负值，ΔG_{rxn}° 为正值，在标准状况下，化学反应向逆反应方向自发进行。

当 $K>1$ 时，$\ln K$ 为正值，ΔG_{rxn}° 为负值，在标准状况下，化学反应向正向自发进行。

当 $K=1$ 时，$\ln K=0$，$\Delta G_{rxn}^{\circ}=0$，在标准状况下，化学反应达平衡状态。

例题精讲 18

Use free energies of formation to calculate the equilibrium constant for the reaction at 298 K：

$$N_2O_4(g) \rightleftharpoons 2NO_2(g)$$

SOLUTION：

$$\Delta G_{rxn}^{\circ}=\sum n_p\Delta G_f^{\circ}(\text{products})-\sum n_r\Delta G_f^{\circ}(\text{reactants})$$

$$=2\Delta G_f^{\circ}(NO_2,\ g)-\Delta G_f^{\circ}(N_2O_4,\ g)$$

$$=2\times 51.3\ kJ/mol-99.8\ kJ/mol=2.8\ kJ/mol$$

$$\Delta G_{rxn}^{\circ}=-RT\ln K$$

$$\ln K=\frac{-\Delta G_{rxn}^{\circ}}{RT}=\frac{-2.8\times 10^3\ J/mol}{8.314\ \dfrac{J}{mol\cdot K}\times 298\ K}=-1.13$$

$$K=e^{-1.13}=0.32$$

课后练习 Exercise

1. When 1.550 g of liquid hexane (C_6H_{14}) undergoes combustion in a bomb calorimeter, the temperature rises from 25.87 ℃ to 38.13 ℃. Find ΔE_{rxn} for the reaction in kJ/mol hexane. The heat capacity of the bomb calorimeter, determined in a separate experiment, is 5.73 kJ/℃.

2. A cylinder equipped with a piston expands against an external pressure of 1.58 atm. If the initial volume is 0.485 L and the final volume is 1.245 L, how much work (in J) is done?

3. Identify each process as endothermic or exothermic and indicate the sign of ΔH.

(a) an ice cube melting

(b) nail polish remover quickly evaporating after it is accidentally spilled on the skin

(c) gasoline burning within the cylinder of an automobile engine

4. Ammonia reacts with oxygen according to the equation:

$$4NH_3(g) + 5O_2(g) \longrightarrow 4NO(g) + 6H_2O(g) \quad \Delta H^\circ_{rxn} = -906 \text{ kJ/mol}$$

Calculate the heat (in kJ) associated with the complete reaction of 155 g of NH_3.

5. The addition of hydrochloric acid to a silver nitrate solution precipitates silver chloride according to the reaction:

$$AgNO_3(aq) + HCl(aq) \longrightarrow AgCl(s) + HNO_3(aq)$$

When 50.0 mL of 0.100 M $AgNO_3$ is combined with 50.0 mL of 0.100 M HCl in a coffee-cup calorimeter, the temperature changes from 23.40 ℃ to 24.21 ℃. Calculate ΔH_{rxn} for the reaction as written. Use 1.00 g/mL as the density of the solution and $c = 4.18 \text{ J/g} \cdot$ ℃ as the specific heat capacity.

6. The thermite reaction, in which powdered aluminum reacts with iron oxide, is highly exothermic.

$$2Al(s) + Fe_2O_3(s) \longrightarrow Al_2O_3(s) + 2Fe(s)$$

Use standard enthalpies of formation to find ΔH°_{rxn} for the thermite reaction.

7. Calculate ΔH°_{rxn} for reaction $4Fe(s) + 3O_2 \longrightarrow 2Fe_2O_3(s)$ and calculate how much heat is produced from a hand warmer containing 15.0 g of iron powder.

8. Another potential future fuel is methanol (CH_3OH). Write a balanced equation for the combustion of gaseous methanol and use bond energies to calculate the enthalpy of combustion of methanol in kJ/mol.

9. Predict the sign of ΔS for each process:

(a) the boiling of water

(b) $I_2(g) \longrightarrow I_2(s)$

(c) $CaCO_3(s) \longrightarrow CaO(s) + CO_2(g)$

10. Consider the reaction:

$$C_2H_4(g) + H_2(g) \longrightarrow C_2H_6(g) \quad \Delta H^\circ = -137.5 \text{ kJ/mol}; \Delta S^\circ = -120.5 \text{ J/(mol} \cdot \text{K)}$$

Calculate ΔG at 25 ℃ and determine whether the reaction is spontaneous. Does ΔG become more negative or more positive as the temperature increases?

11. Consider the oxidation of NO to NO_2:

$$NO(g) + \frac{1}{2}O_2(g) \longrightarrow NO_2(g)$$

Calculate ΔG_{rxn}° at 25 ℃ and determine whether the reaction is spontaneous at standard conditions.

12. For the reaction in For Practice 11，calculate the value of ΔG_{rxn}° at -55 ℃. Is the reaction more spontaneous (more negative ΔG_{rxn}°) or less spontaneous (more positive ΔG_{rxn}°) at the lower temperature?

13. One of the reactions that occurs within a catalytic converter in the exhaust pipe of a car is the simultaneous oxidation of carbon monoxide and reduction of NO (both of which are harmful pollutants).

$$2CO(g) + 2NO(g) \longrightarrow 2CO_2(g) + N_2(g)$$

Use standard free energies of formation to determine ΔG_{rxn}° for this reaction at 25 ℃. Is the reaction spontaneous at standard conditions?

14. Find ΔG_{rxn}° for the reaction：

$$N_2O(g) + NO_2(g) \longrightarrow 3NO(g)$$

Use the following reactions with known ΔG values：

$$2NO(g) + O_2(g) \longrightarrow 2NO_2(g) \quad \Delta G_{rxn}^{\circ} = -71.2 \text{ kJ/mol}$$
$$N_2(g) + O_2(g) \longrightarrow 2 NO(g) \quad \Delta G_{rxn}^{\circ} = +175.2 \text{ kJ/mol}$$
$$2N_2O(g) \longrightarrow 2N_2(g) + O_2(g) \quad \Delta G_{rxn}^{\circ} = -207.4 \text{ kJ/mol}$$

15. Consider the reaction at 298 K：

$$2H_2S(g) + SO_2(g) \longrightarrow 3S(s, rhombic) + 2H_2O(g) \quad \Delta G_{rxn}^{\circ} = -102 \text{ kJ/mol}$$

Calculate ΔG_{rxn} under these conditions：

$$p_{H_2S} = 2.00 \text{ atm}; \quad p_{SO_2} = 1.50 \text{ atm}; \quad p_{H_2O} = 0.010\,0 \text{ atm}$$

Is the reaction more or less spontaneous under these conditions than under standard conditions?

16. Calculate ΔG_{rxn} at 298 K for the reaction：

$$I_2(g) + Cl_2(g) \rightleftharpoons 2ICl(g) \quad K_p = 81.9$$

第 6 章

化 学 平 衡
Chemical Equilibrium

观察氢气(hydrogen)与碘(iodine)的反应：

$$H_2(g) + I_2(g) \rightleftharpoons 2HI(g)$$

在这个反应中,氢气与碘反应生成碘化氢,同时碘化氢也会分解生成氢气和碘。像这种在同一条件下,既能向正反应方向(forward direction)进行,同时又能向逆反应方向(reverse direction)进行的反应称为可逆反应(reversible reaction)。

一般化学反应都是可逆的。随反应进行,反应物浓度逐渐减小,正反应速率减小,生成物浓度逐渐增大,逆反应速率增大,最终正逆反应速率相等。

当反应进行到一定程度,正反应速率和逆反应速率相等,反应物和生成物的浓度都不再变化,这种状态称为化学平衡状态(chemical equilibrium state)(图 6 - 1)。

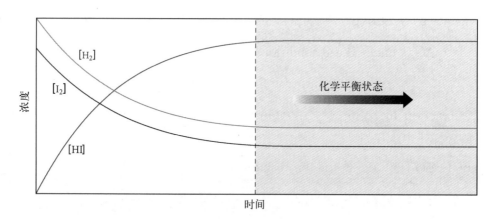

图 6 - 1 化学平衡状态

6.1 ◆ 平 衡 常 数　The Equilibrium Constant

6.1.1 平衡常数的定义

对于可逆反应：

$$aA + bB \Longrightarrow cC + dD$$

在温度 T 时,平衡浓度[A]、[B]、[C]、[D]之间有

$$K = \frac{[C]^c [D]^d}{[A]^a [B]^b}$$

式中,K 是常数,称为该反应在 T 时的平衡常数。在实际应用时,化学平衡常数往往不写量纲。

例题精讲 1

Express the equilibrium constant for the chemical equation:

$$CH_3OH(g) \Longrightarrow CO(g) + 2H_2(g)$$

SOLUTION:

$$K = \frac{[CO][H_2]^2}{[CH_3OH]}$$

6.1.2 平衡常数的书写

反应为液相或气相的平衡常数可表示为:

$$K_c = \frac{[C]^p [D]^q}{[A]^m [B]^n}$$

反应为气相的平衡常数还可表示为:

$$K_p = \frac{(p_C)^p (p_D)^q}{(p_A)^m (p_B)^n}$$

例题精讲 2

Nitrogen monoxide, a pollutant in automobile exhaust, is oxidized to nitrogen dioxide in the atmosphere according to the equation:

$$2NO(g) + O_2(g) \Longrightarrow 2NO_2(g) \quad K_p = 2.2 \times 10^{12} \text{ at } 25 \text{ }℃$$

Find K_c for this reaction.

SOLUTION:

$pV = nRT$

$$K_c = \frac{K_p}{(RT)^{\Delta n}}$$

$\Delta n = 2 - 3 = -1$

$$K_c = \frac{2.2 \times 10^{12}}{\left(0.082\,06 \dfrac{L \cdot atm}{mol \cdot K} \times 298 \text{ K}\right)^{-1}} = 5.4 \times 10^{13}$$

凡浓度或压力几乎保持恒定不变的物质项可不必写入平衡常数式;平衡常数可用浓度表示,

也可用分压来表示,取决于反应体系的状态。

例题精讲 3

Write an expression for the equilibrium constant (K_c) for this chemical equation:

$$CaCO_3(s) \rightleftharpoons CaO(s) + CO_2(g)$$

SOLUTION: $$K_c = [CO_2]$$

例题精讲 4

Consider the following reaction:

$$CO(g) + 2H_2(g) \rightleftharpoons CH_3OH(g)$$

A reaction mixture at 780 ℃ initially contains $[CO] = 0.500$ M and $[H_2] = 1.00$ M. At equilibrium, the CO concentration is found to be 0.15 M. What is the value of the equilibrium constant?

SOLUTION:

	$CO(g)$	$+$ $2H_2(g) \rightleftharpoons$	$CH_3OH(g)$
Initial	0.500	1.00	0.00
Change	−0.35	−0.70	+0.35
Equil	0.15	0.30	0.35

$$K_c = \frac{[CH_3OH]}{[CO][H_2]^2} = \frac{0.35}{0.15 \times 0.30^2} = 26$$

例题精讲 5

Consider the following reaction:

A reaction mixture at 1 700 ℃ initially contains $[CH_4] = 0.115$ M.

At equilibrium, the mixture contains $[C_2H_2] = 0.035$ M. What is the value of the equilibrium constant?

SOLUTION:

	$2CH_4(g) \rightleftharpoons$	$C_2H_2(g)$	$+$ $3H_2(g)$
Initial	0.115	0.00	0.00
Change	−0.070	+0.035	+0.105
Equilibrate	0.045	0.035	0.105

$$K_c = \frac{[C_2H_2][H_2]^3}{[CH_4]^2} = \frac{0.035 \times 0.105^3}{0.045} = 0.020$$

化学平衡常数是表明化学反应限度的一种特征值。K 值越大,表明正反应进行得越完全。

平衡常数表示式应与化学方程式对应,并且注明温度。对于同一个化学反应,若方程式中化学计量数扩大 n 倍,则平衡常数由 K 变为 K^n。正逆反应的平衡常数互为倒数。多个方程式相加或相减所得的化学方程式的平衡常数为原化学反应的平衡常数相乘或相除的值。

例题精讲 6

Consider the chemical equation and equilibrium constant for the synthesis of ammonia at 25 ℃:

$$N_2(g) + 3H_2(g) \Longrightarrow 2NH_3(g) \quad K = 5.6 \times 10^5$$

Calculate the equilibrium constant for the following reaction at 25 ℃:

$$NH_3(g) \Longrightarrow \frac{1}{2}N_2(g) + \frac{3}{2}H_2(g) \quad K = ?$$

SOLUTION:

$$K = \left(\frac{1}{5.6 \times 10^5}\right)^{\frac{1}{2}} = 1.3 \times 10^{-3}$$

在给定温度下,平衡常数是一个定值。反应温度发生变化时,平衡常数也会随之改变。对于吸热反应,温度升高时,平衡常数增大;温度降低时,平衡常数减小。对于放热反应,温度升高时,平衡常数减小;温度降低时,平衡常数增大。

6.2 ◈ 平衡常数与吉布斯自由能变
Equilibrium Constant and Free Energy Changes

6.2.1 反应商

若某反应中同时存在反应物和生成物,反应方向如何判断呢?

对于可逆反应:

$$aA + bB \Longrightarrow cC + dD$$

反应商表示为:

$$Q_c = \frac{[C]^c[D]^d}{[A]^a[B]^b}$$

$$Q_p = \frac{p_C^c p_D^d}{p_A^a p_B^b}$$

反应商(reaction quotient)的形式、写法和平衡常数完全相同,区别在于反应商的浓度或分压不是平衡状态的,而是起始状态的浓度或分压。

6.2.2　化学反应等温式

对于某可逆反应

$$mA(g) + nB(g) \rightleftharpoons qC(g)$$

反应的等温式写作

$$\Delta G_{rxn} = \Delta G_{rxn}^{\circ} + 2.303RT \lg \frac{P_C^q}{P_A^m P_B^n}$$

简写为

$$\Delta G_{rxn} = \Delta G_{rxn}^{\circ} + 2.303RT \lg Q$$

当体系处于平衡状态时 $\Delta G_{rxn} = 0$ kJ/mol

$$G_{rxn}^{\circ} = -2.303RT \lg K_p^{\circ} \text{ 或 } \lg K_p^{\circ} = -\frac{\Delta G_{rxn}^{\circ}}{2.303RT}$$

式中，K_p° 称为标准平衡常数，无量纲。

$$\Delta G_{rxn} = -2.303RT \lg K + 2.303RT$$

$$\lg Q \Delta G_{rxn} = 2.303RT \lg \frac{Q}{K}$$

Q 是反应商，K 是平衡常数。

当 $Q/K < 1$，即 $Q < K$ 时，则 $\Delta G(T) < 0$，正向反应自发进行；

当 $Q/K = 1$，即 $Q = K$ 时，则 $\Delta G(T) = 0$，反应处于平衡状态；

当 $Q/K > 1$，即 $Q > K$ 时，则 $\Delta G(T) > 0$，逆向反应自发进行。

例题精讲 7

Consider the reaction and its equilibrium constant：

$$I_2(g) + Cl_2(g) \rightleftharpoons 2ICl(g) \quad K_p = 81.9$$

A reaction mixture contains $p_{I_2} = 0.114$ atm, $p_{Cl_2} = 0.102$ atm, and $p_{ICl} = 0.355$ atm. Is the reaction mixture at equilibrium? If not, in which direction will the reaction proceed?

SOLUTION：

$$Q_p = \frac{p_{ICl}^2}{p_{I_2} p_{Cl_2}} = \frac{0.355^2}{0.114 \times 0.102} = 10.8$$

Since $Q_p < K_p$, the reaction is not at equilibrium and will proceed to the right.

例题精讲 8

Consider the following reaction：

$$2COF_2(g) \rightleftharpoons CO_2(g) + CF_4(g) \quad K_c = 2.00 \text{ (at 1 000 ℃)}$$

In an equilibrium mixture, the concentration of COF_2 is 0.255 M and the concentration of CF_4 is 0.118 M. What is the equilibrium concentration of CO_2?

SOLUTION：

$$[CO_2] = K_c \frac{[COF_2]^2}{[CF_4]}$$

$$[CO_2] = 2.00 \times \frac{0.255^2}{0.118} = 1.10 \text{ M}$$

例题精讲 9

Consider the reaction：

$$N_2(g) + O_2(g) \rightleftharpoons 2\,NO(g) \quad K_c = 0.10 \ (\text{at } 2\,000\ ℃)$$

A reaction mixture at 2 000 ℃ initially contains $[N_2] = 0.200$ M and $[O_2] = 0.200$ M. Find the equilibrium concentrations of the reactants and product at this temperature.

SOLUTION：

	$N_2(g)$	$+$	$O_2(g)$	$\rightleftharpoons$	$2NO(g)$
Initial	0.200		0.200		0.00
Change	$-x$		$-x$		$+2x$
Equil	$0.200-x$		$0.200-x$		$2x$

$$K_c = \frac{[NO]^2}{[N_2][O_2]} = \frac{(2x)^2}{(0.200-x)(0.200-x)} = 0.10$$

$x = 0.027$

$[N_2] = 0.173 \text{ M}$

$[O_2] = 0.173 \text{ M}$

$[NO] = 0.054 \text{ M}$

例题精讲 10

Consider the reaction：

$$I_2(g) + Cl_2(g) \rightleftharpoons 2ICl(g) \quad K_p = 81.9 \ (\text{at } 25\ ℃)$$

A reaction mixture at 25 ℃ initially contains $p_{I_2} = 0.100$ atm， $p_{Cl_2} = 0.100$ atm, and $p_{ICl} = 0.100$ atm. Find the equilibrium partial pressures of I_2, Cl_2, and ICl at this temperature.

SOLUTION：

	$I_2(g)$	$+$	$Cl_2(g)$	$\rightleftharpoons$	$2ICl(g)$
Initial	0.100		0.100		0.100
Change	$-x$		$-x$		$+2x$
Equilibrate	$0.100-x$		$0.100-x$		$0.100+2x$

$$K_p = \frac{p_{ICl}^2}{p_{I_2} p_{Cl_2}} = \frac{(0.100 + 2x)^2}{(0.100 - x)(0.100 - x)} = 81.9$$

$$x = 0.072\ 9$$

$$p_{I_2} = 0.027 \text{ atm}, \quad p_{Cl_2} = 0.027 \text{ atm}, \quad \text{and} \quad p_{ICl} = 0.246 \text{ atm}$$

ΔG_{rxn}是化学反应方向的判据,而 ΔG_{rxn}°是化学反应限度的标志;实际情况下,ΔG_{rxn}°可用于粗略的估计反应方向。

6.3 ◇ 勒夏特列原理 Le Châtelier's Principle

一定条件下建立的化学平衡,当外界条件改变对正逆反应速率影响不同时,会打破原平衡,建立新的平衡,这个过程称为化学平衡的移动。

当改变影响平衡的某个条件时,平衡总是向着减弱这种改变的方向移动,这就是勒夏特列原理(Le Châtelier's principle)。

6.3.1 浓度对化学平衡的影响

在一定温度与压力下,反应的 K 是一个不随浓度变化的恒量,而 Q 则随浓度不同而有变化,所以需要比较 Q 和 K 的大小,以判断平衡移动的方向。

当一个可逆反应达到化学平衡(equilibrium):

增大反应物浓度时,浓度商 Q 小于平衡常数 K,化学平衡向正反应方向移动(shift to the right)。

增大生成物浓度时,浓度商 Q 大于平衡常数 K,化学平衡向逆反应方向移动(shift to the left)。

减小反应物浓度时,浓度商 Q 大于平衡常数 K,化学平衡向逆反应方向移动(shift to the left)。

减小生成物浓度时,浓度商 Q 小于平衡常数 K,化学平衡向正反应方向移动(shift to the right)。

例题精讲 11

Consider the following reaction at equilibrium:

$$CaCO_3(s) \rightleftharpoons CaO(s) + CO_2(g)$$

What is the effect of adding additional CO_2 to the reaction mixture? What is the effect of adding additional $CaCO_3$?

SOLUTION:

Adding additional CO_2 increases the concentration of CO_2 and causes the reaction to shift to the left. Adding additional $CaCO_3$, however, does not increase the concentration of $CaCO_3$ because $CaCO_3$ is a solid and therefore has a constant concentration. Thus, adding additional $CaCO_3$ has no effect on the position of the equilibrium.

6.3.2 压强对化学平衡的影响

压强变化对反应前后气体分子数目有变化的反应的化学平衡有影响。

当一个可逆反应达到化学平衡：

减小容器的体积导致压强增大，平衡向气体分子数减小(the fewer moles of gas particles)的方向移动。

增大容器的体积导致压强减小，平衡向气体分子数增大(the greater moles of gas particles)的方向移动。

例题精讲 12

Consider the following reaction at chemical equilibrium：

$$2KClO_3(s) \rightleftharpoons 2KCl(s) + 3O_2(g)$$

What is the effect of decreasing the volume of the reaction mixture? Increasing the volume of the reaction mixture? Adding an inert gas at constant volume?

SOLUTION：

The chemical equation has 3 mol of gas on the right and zero moles of gas on the left. Decreasing the volume of the reaction mixture increases the pressure and causes the reaction to shift to the left (toward the side with fewer moles of gas particles). Increasing the volume of the reaction mixture decreases the pressure and causes the reaction to shift to the right (toward the side with more moles of gas particles). Adding an inert gas has no effect.

6.3.3 温度对化学平衡的影响

温度 T 时的 K_p

$$\lg K_p = -\frac{\Delta G^\circ}{2.303RT} = -\frac{\Delta H^\circ}{2.303R} \times \frac{1}{T} + \frac{\Delta S^\circ}{2.303R} = -\frac{\Delta H^\circ}{2.303R} \times \frac{1}{T} + C$$

式中，C 是常数。

温度为 T_1、T_2 时 K_p 的关系

$$\lg K_2 - \lg K_1 = \frac{\Delta H^\circ}{2.303R} \times \left(\frac{1}{T_1} - \frac{1}{T_2}\right)$$

或

$$\lg \frac{K_2}{K_1} = \frac{\Delta H^\circ}{2.303R} \times \frac{T_2 - T_1}{T_1 T_2}$$

对于放热反应(exothermic chemical reaction)，$\Delta H^\circ < 0$，温度升高，平衡常数 K 值减小(decreases)，使 $Q > K$，平衡向逆反应方向移动(the direction of the reactants)。温度降低，平衡常数 K 值增大(increases)，使 $Q < K$，平衡向正反应方向移动(the direction of the products)。

对于吸热反应(endothermic chemical reaction)，$\Delta H^\circ > 0$，温度升高，平衡常数 K 值增大，

使 $Q < K$，平衡向正反应方向移动。温度降低，平衡常数 K 值减小，使 $Q > K$，平衡向逆反应方向移动。

例题精讲 13

The following reaction is endothermic：

$$CaCO_3(s) \rightleftharpoons CaO(s) + CO_2(g)$$

What is the effect of increasing the temperature of the reaction mixture? Decreasing the temperature?

SOLUTION：

Since the reaction is endothermic，we can think of heat as a reactant：

$$Heat + CaCO_3(s) \rightleftharpoons CaO(s) + CO_2(g)$$

Raising the temperature is equivalent to adding a reactant，causing the reaction to shift to the right. Lowering the temperature is equivalent to removing a reactant，causing the reaction to shift to the left.

6.4 ◆ 酸 和 碱 Acids and Bases

酸(acid)的性质主要有：使蓝色石蕊试纸(blue litmus paper)变红，与活泼金属反应，与碱反应生成盐和水。表 6-1 中列举了一些常见的酸：

表 6-1 一些常见的酸

名 称	性 质 和 用 途
盐酸 Hydrochloric acid（HCl）	重要化工产品,用于金属表面除锈,制造药物等；人体胃液(stomach acid)中含有盐酸,可帮助消化
硫酸 Sulfuric acid（H_2SO_4）	一种重要的工业原料,可用于制造肥料(fertilizer manufacturing)、药物、染料(dye production)、洗涤剂、蓄电池(batteries)等,也广泛应用于净化石油、金属冶炼以及染料等工业中；常用作化学试剂,在有机合成中可用作脱水剂和磺化剂
硝酸 Nitric acid（HNO_3）	制造化肥和炸药(explosives),生产染料和胶水(glue)
醋酸 Acetic acid（$HC_2H_3O_2$）	用于制造塑料(plastic)、橡胶(rubber),做食品防腐剂(food preservative),是食醋(vinegar)的有效成分之一
柠檬酸 Citric acid（$H_3C_6H_5O_7$）	存在于柠檬(lemons)和酸橙(limes)等柑橘类水果(citrus fruits)中,用来调节食物和饮料(beverages)中的 pH 值

续 表

名 称	性 质 和 用 途
碳酸 Carbonic acid（H_2CO_3）	二氧化碳（carbon dioxide）与水反应的产物，存在于碳酸饮料（carbonated beverages）中
氢氟酸 Hydrofluoric acid（HF）	金属的清洗，玻璃的磨砂（frosting）与刻蚀（etching）
磷酸 Phosphoric acid（H_3PO_4）	制造化肥，做饮料（beverages）中的防腐剂（preservative），配制生物缓冲试剂（biological buffering）

碱（base）的性质主要有：使红色石蕊试纸变蓝，与酸反应生成盐和水。表 6‑2 列举了一些常见的碱：

表 6‑2 一些常见的碱

名 称	性 质 和 用 途
氢氧化钠 Sodium hydroxide（NaOH）	石油加工（petroleum processing），制造肥皂（soap）和塑料（plastic）
氢氧化钾 Potassium hydroxide（KOH）	棉花加工（cotton processing），电镀（electroplating），制造电池（batteries）的原料
碳酸氢钠 Sodium bicarbonate（$NaHCO_3$）	俗称小苏打（baking soda），重要的抗酸剂（antacid）
碳酸钠 Sodium carbonate（Na_2CO_3）	制造玻璃（glass）和肥皂的原料，作清洁剂（cleanser）
氨气 Ammonia（NH_3）	作洗涤剂，制造化肥和炸药，生产合成纤维（synthetic fiber）的原料

6.4.1 酸碱质子理论

19 世纪末，瑞典化学家阿仑尼乌斯提出电离理论（Arrhenius definitions）：在溶液中能电离出阳离子全部是氢离子（H^+）的物质称为酸（acid），能电离出氢氧根（OH^-）的物质称为碱。但这一理论仅局限于水溶液中，对于非水溶液中的情况没有涉及。

20 世纪 Brønsted 和 Lowry 提出酸碱质子理论，将酸碱的定义扩大到非水体系和无溶剂体系。

酸碱质子理论将能提供质子[proton（H^+ ion）donor]的分子或离子定义为酸，能接受质子[proton（H^+ ion）acceptor]的分子或离子定义为碱：

$$HCl(aq) \quad + \quad H_2O(l) \quad \longrightarrow \quad H_3O^+(aq) \quad + \quad Cl^-(aq)$$

酸　　　　　碱

提供质子　　接受质子

$$NH_3(aq) \quad + \quad H_2O(l) \quad \rightleftharpoons \quad NH_4^+(aq) \quad + \quad OH^-(aq)$$

碱　　　　　　　酸

接受质子　　　提供质子

既能提供质子又能接受质子的物质称为两性物质。

酸给出质子后剩余的那部分就是碱，碱接受质子后就成为酸，酸与碱的这种依存关系称为共轭关系。

$$NH_4^+(aq) \quad + \quad OH^-(aq) \quad \rightleftharpoons \quad NH_3(aq) \quad + \quad H_2O(l)$$

酸　　　　　　碱　　　　　　共轭碱　　　　　共轭酸

提供质子　　　接受质子

反应式左边的酸是右边碱的共轭酸（conjugate acid）；右边的碱是左边酸的共轭碱（conjugate base），满足这一关系的一对酸和碱称为共轭酸碱对（conjugate acid-base pair），NH_4^+ 和 NH_3 是常见的共轭酸碱对（图 6 - 2）：

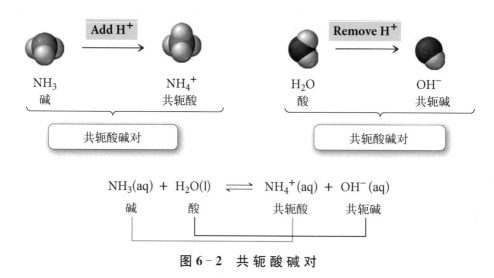

图 6 - 2　共轭酸碱对

例题精讲 14

In each reaction，identify the Brønsted-Lowry acid，the Brønsted-Lowry base，the conjugate acid，and the conjugate base.

（a）$H_2SO_4(aq) + H_2O(l) \longrightarrow HSO_4^-(aq) + H_3O^+(aq)$

（b）$HCO_3^-(aq) + H_2O(l) \rightleftharpoons H_2CO_3(aq) + OH^-(aq)$

SOLUTION：

	Brønsted-Lowry acid	Brønsted-Lowry base	conjugate acid	conjugate base
(a)	H_2SO_4	H_2O	H_3O^+	HSO_4^-
(b)	H_2O	HCO_3^-	H_2CO_3	OH^-

水溶液中常见的无机弱酸和弱碱有：

表 6 - 3　常见的无机弱酸和弱碱

	一元弱酸或弱碱		多元弱酸或弱碱	
	弱　酸	弱　碱	弱　酸	弱　碱
分子型	HF HNO_2 CH_3COOH HClO HCN	$NH_3 \cdot H_2O$	$H_2C_2O_4$ H_2SO_3 H_3PO_4 H_2CO_3 H_2S H_2SiO_3	$H_2NCH_2CH_2NH_2$ （乙二胺） H_2NNH_2（肼）
阳离子型	NH_4^+	$[Al(OH)(H_2O)_5]^{2+}$	$[Al(H_2O)_6]^{3+}$ 及一些过渡金属阳离子	$[Al(OH)_2(H_2O)_5]^+$
阴离子型	HSO_4^-	F^- NO_2^- CH_3COO^- ClO^- CN^-	$H_2AsO_4^-$	CO_3^{2-} PO_4^{3-} SiO_3^{2-} S^{2-}
两性物质	H_2O、HSO_3^-、HCO_3^-、HS^-、$H_2PO_4^-$、HPO_4^{2-}、$HSiO_3^-$ 等			

1923 年路易斯（Lewis）提出酸碱电子理论。酸碱电子理论定义凡是可以接受电子对（electron pair acceptor）的物质称为路易斯酸（Lewis acid），凡是能给出电子对（electron pair donor）的物质称为路易斯碱（Lewis base）。

$$H^+ + :NH_3 \longrightarrow [H:NH_3]^+$$

根据酸碱电子理论,在氢离子与氨分子的反应中,NH_3 提供了一对电子对,H^+ 接受了氨分子中的电子对。

6.4.2　酸碱的强弱

对于无氧酸（binary acids）H_nY 来说,分子中 H—Y 键的极性越强,H_nY 的酸性越强（more acidic）；H—Y 键键能越强,H_nY 的酸性越弱。

对于含氧酸（Oxyacids）H_nYO_m 来说：

$$H{-}O{-}Y \longleftarrow$$

Y 元素的电负性（electronegative）越强,H—O 键就越弱,含氧酸 H_nYO_m 的酸性越强；Y 相同时,氧原子数越多,含氧酸的酸性越强。

在水溶液中,弱酸和弱碱不完全电离,存在着未电离的分子和电离出的离子的平衡：

$$HA(aq) + H_2O(l) \Longrightarrow H_3O^+(aq) + A^-(aq)$$

$$\text{或 } HA(aq) \Longrightarrow H^+(aq) + A^-(aq)$$

我们用酸电离常数(acid ionization constant)来量化弱酸的相对强度,用 K_a 表示。电离平衡常数是指溶液中电离出来的各离子浓度乘积与未电离电解质分子浓度的比值。对于上述反应电离常数表示为:

$$K_a = \frac{[H_3O^+][A^-]}{[HA]} = \frac{[H^+][A^-]}{[HA]}$$

以 CH_3COOH 的标准电离平衡常数 K_a° 为例:

$$CH_3COOH(aq) + H_2O(l) \Longrightarrow H_3O^+(aq) + Ac^-(aq)$$

可以通过标准吉布斯自由能计算:

$$\lg K_a^\circ = -\frac{\Delta G^\circ(298\ K)}{2.303RT}$$

也可以通过溶液浓度计算:

$$K_a^\circ = \frac{[H_3O^+][Ac^-]}{[HAc]} = 1.75 \times 10^{-5}$$

式中,K_a° 无量纲,常简写为 K_a,简称酸常数。

碱常数 K_b 的计算方法为:

$$Ac^- + H_2O \Longrightarrow OH^- + HAc$$

$$K_b = \frac{[OH^-][HAc]}{[Ac^-]} \frac{[H_3O^+]}{[H_3O^+]} = \frac{[HAc]}{[Ac^-][H_3O^+]}[H_3O^+][OH^-] = \frac{K_w}{K_a}$$

$$K_a \times K_b = K_w$$

电解质的相对强弱常用电离度 α 表示。电离度是指溶液中已经电离的电解质分子数占原来总分子数的份额或百分数。

$$\alpha = \frac{\text{已电离的电解质分子数}}{\text{溶液中原有的电解质分子总数}}$$

若电解质 HA 的浓度为 $c\ \text{mol} \cdot \text{dm}^{-3}$,那么

$$HA + H_2O \Longrightarrow H_3O^+ + A^-$$

达电离平衡时

$$[HA] = c(1 - \alpha)$$
$$[H_3O^+] = [A^-] = c\alpha$$

所以

$$K_a(HA) = c\alpha^2$$

$$\alpha = \sqrt{\frac{K(HA)}{c}}$$

6.5 ◇ 水的自耦电离平衡和 pH

Autoionization of Water and pH

6.5.1 溶剂的自耦电离平衡

水既能作为酸提供质子,也能够作为碱接受质子,是两性物质(amphoteric)。水的电离过程称为自耦电离(autoionization)。溶剂自耦电离平衡,又称质子自递平衡,是指溶剂分子之间的质子传递反应。

$$H_2O + H_2O \rightleftharpoons H_3O^+ + OH^-$$

$$[H_3O^+] = [OH^-]$$

$$K_w = [H_3O^+][OH^-]$$

K_w 表示水的离子积常数(ion product constant for water)。25 ℃时,$K_w = 1 \times 10^{-14}$。纯水中,水电离出等量的 H_3O^+(H^+)和 OH^-。

$$[H_3O^+] = [OH^-] = \sqrt{1 \times 10^{-14}} = 1.0 \times 10^{-7}$$

在中性溶液中:$[H_3O^+] = [OH^-] = 1.0 \times 10^{-7}$ M (at 25 ℃);

酸性溶液中:$[H_3O^+] > [OH^-]$;

碱性溶液中:$[OH^-] > [H_3O^+]$。

水的离子积实际上是一个标准电离平衡常数,其大小只与温度有关。水的电离是吸热反应,温度越高,K_w 越大。

例题精讲 15

Calculate $[OH^-]$ at 25 ℃ for each solution and determine if the solution is acidic, basic, or neutral.

(a) $[H_3O^+] = 7.5 \times 10^{-5}$ M

(b) $[H_3O^+] = 1.5 \times 10^{-9}$ M

(c) $[H_3O^+] = 1.0 \times 10^{-7}$ M

SOLUTION:

(a) $[OH^-] = \dfrac{K_w}{[H^+]} = \dfrac{1 \times 10^{-14}}{7.5 \times 10^{-5}} = 1.3 \times 10^{-10}$ M; Acidic solution

(b) $[OH^-] = \dfrac{K_w}{[H^+]} = \dfrac{1 \times 10^{-14}}{1.5 \times 10^{-9}} = 6.7 \times 10^{-6}$ M; Basic solution

(c) $[OH^-] = \dfrac{K_w}{[H^+]} = \dfrac{1 \times 10^{-14}}{1.0 \times 10^{-7}} = 1.0 \times 10^{-7}$ M; Neutral solution

6.5.2　溶液的 pH

pH 是一种表示溶液酸碱性的简便方法，将 pH 定义为水合氢离子(hydronium)浓度的负对数：

$$pH = -\lg[H_3O^+] = -\lg[H^+]$$

pOH 的意义是：

$$pOH = -\lg[OH^-]$$

25 ℃时：

pH<7　溶液呈酸性；

pH>7　溶液呈碱性；

pH=7　溶液呈中性。

$$-\lg[H_3O^+] - \lg[OH^-] = -\lg K_w$$
$$pH + pOH = pK_w$$
$$pH + pOH = 14$$

例题精讲 16

Calculate the pH of each solution at 25 ℃ and indicate whether the solution is acidic or basic.

(a) $[H_3O^+] = 1.8 \times 10^{-4}$ M　　　　　　　(b) $[OH^-] = 1.3 \times 10^{-2}$ M

SOLUTION：

(a) $pH = -\lg[H_3O^+] = -\lg(1.8 \times 10^{-4}) = 3.74$；the solution is acidic.

(b) $[H_3O^+][OH^-] = K_w = 1.0 \times 10^{-14}$

$[H_3O^+] = 7.7 \times 10^{-13}$ M

$pH = -\lg[H_3O^+] = -\lg(7.7 \times 10^{-13}) = 12.11$；the solution is basic.

例题精讲 17

Calculate the $[H_3O^+]$ for a solution with a pH of 4.80.

SOLUTION：

$pH = -\lg[H_3O^+] = 4.80$

$[H_3O^+] = 1.6 \times 10^{-5}$ M

可以用类似的方法表示弱酸的电离常数：

$$pK_a = -\lg K_a$$

pK_a 越小，酸性越强。

6.5.3 弱酸弱碱的电离平衡

弱酸和弱碱是弱电解质，在水溶液中部分电离。在大多数强酸（strong acid）或弱酸（weak acid）溶液、强碱（strong base）或弱碱（weak base）溶液中，水电离产生的 H_3O^+ 或 OH^- 比纯水更少，可以忽略不计。因此，只需关注酸电离产生的 H_3O^+ 或碱电离产生的 OH^- 的量。

若弱酸初始浓度为 c，则

$$[H_3O^+] = \sqrt{K_a c}$$

此式在 $c/K_a > 400$ 才可应用。

例题精讲 18

Find the $[H_3O^+]$ of a 0.100 M HCN solution.

SOLUTION：

$$HCN(aq) \quad + \quad H_2O(l) \quad \rightleftharpoons \quad H_3O^+(aq) \quad + \quad CN^-(aq)$$

Initial	0.100	≈0.00	0.00
Change	$-x$	$+x$	$+x$
Equilibrate	$0.100-x$	x	x

$$K_a = 4.9 \times 10^{-10} = \frac{[H_3O^+][OH^-]}{[HCN]} = \frac{x^2}{0.100-x} = \frac{x^2}{0.100} (x \text{ is small})$$

$$x = \sqrt{0.100 \times 4.9 \times 10^{-10}} = 7.0 \times 10^{-6}$$

$$[H_3O^+] = 7.0 \times 10^{-6} \text{ M}$$

例题精讲 19

Find the pH of a 0.200 M HNO_2 solution.

SOLUTION：

$$HNO_2(aq) + H_2O(l) \rightleftharpoons H_3O^+(aq) + NO_2^-(aq)$$

Initial	0.200	≈0.00	0.00
Change	$-x$	$+x$	$+x$
Equilibrate	$0.200-x$	x	x

$$K_a = 4.6 \times 10^{-4} = \frac{[H_3O^+][NO_2^-]}{[HNO_2]} = \frac{x^2}{0.200-x} = \frac{x^2}{0.200} (x \text{ is small})$$

$$x = \sqrt{0.200 \times 4.6 \times 10^{-4}} = 9.6 \times 10^{-3}$$

$$[H_3O^+] = 9.6 \times 10^{-3} \text{ M}$$

$$pH = -\lg[H_3O^+] = -\lg(9.6 \times 10^{-3}) = 2.02$$

例题精讲 20

A 0.100 M weak acid (HA) solution has a pH of 4.25. Find K_a for the acid.

SOLUTION：

$$HA(aq) + H_2O(l) \rightleftharpoons H_3O^+(aq) \quad + \quad A^-(aq)$$

Initial	0.100	≈ 0.00	0.00
Change	-5.6×10^{-5}	5.6×10^{-5}	5.6×10^{-5}
Equilibrate	≈ 0.100	5.6×10^{-5}	5.6×10^{-5}

$$K_a = \frac{[H_3O^+][A^-]}{[HA]} = \frac{(5.6 \times 10^{-5}) \times (5.6 \times 10^{-5})}{0.100} = 3.1 \times 10^{-8}$$

例题精讲 21

Find the percent ionization of a 2.5 M HNO_2 solution.

SOLUTION：

$$HNO_2(aq) + H_2O(l) \rightleftharpoons H_3O^+(aq) + NO_2^-(aq)$$

Initial	2.5	≈ 0.00	0.00
Change	$-x$	$+x$	$+x$
Equilibrate	$2.5 - x$	x	x

$$K_a = 4.6 \times 10^{-4} = \frac{[H_3O^+][NO_2^-]}{[HNO_2]} = \frac{x^2}{2.5 - x} = \frac{x^2}{2.5} \quad (x \text{ is small})$$

$$x = \sqrt{2.5 \times 4.6 \times 10^{-4}} = 0.034$$

$$[H_3O^+] = 0.034 \text{ M}$$

$$\% \text{ ionization} = \frac{[H_3O^+]_{equil}}{[HNO_2]_{init}} \times 100\% = 1.4\%$$

对于同种弱酸,相同温度下,酸的浓度越大,平衡时氢离子浓度越大,但酸的电离度(percent ionization)越小。

例题精讲 22

Find the pH of a mixture that is 0.150 M in HF and 0.100 M in HClO.

SOLUTION：

$$HF(aq) + H_2O(l) \rightleftharpoons H_3O^+(aq) + F^-(aq) \qquad K_a = 3.5 \times 10^{-4}$$

$$HClO(aq) + H_2O(l) \rightleftharpoons H_3O^+(aq) + ClO^-(aq) \quad K_a = 2.9 \times 10^{-8}$$

$$H_2O(l) + H_2O(l) \rightleftharpoons H_3O^+(aq) + OH^-(aq) \qquad K_w = 1.0 \times 10^{-14}$$

Since the equilibrium constant for the ionization of HF is about 12 000 times larger than that for the ionization of HClO, the contribution of HF to $[H_3O^+]$ is by far the greatest. You can therefore just calculate the $[H_3O^+]$ formed by HF and neglect the other two potential sources of H_3O^+.

$$HF(aq) + H_2O(l) \rightleftharpoons H_3O^+(aq) + F^-(aq)$$

Initial	0.150	≈0.00	0.00
Change	$-x$	$+x$	$+x$
Equilibrate	$0.150-x$	x	x

$$K_a = 3.5 \times 10^{-4} = \frac{[H_3O^+][F^-]}{[HF]} = \frac{x^2}{0.150-x} = \frac{x^2}{0.150}(x \text{ is small})$$

$$x = \sqrt{0.150 \times 3.5 \times 10^{-4}} = 7.2 \times 10^{-3}$$

$$[H_3O^+] = 7.2 \times 10^{-3} \text{ M}$$

$$pH = -\lg(7.2 \times 10^{-3}) = 2.14$$

若弱碱初始浓度为 c，则

$$[OH^-] = \sqrt{K_b c}$$

此式在 $c/K_b > 400$ 才可应用。

例题精讲 23

What is the OH^- concentration and pH in each solution?

(a) 0.225 M KOH   (b) 0.0015 M $Sr(OH)_2$

SOLUTION:

(a) $KOH(aq) \longrightarrow K^+(aq) + OH^-(aq)$

$[OH^-] = 0.225$ M

$[H_3O^+][OH^-] = K_w = 1.0 \times 10^{-14}$

$[H_3O^+] = 4.44 \times 10^{-14}$ M

$pH = -\lg[H_3O^+] = -\lg(4.44 \times 10^{-14}) = 13.35$

(b) $Sr(OH)_2(aq) \longrightarrow Sr^{2+}(aq) + 2 OH^-(aq)$

$[OH^-] = 2 \times 0.0015$ M $= 0.0030$ M

$[H_3O^+][OH^-] = K_w = 1.0 \times 10^{-14}$

$[H_3O^+] = 3.3 \times 10^{-12}$ M

$pH = -\lg[H_3O^+] = -\lg(3.3 \times 10^{-12}) = 11.48$

例题精讲 24

Find the $[OH^-]$ and pH of a 0.100 M NH_3 solution.

SOLUTION：

$$NH_3(aq) + H_2O(l) \rightleftharpoons NH_4^+(aq) + OH^-(aq)$$

Initial	0.100	0.00	≈ 0.00
Change	$-x$	$+x$	$+x$
Equilibrate	$0.100 - x$	x	x

$$K_b = 1.76 \times 10^{-5} = \frac{[NH_4^+][OH^-]}{[NH_3]} = \frac{x^2}{0.100 - x} = \frac{x^2}{0.100} \ (x \text{ is small})$$

$$x = \sqrt{0.100 \times 1.76 \times 10^{-5}} = 1.33 \times 10^{-3}$$

$$[OH^-] = 1.33 \times 10^{-3} \text{ M}$$

$$pH = -\lg[H_3O^+] = -\lg\frac{K_w}{[OH^-]} = -\lg\frac{1.00 \times 10^{-14}}{1.33 \times 10^{-3}} = 11.124$$

6.5.4 盐溶液的酸碱性

盐的种类有很多,根据生成盐的酸和碱的强弱,可以将盐类分为强酸强碱盐、强酸弱碱盐和强碱弱酸盐。强酸强碱盐的水溶液是中性的,由于盐类的水解(hydrolysis),强酸弱碱盐是酸性的,强碱弱酸盐是碱性的。

阴离子可以看作是酸的共轭碱(表 6-4):

表 6-4　酸 和 共 轭 碱

阴离子	酸
Cl^-	HCl
F^-	HF
NO_3^-	HNO_3
$C_2H_3O_2^-$	$HC_2H_3O_2$

弱酸的电离常数 K_a 和酸的共轭碱的 K_b 的乘积是 K_w:

$$K_a \times K_b = K_w \quad \text{or} \quad pK_a + pK_b = 14$$

弱酸的酸性越强,它的共轭碱的碱性就越弱(图 6-3)。

	酸	碱	
强酸	HCl	Cl⁻	不水解
	H_2SO_4	HSO_4^-	
	HNO_3	NO_3^-	
	H_3O^+	H_2O	
弱酸	HSO_4^-	SO_4^{2-}	弱碱
	H_2SO_3	HSO_3^-	
	H_3PO_4	$H_2PO_4^-$	
	HF	F^-	
	$HC_2H_3O_2$	$C_2H_3O_2^-$	
	H_2CO_3	HCO_3^-	
	H_2S	HS^-	
	HSO_3^-	SO_3^{2-}	
	$H_2PO_4^-$	HPO_4^{2-}	
	HCN	CN^-	
	NH_4^+	NH_3	
	HCO_3^-	CO_3^{2-}	
	HPO_4^{2-}	PO_4^{3-}	
	H_2O	OH^-	
无酸性	HS^-	S^{2-}	强碱
	OH^-	O^{2-}	

酸的强度 ← → 碱的强度

图 6-3 共轭酸碱对的强弱

例题精讲 25

Classify each anion as a weak base or pH-neutral:

(a) NO_3^-

(b) NO_2^-

(c) $C_2H_3O_2^-$

SOLUTION:

(a) NO_3^- is the conjugate base of a strong acid (HNO_3) and is therefore pH-neutral.

(b) NO_2^- is the conjugate base of a weak acid (HNO_2) and is therefore a weak base.

(c) $C_2H_3O_2^-$ is the conjugate base of a weak acid ($HC_2H_3O_2$) and is therefore a weak base.

例题精讲 26

Find the pH of a 0.100 M $NaCHO_2$ solution. The salt completely dissociates into Na^+ (aq) and CHO_2^- (aq), and the Na^+ ion has no acid or base properties.

SOLUTION:

$$CHO_2^-(aq) + H_2O(l) \rightleftharpoons HCHO_2(aq) + OH^-(aq)$$

	CHO_2^-	$HCHO_2$	OH^-
Initial	0.100	0.00	≈ 0.00
Change	$-x$	$+x$	$+x$
Equilibrate	$0.100-x$	x	x

$$K_a \times K_b = K_w$$

$$K_b = \frac{K_w}{K_a} = \frac{1.0 \times 10^{-14}}{1.8 \times 10^{-4}} = 5.6 \times 10^{-11}$$

$$= \frac{[HCHO_2][OH^-]}{[CHO_2^-]} = \frac{x^2}{0.100-x} = \frac{x^2}{0.100}(x \text{ is small})$$

$$x = 2.4 \times 10^{-6}$$

$$[OH^-] = 2.4 \times 10^{-6} \text{ M}$$

$$[H^+] = \frac{K_w}{[OH^-]} = \frac{1.0 \times 10^{-14}}{2.4 \times 10^{-6}} = 4.2 \times 10^{-9}$$

$$pH = -\lg[H^+] = 8.38$$

可以把阳离子分为三种：强碱电离出的阳离子、作为弱碱的共轭酸的阳离子、离子半径较小、带电荷数高的阳离子。强碱电离出的阳离子虽然与水有作用力(ion-dipole forces)，但不会影响水的电离，所以溶液呈中性。作为弱碱的共轭酸的阳离子是未电离的弱碱结合氢离子形成的(表 6-5)。

表 6-5　弱碱的共轭酸

阳　离　子	弱　　碱
NH_4^+	NH_3
$C_2H_5NH_3^+$	$C_2H_5NH_2$
$CH_3NH_3^+$	CH_3NH_2

弱碱的共轭酸是一种弱酸。共轭酸溶液的 pH 与弱酸溶液 pH 的计算方法相同，而共轭酸溶液的 K_a 需要用弱碱的 K_b 根据 $K_a \times K_b = K_w$ 计算得到。

离子半径数小，带电荷数高的阳离子，如 Al^{3+} 和 Fe^{3+} 可形成弱酸性溶液。

例题精讲 27

Classify each cation as a weak acid or pH-neutral.

(a) $C_5H_5NH^+$

(b) Ca^{2+}

(c) Cr^{3+}

SOLUTION：

(a) The $C_5H_5NH^+$ cation is the conjugate acid of a weak base and is therefore a weak acid.

(b) The Ca^{2+} cation is the counterion of a strong base and is therefore pH-neutral (neither acidic nor basic).

(c) The Cr^{3+} cation is a small, highly charged metal cation and is therefore a weak acid.

例题精讲 28

Determine if the solution formed by each salt is acidic, basic, or neutral.

(a) $SrCl_2$

(b) $AlBr_3$

(c) $CH_3NH_3NO_3$

(d) $NaCHO_2$

(e) NH_4F

SOLUTION：

(a) The Sr^{2+} cation is the counterion of a strong base $[Sr(OH)_2]$ and is pH-neutral. The Cl^- anion is the conjugate base of a strong acid (HCl) and is pH-neutral as well. The $SrCl_2$ solution is therefore pH-neutral (neither acidic nor basic).

(b) The Al^{3+} cation is a small, highly charged metal ion (that is not an alkali metal or an alkaline earth metal) and is a weak acid. The Br^- anion is the conjugate base of a strong acid (HBr) and is pH-neutral. The $AlBr_3$ solution is therefore acidic.

(c) The $CH_3NH_3^+$ ion is the conjugate acid of a weak base (CH_3NH_2) and is acidic. The NO_3^- anion is the conjugate base of a strong acid (HNO_3) and is pH-neutral. The $CH_3NH_3NO_3$ solution is therefore acidic.

(d) The Na^+ cation is the counterion of a strong base and is pH-neutral. The CHO_2^- anion is the conjugate base of a weak acid and is basic. The $NaCHO_2$ solution is therefore basic.

(e) The NH_4^+ ion is the conjugate acid of a weak base (NH_3) and is acidic. The F^- ion is the conjugate base of a weak acid and is basic. To determine the overall acidity or basicity of the solution, compare the values of K_a for the acidic cation and K_b for the basic anion. Obtain each value of K from the conjugate by using $K_a * K_b = K_w$.

有一些酸分子中含有两个或多个可电离的质子(ionizable protons)，称为多元酸(polyprotic acids)。多元弱酸在水溶液中分步电离(successive steps)，每一步电离都有自己的电离常数 K_a

国际课程导学——AP化学

(表 6 - 6),K_{a1} 表示第一步电离的电离常数,K_{a2} 表示第二步电离的电离常数,以此类推。

表 6 - 6　25 ℃时常见多元酸的电离常数

名　　称	化学式	结　构	比例模型	K_{a1}	K_{a2}	K_{a3}
Sulfuric Acid	H_2SO_4	$O=S(=O)(OH)OH$		Strong	1.2×10^{-2}	
Oxalic Acid	$H_2C_2O_4$	$HO-C(=O)-C(=O)-OH$		6.0×10^{-2}	6.1×10^{-5}	
Sulfurous Acid	H_2SO_3	$HO-S(=O)-OH$		1.6×10^{-2}	6.4×10^{-8}	
Phosphoric Acid	H_3PO_4	$HO-P(=O)(OH)-OH$		7.5×10^{-3}	6.2×10^{-8}	4.2×10^{-13}
Carbonic Acid	H_2CO_3	$HO-C(=O)-OH$		4.3×10^{-7}	5.6×10^{-11}	

多元弱酸的第二步电离的电离常数明显小于第一步电离的,所以第二步电离出的氢离子是远少于第一步的,所以多元弱酸的氢离子浓度可以由第一步电离求得。

例题精讲 29

Find the pH of a 0.100 M ascorbic acid ($H_2C_6H_6O_6$) solution.

SOLUTION:

$$H_2C_6H_6O_6(aq) + H_2O(l) \rightleftharpoons H_3O^+(aq) + HC_6H_6O_6^-(aq)$$

Initial	0.100	$\approx$0.00	0.00
Change	$-x$	$+x$	$+x$
Equilibrate	$0.100-x$	x	x

$$K_a = \frac{[H_3O^+][HC_6H_6O_6^-]}{[H_2C_6H_6O_6]} = \frac{x^2}{0.100-x} = \frac{x^2}{0.100}\ (x\ is\ small)$$

$$x = 2.8\times10^{-3}[H_3O^+] = 2.8\times10^{-3}\ M$$

$$pH = -lg[H_3O^+] = 2.55$$

160

例题精讲 30

Find the pH of a 0.010 0 M sulfuric acid (H_2SO_4) solution.

SOLUTION:

$$H_2SO_4(aq) + H_2O(l) \longrightarrow H_3O^+(aq) + HSO_4^-(aq) \quad \text{Strong}$$

$$HSO_4^-(aq) + H_2O(l) \rightleftharpoons H_3O^+(aq) + SO_4^{2-}(aq) \quad K_{a2} = 0.012$$

$$HSO_4^-(aq) + H_2O(l) \rightleftharpoons H_3O^+(aq) + SO_4^{2-}(aq)$$

Initial	0.010 0	$\approx$ 0.010 0	0.00
Change	$-x$	$+x$	$+x$
Equil	0.010 0 $-x$	0.010 0 $+x$	x

$$K_{a2} = \frac{[H_3O^+][SO_4^{2-}]}{[HSO_4^-]} = \frac{(0.010\ 0 + x)x}{0.010\ 0 - x}$$

$$x = -0.027(舍) \text{ or } x = 0.0045$$

$$[H_3O^+] = 0.010\ 0 + x = 0.014\ 5 M$$

$$pH = -\lg[H_3O^+] = 1.84$$

例题精讲 31

Find the $[C_6H_6O_6^{2-}]$ of the 0.100 M ascorbic acid ($H_2C_6H_6O_6$) solution.

SOLUTION:

$$H_2C_6H_6O_6(aq) + H_2O(l) \rightleftharpoons H_3O^+(aq) + HC_6H_6O_6^-(aq)$$

Initial	2.8×10^{-3}	2.8×10^{-3}	0.00
Change	$-x$	$+x$	$+x$
Equil	$2.8 \times 10^{-3} - x$	$2.8 \times 10^{-3} + x$	x

$$K_{a2} = \frac{[H_3O^+][C_6H_6O_6^{2-}]}{[HC_6H_6O_6^-]} = \frac{(2.8 \times 10^{-3} + x)x}{2.8 \times 10^{-3} - x} = \frac{2.8 \times 10^{-3}x}{2.8 \times 10^{-3}}(x \text{ is small})$$

$$x = K_{a2} = 1.6 \times 10^{-12}$$

$$[C_6H_6O_6^{2-}] = 1.6 \times 10^{-12} M$$

6.6 ◆ 酸碱电离平衡的移动
Shift of Acid-Base Ionization Equilibrium

改变体系中参与平衡的某种离子的浓度,使平衡向指定方向移动,称为同离子效应(the common ion effect)。向弱电解质溶液中加入具有同一种离子的强电解质,平衡向左移动,电离度降低;减小电离平衡产物离子的浓度,平衡向右移动。

两种含有相同离子的盐(或酸、碱)溶于水时,它们的溶解度(或酸、碱度)都降低。

混合溶液的氢离子(或氢氧根离子)浓度,共轭酸碱浓度可归纳成如下关系

$$[H_3O^+] = K_a \frac{c(\text{弱酸})}{c(\text{共轭碱})}, \ pH = pK_a + \lg \frac{c(\text{共轭碱})}{c(\text{弱酸})}$$

$$[OH^-] = K_b \frac{c(\text{弱碱})}{c(\text{共轭酸})}, \ pOH = pK_b + \lg \frac{c(\text{共轭酸})}{c(\text{弱碱})}$$

二元弱酸分步的电离:

如 H_2S 的电离

$$H_2S + H_2O \rightleftharpoons H_3O^+ + HS^- \qquad K_{a_1} = \frac{[H_3O^+][HS^-]}{[H_2S]}, \ \frac{[HS^-]}{[H_2S]} = \frac{K_{a_1}}{[H_3O^+]}$$

$$HS^- + H_2O \rightleftharpoons H_3O^+ + S^{2-} \qquad K_{a_2} = \frac{[H_3O^+][S^{2-}]}{[HS^-]}, \ \frac{[S^{2-}]}{[HS^-]} = \frac{K_{a_2}}{[H_3O^+]}$$

在氢硫酸中硫元素的主要存在形式为 H_2S、HS^-、S^{2-} 等,其平衡浓度随 $[H_3O^+]$ 不同而不同。

通过调节弱酸(碱)溶液的酸度来改变溶液中共轭酸碱对浓度。通过调节溶液中共轭酸碱对的比值,控制溶液的酸(碱)度。

6.7 ◈ 缓 冲 溶 液 Buffers

缓冲作用(buffer action)是指能缓解外加少量酸、碱或水的影响,而保持溶液 pH 不发生显著变化的作用。

缓冲溶液(buffers or buffer solution)是指具有缓冲能力的溶液。缓冲溶液一般是由弱酸与弱酸的共轭碱组成或由弱碱和弱碱的共轭酸组成。

缓冲溶液的应用有:用氢氧化物沉淀法分离 Al^{3+} 与 Mg^{2+} 时,若用氨水和氯化铵的混合溶液作为缓冲溶液,保持溶液 pH 在 9 左右就能使 Al^{3+} 沉淀完全而与 Mg^{2+} 分离;化学反应中,如伴随 H_3O^+ 的产生或消耗,可用缓冲溶液,控制溶液 pH,减小其对反应的影响;土壤由于硅酸、磷酸、腐殖酸等及其共轭碱的缓冲作用,得以使 pH 保持在 5～8 之间,适宜农作物的生长;血液中的缓冲液由碳酸(carbonic acid)和它的共轭碱碳酸氢根离子(bicarbonate ion)组成。当缓冲液中加入碱时,弱酸与碱反应。当缓冲液中加入酸时,共轭碱与酸发生反应。通过这种方式,缓冲液可以保持几乎恒定的 pH(constant pH)。已知弱酸的电离平衡常数,可以利用亨德森—哈塞尔巴尔赫方程(Henderson-Hasselbalch equation)计算缓冲溶液的 pH:

$$pH = pK_a + \lg \frac{[\text{base}]}{[\text{acid}]}$$

配制某 pH 缓冲溶液时,要选用 pK_a 或 pK_b 等于或接近于该 pH 的共轭酸碱对。缓冲溶液的有效范围(effective range)是 $pK_a \pm 1$。溶液中酸和共轭碱浓度较大的缓冲溶液是更有效的缓冲溶液。缓冲成分浓度越小,缓冲效果越差。保持共轭酸碱对的浓度接近,一般以 1∶1 的溶液缓冲能力最大。

例题精讲 32

Which acid would you choose to combine with its sodium salt to make a solution buffered at pH 4.25? For the best choice, calculate the ratio of the conjugate base to the acid required to attain the desired pH.

chlorous acid (HClO$_2$)　pK$_a$=1.95　　nitrous acid (HNO$_2$)　　　pK$_a$=3.34

formic acid (HCHO$_2$)　pK$_a$=3.74　　hypochlorous acid (HClO)　pK$_a$=7.54

SOLUTION:

The best choice is formic acid because its pK$_a$ lies closest to the desired pH. You can calculate the ratio of conjugate base (CHO$_2^-$) to acid (HCHO$_2$) required as follows:

$$pH = pK_a + \lg \frac{[base]}{[acid]}$$

$$\lg \frac{[base]}{[acid]} = 4.25 - 3.74 = 0.51$$

$$\frac{[base]}{[acid]} = 3.24$$

例题精讲 33

Calculate the pH of a buffer solution that is 0.100 M in HC$_2$H$_3$O$_2$ and 0.100 M in NaC$_2$H$_3$O$_2$

SOLUTION:

$$HC_2H_3O_2(aq) + H_2O(l) \Longrightarrow H_3O^+(aq) + C_2H_3O_2^-(aq)$$

Initial	0.100	≈0.00	0.100
Change	$-x$	$+x$	$+x$
Equilibrate	$0.100-x$	x	$0.100+x$

$$K_a = \frac{[H_3O^+][C_2H_3O_2^-]}{[HC_2H_3O]} = \frac{x(0.100+x)}{0.100-x} = x \,(x \text{ is small})$$

$$= 1.8 \times 10^{-5}$$

$$[H_3O^+] = 1.8 \times 10^{-5} \text{ M}$$

$$pH = -\lg[H_3O^+] = 4.74$$

例题精讲 34

Calculate the pH of a buffer solution that is 0.050 M in benzoic acid (HC$_7$H$_5$O$_2$) and 0.150 M in sodium benzoate (NaC$_7$H$_5$O$_2$). For benzoic acid, $K_a = 6.5 \times 10^{-5}$.

SOLUTION:

$$pH = pK_a + \lg \frac{[base]}{[acid]} = -\lg(6.5 \times 10^{-5}) + \lg \frac{0.150}{0.050} = 4.187 + 0.477 = 4.66$$

例题精讲 35

A 1.0 L buffer solution contains 0.100 mol $HC_2H_3O_2$ and 0.100 mol $NaC_2H_3O_2$. The value of K_a for $HC_2H_3O_2$ is 1.8×10^{-5}. Because the initial amounts of acid and conjugate base are equal, the pH of the buffer is equal to $pK_a = -\lg(1.8\times10^{-5}) = 4.74$. Calculate the new pH after adding 0.010 mol of solid NaOH to the buffer. For comparison, calculate the pH after adding 0.010 mol of solid NaOH to 1.0 L of pure water. (Ignore any small changes in volume that might occur upon addition of the base.)

SOLUTION:

$$OH^-(aq) + HC_2H_3O_2(aq) \longrightarrow H_2O(l) + C_2H_3O_2^-$$

Before addition	≈ 0.00	0.100	0.100
Addition	0.010		
After addition	≈ 0.00	0.090	0.110

$$HC_2H_3O_2(aq) + H_2O(l) \rightleftharpoons H_3O^+(aq) + C_2H_3O_2^-(aq)$$

Initial	0.090	≈ 0.00	0.110
Change	$-x$	$+x$	$+x$
Equilibrate	$0.090-x$	x	$0.110+x$

$$K_a = \frac{[H_3O^+][C_2H_3O_2^-]}{[HC_2H_3O]} = \frac{x(0.110+x)}{0.090-x} = \frac{x \times 0.110}{0.090}(x \text{ is small}) = 1.8\times10^{-5}$$

$$[H_3O^+] = 1.47\times10^{-5} \text{ M}$$

$$pH = -\lg[H_3O^+] = 4.83$$

The pH of 1.0 L of water after adding 0.010 mol of NaOH is calculated from the $[OH^-]$. For a strong base, $[OH^-]$ is simply the number of moles of OH^- divided by the number of liters of solution.

$$[OH^-] = \frac{0.010 \text{ mol}}{1.0 \text{ L}} = 0.010 \text{ M}$$

$$pOH = -\lg[OH^-] = 2.00 \qquad pH = 14.00 - pOH = 14.00 - 2.00 = 12.00$$

The new pH after adding 0.010 mol of solid NaOH to the buffer: pH = 4.83

The pH after adding 0.010 mol of solid NaOH to 1.0 L of pure water: pH = 12.00

例题精讲 36

Calculate the pH of a buffer solution that is 0.50 M in NH_3 and 0.20 M in NH_4Cl. For ammonia, $pK_b = 4.75$.

SOLUTION：

$$pK_a = 14 - pK_b = 14 - 4.75 = 9.25$$

$$pH = pK_a + \lg \frac{[base]}{[acid]} = 9.25 + \lg \frac{0.50}{0.20} = 9.65$$

6.8 ◆ 酸碱中和反应 Acid-Base Neutralization Reaction

6.8.1 中和反应的类型

中和反应(neutralization reaction)的实质是水溶液中溶质之间质子的传递。

在水溶液中，溶质强酸和强碱均完全电离，反应完全进行。

$$H_3O^+ + OH^- \longrightarrow H_2O + H_2O$$

混合液的酸度主要由剩余的强酸(或强碱)的浓度来决定。

溶质强酸完全电离，而弱碱不完全电离，中和反应完全进行。以强酸和弱碱氨水(aqueous ammonia)的反应过程为例：

$$H_3O^+ + NH_3 \cdot H_2O \Longrightarrow NH_4^+ + 2H_2O$$

恰好中和时，溶液中存在一定量共轭酸 NH_4^+，故溶液显酸性。

$$[OH^-] = K_b \frac{c(NH_3 \cdot H_2O)}{c(NH_4^+)}$$

溶质强碱完全电离，而弱酸部分电离，中和反应完全进行。以弱酸醋酸和强碱的反应过程为例：

$$OH^- + CH_3COOH \Longrightarrow CH_3COO^- + H_2O$$

恰好中和时，溶液中存在一定量的共轭碱 CH_3COO^-，故溶液显碱性。

$$[H_3O^+] = K_a \frac{c(CH_3COOH)}{c(CH_3COO^-)}$$

反应不能完全进行，进行的程度取决于酸碱的强弱。以弱酸 H_2CO_3 和弱碱 SiO_3^{2-} 的反应过程为例：

$$H_2CO_3 + SiO_3^{2-} \Longrightarrow HSiO_3^- + HCO_3^-$$

$$H_2CO_3 + HSiO_3^- \Longrightarrow H_2SiO_3 + HCO_3^-$$

这两个反应的平衡常数分别是

$$K_1 = \frac{[HSiO_3^-][HCO_3^-]}{[H_2CO_3][SiO_3^{2-}]} \times \frac{[H_2O]}{[H_2O]} = \frac{K_{a_1}(H_2CO_3)}{K_{a_2}(H_2SiO_3)} = \frac{4.5 \times 10^{-7}}{2 \times 10^{-12}} = 2 \times 10^5$$

$$K_2 = \frac{[\mathrm{H_2SiO_3}][\mathrm{HCO_3^-}]}{[\mathrm{H_2CO_3}][\mathrm{HSiO_3^-}]} \times \frac{[\mathrm{H_2O}]}{[\mathrm{H_2O}]} = \frac{K_{a_1}(\mathrm{H_2CO_3})}{K_{a_1}(\mathrm{H_2SiO_3})} = \frac{4.5 \times 10^{-7}}{1 \times 10^{-10}} = 5 \times 10^3$$

6.8.2 中和滴定和滴定曲线

在酸碱滴定(acid-base titration)中,未知浓度(unknown concentration)的碱(或酸)溶液与已知浓度的酸(或碱)溶液反应。将已知浓度溶液缓慢滴加到未知浓度溶液中,同时用 pH 计(pH meter)或酸碱指示剂(indicator)监测溶液的 pH。在酸碱恰好完全反应时达到等当量点(equivalence point),滴定就完成了(图 6-4)。

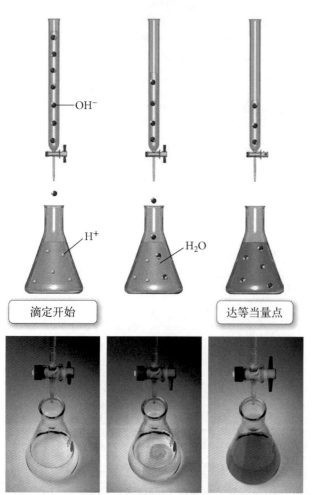

图 6-4 酸碱中和滴定

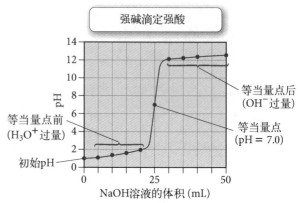

图 6-5 氢氧化钠溶液滴定盐酸的滴定曲线

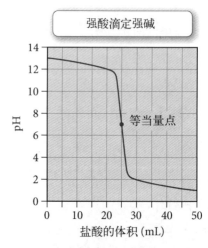

图 6-6 盐酸滴定氢氧化钠溶液的滴定曲线

滴定过程中溶液 pH 随滴加溶液体积变化所绘制的曲线称为滴定曲线。强碱滴定强酸的滴定曲线如图 6-5 所示:

初始 pH(initial pH)是待滴定的盐酸的 pH 值。在等当量点前,$\mathrm{H_3O^+}$ 过量(excess)。计算 $[\mathrm{H_3O^+}]$ 的方法是用初始 $\mathrm{H_3O^+}$ 的物质的量减去加入的 $\mathrm{OH^-}$ 的物质的量,然后除以总体积。在等当量点时,反应物恰好完全反应,溶液呈中性,pH=7.00。超过等当量点时,$\mathrm{OH^-}$ 过量。计算 $[\mathrm{OH^-}]$ 的方法是用加入的 $\mathrm{OH^-}$ 的物质的量减去 $\mathrm{H_3O^+}$ 的初始物质的量,然后除以总体积。

盐酸滴定 NaOH 溶液的滴定曲线如图 6-6 所示。

例题精讲 37

A 50.0 mL sample of 0.200 M sodium hydroxide is titrated with 0.200 M nitric acid. Calculate pH：

(a) after adding 30.00 mL of HNO_3　　　(b) at the equivalence point

SOLUTION：

(a)

$$moles\ NaOH = 0.050\ 0\ L \times \frac{0.200\ mol}{1\ L} = 0.010\ 0\ mol$$

$$moles\ OH^- = 0.010\ 0\ mol$$

$$moles\ HNO_3 = 0.030\ 0\ L \times \frac{0.200\ mol}{1\ L} = 0.006\ 0\ mol\ HNO_3$$

$$OH^-(aq)\ +\ H_3O^+(aq)\ \longrightarrow\ 2\ H_2O(l)$$

Before addition	0.010 0 mol	≈0.00 mol
Addition		0.006 00 mol
After addition	0.004 0 mol	≈0.00 mol

$$[OH^-] = \frac{0.004\ 0\ mol}{0.050\ 0\ L + 0.030\ 0\ L} = 0.050\ 0\ M$$

$$pOH = -\lg[OH^-] = -\lg 0.050\ 0 = 1.30$$

$$pH = 14 - pOH = 14 - 1.30 = 12.70$$

(b) pH＝7.00

强碱滴定弱酸的滴定曲线如图 6-7 所示：

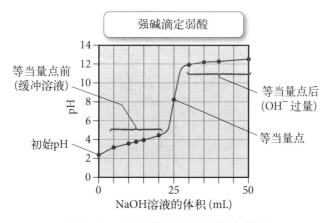

图 6-7　强碱滴定弱酸的滴定曲线

初始 pH 为待滴定弱酸溶液的 pH。用弱酸的浓度作为初始浓度,通过弱酸的浓度和电离常数计算 pH。在初始 pH 和等当量点之间,溶液成为缓冲溶液。通过化学方程式可以计算每个缓冲溶液中弱酸和共轭碱的物质的量浓度,然后计算 pH。当 NaOH 的量到达等当量点一半时,弱酸和共轭碱的物质的量浓度相等,pH＝pK$_a$。在等当量点,弱酸全部转化为它的共轭碱,通过共轭碱的 K_b 可以计算溶液的 pH。超过等当量点后,OH$^-$ 过量,计算[OH$^-$]的方法是用加入的 OH$^-$ 的物质的量减去弱酸的初始物质的量,然后除以总体积。

例题精讲 38

A 40.0 mL sample of 0.100 M HNO$_2$ is titrated with 0.200 M KOH. Calculate:

(a) the volume required to reach the equivalence point

(b) the pH after adding 5.00 mL of KOH

(c) the pH at one-half the equivalence point

SOLUTION:

(a) mol HNO$_2$ $=0.040\ 0$ L $\times \dfrac{0.100\ \text{mol}}{\text{L}} = 4.00 \times 10^{-3}$ mol

mol KOH required $= 4.00 \times 10^{-3}$ mol

volume KOH solution $= 4.00 \times 10^{-3}$ mol $\times \dfrac{1\ \text{L}}{0.200\ \text{mol}}$

$=0.020\ 0$ L KOH solution $=20.0$ mL KOH solution

(b) mol OH$^-$ $=5.00 \times 10^{-3}$ L $\times \dfrac{0.200\ \text{mol}}{1\ \text{L}} = 1.00 \times 10^{-3}$ mol OH$^-$

$$OH^-(aq) + HNO_2(aq) \longrightarrow H_2O(l) + NO_2^-(aq)$$

	OH$^-$(aq)	HNO$_2$(aq)	H$_2$O(l) + NO$_2^-$(aq)
Before addition	$\approx$0.00 mol	4.00×10^{-3} mol	0.00 mol
Addition	1.00×10^{-3} mol		
After addition	$\approx$0.00 mol	3.00×10^{-3} mol	1.00×10^{-3} mol

$$pH = pK_a + \lg \dfrac{[\text{base}]}{[\text{acid}]} = 3.34 + \lg \dfrac{1.00 \times 10^{-3}}{3.00 \times 10^{-3}} = 2.86$$

(c)
$$OH^-(aq) + HNO_2(aq) \longrightarrow H_2O(l) + NO_2^-(aq)$$

	OH$^-$(aq)	HNO$_2$(aq)	H$_2$O(l) + NO$_2^-$(aq)
Before addition	$\approx$0.00 mol	4.00×10^{-3} mol	0.00 mol
Addition	2.00×10^{-3} mol		
After addition	$\approx$0.00 mol	2.00×10^{-3} mol	2.00×10^{-3} mol

$$pH = pK_a + \lg \dfrac{[\text{base}]}{[\text{acid}]} = 3.34 + \lg \dfrac{2.00 \times 10^{-3}}{2.00 \times 10^{-3}} = 3.34$$

强酸滴定弱碱的滴定曲线如图 6-8 所示:

强酸滴定弱碱的滴定曲线与强碱滴定弱酸的滴定曲线相似,主要区别是起始 pH＞7,等当量点时溶液呈酸性(acidic equivalence point)。

当用强碱滴定二元酸(diprotic acid)时,如果二元酸的 K_{a1} 和 K_{a2} 相差足够大(sufficiently different),滴定曲线将有两个等当量点。图 6-9 表示用 0.100 M NaOH 滴定 25.0 mL 的 0.100 M H$_2$SO$_3$。

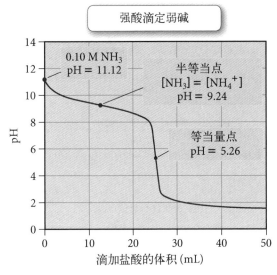

图 6-8 强酸滴定弱碱的滴定曲线

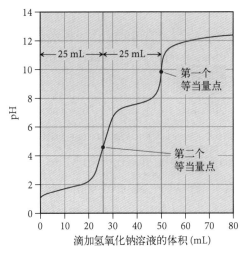

图 6-9 强碱滴定二元酸的滴定曲线

通常可以用 pH 计(pH meter)或酸碱指示剂(indicator)来指示溶液的 pH 值(表 6-7)。利用酸碱指示剂的变色点确定反应的等当量点。

表 6-7 一些酸碱指示剂的变色范围

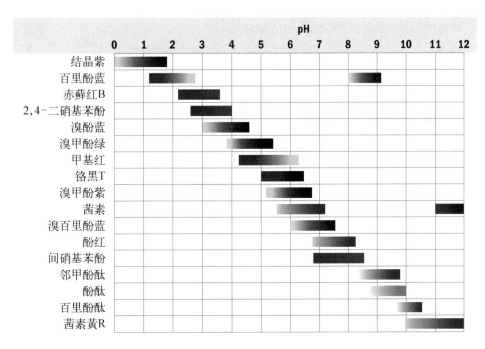

课后练习Exercise

1. In each reaction，identify the Brønsted-Lowry acid，the Brønsted-Lowry base，the conjugate acid，and the conjugate base.

   (a) $C_5H_5N(aq) + H_2O(l) \rightleftharpoons C_5H_5NH^+(aq) + OH^-(aq)$

   (b) $HNO_3(aq) + H_2O(l) \rightleftharpoons H_3O^+(aq) + NO_3^-(aq)$

2. Calculate $[H_3O^+]$ at 25 ℃ for each solution and determine if the solution is acidic, basic, or neutral.

   (a) $[OH^-]=1.5\times10^{-2}$ M   (b) $[OH^-]=1.0\times10^{-7}$ M   (c) $[OH^-]=8.2\times10^{-10}$ M

3. Calculate the pH of each solution and indicate whether the solution is acidic or basic.

   (a) $[H_3O^+]=9.5\times10^{-9}$ M   (b) $[OH^-]=7.1\times10^{-3}$ M

4. Calculate the $[H_3O^+]$ for a solution with a pH of 8.37.

5. Find the H_3O^+ concentration of a 0.250 M hydrofluoric acid solution.

6. Find the pH of a 0.0150 M acetic acid solution.

7. A 0.175 M weak acid solution has a pH of 3.25. Find K_a for the acid.

8. Find the percent ionization of a 0.250 M $HC_2H_3O_2$ solution at 25 ℃.

9. Find the ClO^- concentration of the 6.22 mixture of HF and HClO.

10. Find the $[OH^-]$ and pH of a 0.010 M $Ba(OH)_2$ solution.

11. Find the $[OH^-]$ and pH of a 0.33 M methylamine solution.

12. Classify each anion as a weak base or pH-neutral:

    (a) CHO_2^-

    (b) ClO_4^-

13. Find the pH of a 0.250 M $NaC_2H_3O_2$ solution.

14. Classify each cation as a weak acid or pH-neutral.

    (a) Li^+ (b) $CH_3NH_3^+$ (c) Fe^{3+}

15. Determine if the solution formed by each salt is acidic, basic, or neutral.

    (a) $NaHCO_3$ (b) $CH_3CH_2NH_3Cl$ (c) KNO_3 (d) $Fe(NO_3)_3$

16. Find the pH of a 0.050 M H_2CO_3 solution.

17. Find the pH and $[SO_4^{2-}]$ of a 0.007 5 M sulfuric acid solution.

18. Find the $[CO_3^{2-}]$ of the 0.050 M carbonic acid (H_2CO_3) solution.

19. Calculate the pH of the buffer that results from mixing 60.0 mL of 0.250 M $HCHO_2$ and 15.0 mL of 0.500 M $NaCHO_2$.

20. Calculate the pH of a buffer solution that is 0.250 M in HCN and 0.170 M in KCN. For HCN, $K_a=4.9\times10^{-10}$ ($pK_a=9.31$). Use both the equilibrium approach and the Henderson-Hasselbalch approach.

21. Calculate the pH of the solution in Example 6.35 upon addition of 0.015 mol of NaOH to the original buffer.

22. Calculate the pH of 1.0 L of the solution in Example 6.36 upon addition of 0.010 mol of solid NaOH to the original buffer solution.

23. Which acid in Example 6.32 would you choose to create a buffer with pH=7.35? If you have 500.0 mL of a 0.10 M solution of the acid, what mass of the corresponding

sodium salt of the conjugate base do you need to make the buffer?

24. Calculate the pH in the titration in Example 6.37 after the addition of 60.0 mL of 0.200 M HNO_3.

25. Express the equilibrium constant for the combustion of propane as shown by the balanced chemical equation:

$$C_3H_8(g) + 5O_2(g) \rightleftharpoons 3CO_2(g) + 4H_2O(g)$$

26. Consider the following chemical equation and equilibrium constant at 25 ℃:

$$2COF_2(g) \rightleftharpoons CO_2(g) + CF_4(g) \quad K_p = 2.2 \times 10^6$$

Calculate the equilibrium constant for the following reaction at 25 ℃:

$$2CO_2(g) + 2CF_4(g) \rightleftharpoons 4COF_2(g) \quad K_p = ?$$

27. Consider the following reaction and corresponding value of K_c:

$$H_2(g) + I_2(g) \rightleftharpoons 2HI(g) \quad K_c = 6.2 \times 10^2 \text{ at } 25 ℃$$

What is the value of K_p at this temperature?

28. Write an equilibrium expression (K_c) for the equation:

$$4HCl(g) + O_2(g) \rightleftharpoons 2H_2O(l) + 2Cl_2(g)$$

29. The reaction between CO and H_2 in $CO(g) + 2H_2(g) \rightleftharpoons CH_3OH(g)$ is carried out with initial concentrations of $[CO] = 0.27$ M and $[H_2] = 0.49$ M. At equilibrium, the concentration of CH_3OH is 0.11 M. Find the equilibrium constant at this temperature.

30. The reaction of CH_4 in $2CH_4(g) \rightleftharpoons C_2H_2(g) + 3H_2(g)$ is carried out with an initial concentration of $[CH_4] = 0.087$ M. At equilibrium, the concentration of H_2 is 0.012 M. Find the equilibrium constant at this temperature.

31. Consider the reaction and its equilibrium constant:

$$N_2O_4(g) \rightleftharpoons 2NO_2(g) \quad K_c = 5.85 \times 10^{-3} \text{(at some temperature)}$$

A reaction mixture contains $[NO_2] = 0.025\ 5$ M and $[N_2O_4] = 0.033\ 1$ M. Calculate Q_c and determine the direction in which the reaction will proceed.

32. Diatomic iodine $[I_2]$ decomposes at high temperature to form I atoms according to the reaction:

$$I_2(g) \rightleftharpoons 2I(g) \quad K_c = 0.011 \text{ at } 1\ 200 ℃$$

In an equilibrium mixture, the concentration of I_2 is 0.10 M. What is the equilibrium concentration of I?

33. Consider the reaction:

$$N_2O_4(g) \rightleftharpoons 2NO_2(g) \quad K_c = 0.36 \text{ (at } 100 ℃)$$

A reaction mixture initially contains only the reactant，$[N_2O_4] = 0.025\ 0$ M，and no NO_2. Find the equilibrium concentrations of N_2O_4 and NO_2.

34. Consider the following reaction in chemical equilibrium：

$$2BrNO(g) \rightleftharpoons 2NO(g) + Br_2(g)$$

What is the effect of adding additional Br_2 to the reaction mixture? What is the effect of adding additional BrNO?

35. Consider the following reaction at chemical equilibrium：

$$2SO_2(g) + O_2(g) \rightleftharpoons 2SO_3(g)$$

What is the effect of decreasing the volume of the reaction mixture? Increasing the volume of the reaction mixture?

36. The following reaction is exothermic：

$$2SO_2(g) + O_2(g) \rightleftharpoons 2SO_3(g)$$

What is the effect of increasing the temperature of the reaction mixture? Decreasing the temperature?

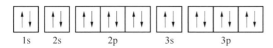
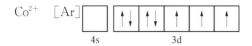
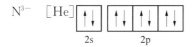

Answers

参 考 答 案

第 1 章

1. (a) $Z=7$，$A=14$，$^{14}_7\mathrm{N}$

   (b) 20 protons，20 neutrons

2. a. Cl $1s^2 2s^2 2p^6 3s^2 3p^5$ or [Ne] $3s^2 3p^5$

   b. Si $1s^2 2s^2 2p^6 3s^2 3p^2$ or [Ne] $3s^2 3p^2$

   c. Sr $1s^2 2s^2 2p^6 3s^2 3p^6 4s^2 3d^{10} 4p^6 5s^2$ or [Kr] $5s^2$

   d. O $1s^2 2s^2 2p^4$ or [He] $2s^2 2p^4$

3. There are no unpaired electrons.

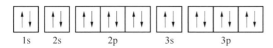

4. $1s^2 2s^2 2p^6 3s^2 3p^3$ or [Ne] $3s^2 3p^3$.

   The 5 electrons in the $3s^2 3p^3$ orbitals are the valence electrons，while the 10 electrons in the $1s^2 2s^2 2p^6$ orbitals belong to the core.

5. [Xe] $6s^2 4f^{14} 5d^{10} 6p^3$

6. (a) [Ar] $4s^0 3d^7$. Co^{2+} is paramagnetic.

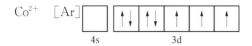

   (b) [He] $2s^2 2p^6$. N^{3-} is diamagnetic.

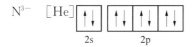

   (c) [Ne] $3s^2 3p^6$. Ca^{2+} is diamagnetic.

Ca^{2+} [Ne] ↑↓ ↑↓ ↑↓ ↑↓
        3s   3p

7. (a) Sn (b) W (c) Se

8. (a) I (b) Ca (c) F

9. (a) 29.8 ℃ (b) 303.0 K

10. The thermometer shown has markings every 1 ℃; thus, the first digit of uncertainty is 0.1. The answer is 103.1 ℃.

11. (a) 0.381   (b) 121.0   (c) 1.174   (d) 8

12. 4.65×10^{-2} mol Ag

13. 0.564 mol Cu

14. 6.53 L

15. 0.214 M $NaNO_3$

16. 667 mL

17. 51.4 mL HNO_3 solution

18. silver nitride.

19. Rb_2S

20. iron(Ⅱ) sulfide

21. RuO_2

22. tin(Ⅱ) chlorate

23. $Co_3(PO_4)_2$

24. dinitrogen pentoxide

25. PBr_3

26. hydrofluoric acid

第 2 章

1. Mg_3N_2

2. $:C \equiv O:$

3.
$$
\begin{array}{c}
:\ddot{O}: \\
\parallel \\
H-C-H
\end{array}
$$

4. $[:\ddot{\underset{..}{C}}l:\ddot{\underset{..}{O}}:]^-$

5.

结　　构	A			B			C		
	$:\ddot{N}=N=\ddot{O}:$			$:N \equiv N-\ddot{\underset{..}{O}}:$			$:\ddot{\underset{..}{N}}-N \equiv O:$		
number of valence e^-	5	5	6	5	5	6	5	5	6
number of nonbonding e^-	4	0	4	2	0	6	6	0	2
(number of bonding e^-)/2	2	4	2	3	4	1	1	4	3
Formal charge	-1	$+1$	0	0	$+1$	-1	-2	$+1$	$+1$

Structure B contribute most to the correct structure of N_2O

6. $[\ddot{\text{O}}=\overset{..}{\text{N}}-\ddot{\text{O}}:]^- \longleftrightarrow [:\ddot{\text{O}}-\overset{..}{\text{N}}=\ddot{\text{O}}:]^-$

7. (a) sp^3, (b) sp^2

8. The xenon atom has six electron groups and therefore has an octahedral electron geometry. An octahedral electron geometry corresponds to sp^3d^2 hybridization.

9. The C atom is sp-hybridized. It forms a sigma bond with the H atom and another sigma bond with the N atom. The two unhybridized p orbitals on the C atom are used to form two pi bonds with the N atom. The lone pair on the N atom is placed in the sp orbital.

10. (a) $:\ddot{\text{F}}-\ddot{\text{O}}-\ddot{\text{F}}:$ (b) $:\ddot{\text{F}}-\text{N}=\text{N}-\ddot{\text{F}}:$ (c) $\begin{array}{c}\text{H}\quad\text{H}\\|\quad\;|\\\text{H}-\text{Si}-\text{Si}-\text{H}\\|\quad\;|\\\text{H}\quad\text{H}\end{array}$ (d) $^-:\ddot{\text{O}}-\text{H}$

(e) $\begin{array}{c}\text{H}\;\;:\ddot{\text{O}}:\\|\quad\;\|\\\text{H}-\text{C}-\text{C}-\ddot{\text{O}}:^-\\|\\:\ddot{\text{Cl}}:\end{array}$ (f) $\begin{array}{c}\text{H}\quad\text{H}\\|\quad\;|\\\text{H}-\text{C}-\overset{+}{\text{N}}-\text{H}\\|\quad\;|\\\text{H}\quad\text{H}\end{array}$

11. (a) $^-:\ddot{\text{O}}-\ddot{\text{O}}:^-$ (b) $^-:\text{C}\equiv\text{C}:^-$ (c) $:\text{N}\equiv\text{O}:^+$

12. (a) The double bond between C and H; the single bond between C and the end O; the lone pair on C atom, the lone pair on O atom.

(b) $\begin{array}{c}\text{H}\;\;:\ddot{\text{O}}:\\|\quad\;\|\\\text{H}-\text{C}-\text{C}-\ddot{\text{O}}-\text{H}\\|\\\text{H}\end{array}$

13. $\begin{array}{c}\text{H}\\|\\\text{H}-\text{C}=\overset{+}{\text{N}}=\ddot{\text{N}}^-\end{array} \longleftrightarrow \begin{array}{c}\text{H}\\|\\\text{H}-\text{C}-\overset{+}{\text{N}}\equiv\text{N}:\end{array}$

14. $\ddot{\text{O}}=\text{C}=\ddot{\text{N}}^- \longleftrightarrow {}^-:\ddot{\text{O}}-\text{C}\equiv\text{N}: \longleftrightarrow :\overset{+}{\ddot{\text{O}}}=\text{C}-\ddot{\text{N}}:^{2-}$

15. $^+\ddot{\text{Cl}}=\overset{2-}{\ddot{\text{Be}}}=\ddot{\text{Cl}}^+$ Not plausible.

16. $\begin{array}{c}\quad\text{Cl}\\\quad|\\\text{Cl}-\text{Sb}-\text{Cl}\\\diagup\qquad\diagdown\\\text{Cl}\qquad\text{Cl}\end{array}$ The octet rule is not obeyed.

17. $\begin{array}{c}\quad\text{Cl}\\\quad|\\\text{Cl}-\overset{-}{\text{Al}}-\text{Cl}\\\quad|\\\quad\text{Cl}\end{array}$ Coordinate covalent bond.

18. tetrahedral; $\begin{array}{c}\quad:\ddot{\text{Cl}}:\\\quad|\\:\ddot{\text{Cl}}-\text{C}-\ddot{\text{Cl}}:\\\quad|\\\quad:\ddot{\text{Cl}}:\end{array}$

19. bent

20. linear

21.

Atom	Number of Electron	Groups Number of Lone Pairs	Molecular Geometry
Carbon (left)	4	0	Tetrahedral
Carbon (right)	3	0	Trigonal planar
Oxygen	4	2	Bent

22. N_2

23. $CH_3 - \ddot{N} = C = \ddot{O} \longleftrightarrow CH_3 - \overset{+}{N} \equiv C - \ddot{O} :^{-}$

24. (c) No bond between C and O. (d) Large formal charges.

25. (a) $\underset{\underset{Cl}{|}}{\overset{\overset{Cl}{|}}{F - C - Cl}}$ (b) $\underset{\underset{Cl}{|}}{\overset{\overset{Cl}{|}}{F - C - F}}$ (c) $\underset{\underset{Cl}{|}}{\overset{\overset{F}{|}}{H - C - F}}$ (d) $\underset{\underset{F}{|} \underset{F}{|}}{\overset{\overset{F}{|} \overset{H}{|}}{F - C - C - F}}$

26. (a) $^{-} : C \equiv O :^{+}$ (b) $: N \equiv O :^{+}$ (c) $^{-} : C \equiv N :$

27. (a) $: \ddot{N} = \ddot{O} \longleftrightarrow ^{-} \ddot{N} = \ddot{O}^{+}$ (b) No

28. b, c

29. HF has a higher boiling point than HCl because, unlike HCl, HF is able to form hydrogen bonds. The hydrogen bond is the strongest of the intermolecular forces and requires more energy to break.

30. 2.1 atm at a depth of approximately 11 m.

31. 123 mL

32. 1.63 atm, 23.9 psi

33. 16.1 L

34. 0.061 0 mol H_2

35. 4.2 atm

36. 12.0 mg H_2

37. $u_{rms} = 238$ m/s

38. a. not soluble; b. soluble; c. not soluble; d. not soluble;

39. a. M=0.415 M; b. m=0.443 m; c. % by mass=13.2%; d. $\chi_{C_{12}H_{22}O_{11}} = 0.007\ 93$

e. mole percent=0.793%

40. 0.600 M

41. 2.30×10^{-6} M

42. 5.3×10^{-13}

43. 1.21×10^{-5} M

44. $FeCO_3$ will be more soluble in an acidic solution than $PbBr_2$ because the CO_3^{2-} ion is a basic anion, whereas Br^{-} is the conjugate base of a strong acid (HBr) and is therefore pH-neutral.

45. 2.9×10^{-6} M

46. a. AgCl precipitates first; $[NaCl] = 7.1 \times 10^{-9}$ M

b. $[Ag^+]$ is 1.5×10^{-8} M when $PbCl_2$ begins to precipitate，and $[Pb^{2+}]$ is 0.085 M.

第3章

1. $Cu(s) + 2NO_3^-(aq) + 4H^+(aq) \longrightarrow Cu^{2+}(aq) + 2NO_2(g) + 2H_2O(l)$

2. $3ClO^-(aq) + 2Cr(OH)_4^-(aq) + 2OH^-(aq) \longrightarrow 2CrO_4^{2-}(aq) + 3Cl^-(aq) + 5H_2O(l)$

3. $+0.61$ V

4. (a) The reaction will be spontaneous as written.

   (b) The reaction will not be spontaneous as written.

5. 1.08 V

6. Anode：$2H_2O(l) \longrightarrow O_2(g) + 4H^+(aq) + 4e^-$

   Cathode：$2H_2O(l) + 2e^- \longrightarrow H_2(g) + 2OH^-(aq)$

7. 6.0×10^1 min

第4章

1. $\dfrac{\Delta[H_2O_2]}{\Delta t} = 4.40 \times 10^{-3}$ M/s； $\dfrac{\Delta[I_3^-]}{\Delta t} = 4.40 \times 10^{-3}$ M/s

2. (a) Rate$= k[CHCl_3][Cl_2]^{1/2}$. (Fractional-order reactions are not common but are occasionally observed.)

   (b) 3.5 $M^{-1/2} \cdot$ s

3. 0.027 7 M

4. 79.2 s

5. 2.07×10^{-5} L/(mol $\cdot$ s)

6. 6.13×10^{-4} L/(mol $\cdot$ s)

7. $2A + B \longrightarrow A_2B$

   Rate$= k[A]^2$

第5章

1. $\Delta E_{rxn} = -3.91 \times 10^3$ kJ/mol C_6H_{14}

2. -122 J

3. (a) endothermic，positive ΔH

   (b) endothermic，positive ΔH

   (c) exothermic，negative ΔH

4. -2.06×10^3 kJ

5. $\Delta H_{rxn} = -68$ kJ/mol

6. $\Delta H_{rxn} = -851.5$ kJ/mol

7. $\Delta H_{rxn} = -1\,648.4 \text{ kJ/mol}$

111 kJ emitted (-111 kJ)

8. $CH_3OH(g) + \dfrac{3}{2}O_2(g) \longrightarrow CO_2(g) + 2H_2O(g) \quad \Delta H_{rxn} = -641 \text{ kJ/mol}$

9. (a) positive; (b) negative; (c) positive

10. $\Delta G = -101.6 \times 10^3 \text{ J/mol}$

Therefore, the reaction is spontaneous. Since both ΔH and ΔS are negative, as the temperature increases ΔG will become more positive.

11. $\Delta G^\circ_{rxn} = -36.3 \text{ kJ/mol}$

Since ΔG°_{rxn} is negative, the reaction is spontaneous at this temperature.

12. $\Delta G^\circ_{rxn} = -42.1 \text{ kJ/mol}$

Since the value of ΔG°_{rxn} at the lowered temperature is more negative (or less positive) (which is -36.3 kJ/mol), the reaction is more spontaneous.

13. $\Delta G^\circ_{rxn} = -689.6 \text{ kJ/mol}$

Since ΔG°_{rxn} is negative, the reaction is spontaneous at this temperature.

14. $+107.1 \text{ kJ/mol}$

15. $\Delta G_{rxn} = -129 \text{ kJ/mol}$

The reaction is more spontaneous under these conditions than under standard conditions because ΔG_{rxn} is more negative than ΔG°_{rxn}.

16. -10.9 kJ/mol

第 6 章

1. (a) H_2O donates a proton to C_5H_5N, making it the acid. The conjugate base is therefore OH^-. Since C_5H_5N accepts the proton, it is the base and becomes the conjugate acid $C_5H_5NH^+$.

(b) Since HNO_3 donates a proton to H_2O, it is the acid, making NO_3^- the conjugate base. Since H_2O is the proton acceptor, it is the base and becomes the conjugate acid H_3O^+.

2. (a) $[H_3O]^+ = 6.7 \times 10^{-13}$, Since $[H_3O^+] < [OH^-]$, the solution is basic.

(b) $[H_3O^+] = 1.0 \times 10^{-7} \text{ M} = [OH^-]$, the solution is neutral.

(c) $[H_3O^+] = 1.2 \times 10^{-5} \text{ M}$, Since $[H_3O^+] > [OH^-]$, the solution is acidic.

3. (a) 8.02 (basic) (b) 11.85 (basic)

4. $4.3 \times 10^{-9} \text{ M}$

5. $9.4 \times 10^{-3} \text{ M}$

6. 3.28

7. 1.8×10^{-6}

8. 0.85%

9. $4.0 \times 10^{-7} \text{ M}$

10. $[OH^-]=0.020$ M pH$=12.30$

11. $[OH^-]=1.2\times10^{-2}$ M pH$=12.08$

12. (a) weak base (b) pH-neutral

13. 9.07

14. (a) pH-neutral (b) weak acid (c) weak acid

15. (a) basic (b) acidic (c) pH-neutral (d) acidic

16. 3.83

17. $[SO_4^{2-}]=0.003\,86$ M pH$=1.945$

18. 5.6×10^{-11} M

19. 4.05

20. 9.14

21. 4.87

22. 9.68

23. hypochlorous acid (HClO); 2.4 g NaClO

24. 1.70

25. $K=\dfrac{[CO_2]^3[H_2O]^4}{[C_3H_8][O_2]^5}$

26. 2.1×10^{-13}

27. 6.2×10^2

28. $K_c=\dfrac{[Cl_2]^2}{[HCl]^4[O_2]}$

29. 9.4

30. 1.1×10^{-6}

31. $Q_c=0.019\,6$

    Reaction proceeds to the left.

32. 0.033 M

33. $[N_2O_4]=0.005$ M

    $[NO_2]=0.041$ M

34. Adding Br_2 increases the concentration of Br_2, causing a shift to the left (away from the Br_2). Adding BrNO increases the concentration of BrNO, causing a shift to the right.

35. Decreasing the volume causes the reaction to shift right. Increasing the volume causes the reaction to shift left.

36. If we increase the temperature, the reaction shifts to the left. If we decrease the temperature, the reaction shifts to the right.

附　录

附录 1：元素周期表

PERIODIC TABLE OF THE ELEMENTS

1	2	3	4	5	6	7	8	9	10	11	12	13	14	15	16	17	18
1 **H** 1.008																	2 **He** 4.00
3 **Li** 6.94	4 **Be** 9.01											5 **B** 10.81	6 **C** 12.01	7 **N** 14.01	8 **O** 16.00	9 **F** 19.00	10 **Ne** 20.18
11 **Na** 22.99	12 **Mg** 24.30											13 **Al** 26.98	14 **Si** 28.09	15 **P** 30.97	16 **S** 32.06	17 **Cl** 35.45	18 **Ar** 39.95
19 **K** 39.10	20 **Ca** 40.08	21 **Sc** 44.96	22 **Ti** 47.87	23 **V** 50.94	24 **Cr** 52.00	25 **Mn** 54.94	26 **Fe** 55.85	27 **Co** 58.93	28 **Ni** 58.69	29 **Cu** 63.55	30 **Zn** 65.38	31 **Ga** 69.72	32 **Ge** 72.63	33 **As** 74.92	34 **Se** 78.97	35 **Br** 79.90	36 **Kr** 83.80
37 **Rb** 85.47	38 **Sr** 87.62	39 **Y** 88.91	40 **Zr** 91.22	41 **Nb** 92.91	42 **Mo** 95.95	43 **Tc**	44 **Ru** 101.07	45 **Rh** 102.91	46 **Pd** 106.42	47 **Ag** 107.87	48 **Cd** 112.41	49 **In** 114.82	50 **Sn** 118.71	51 **Sb** 121.76	52 **Te** 127.60	53 **I** 126.90	54 **Xe** 131.29
55 **Cs** 132.91	56 **Ba** 137.33	57-71 *	72 **Hf** 178.49	73 **Ta** 180.95	74 **W** 183.84	75 **Re** 186.21	76 **Os** 190.23	77 **Ir** 192.22	78 **Pt** 195.08	79 **Au** 196.97	80 **Hg** 200.59	81 **Tl** 204.38	82 **Pb** 207.2	83 **Bi** 208.98	84 **Po**	85 **At**	86 **Rn**
87 **Fr**	88 **Ra**	89-103 †	104 **Rf**	105 **Db**	106 **Sg**	107 **Bh**	108 **Hs**	109 **Mt**	110 **Ds**	111 **Rg**	112 **Cn**	113 **Nh**	114 **Fl**	115 **Mc**	116 **Lv**	117 **Ts**	118 **Og**

*Lanthanoids

57 **La** 138.91	58 **Ce** 140.12	59 **Pr** 140.91	60 **Nd** 144.24	61 **Pm**	62 **Sm** 150.36	63 **Eu** 151.97	64 **Gd** 157.25	65 **Tb** 158.93	66 **Dy** 162.50	67 **Ho** 164.93	68 **Er** 167.26	69 **Tm** 168.93	70 **Yb** 173.05	71 **Lu** 174.97

†Actinoids

89 **Ac**	90 **Th** 232.04	91 **Pa** 231.04	92 **U** 238.03	93 **Np**	94 **Pu**	95 **Am**	96 **Cm**	97 **Bk**	98 **Cf**	99 **Es**	100 **Fm**	101 **Md**	102 **No**	103 **Lr**

附录 2：在 273.15 K 和 100 kPa 时一些物质的热力学函数

Substance	ΔH_f°(kJ/mol)	ΔG_f°(kJ/mol)	S°(J/mol·K)
Aluminum			
Al(s)	0	0	28.32
Al(g)	330.0	289.4	164.6
Al^{3+}(aq)	−538.4	−483	−325
AlCl$_3$(s)	−704.2	−628.8	109.3
Al$_2$O$_3$(s)	−1675.7	−1582.3	50.9
Barium			
Ba(s)	0	0	62.5
Ba(g)	180.0	146.0	170.2
Ba^{2+}(aq)	−537.6	−560.8	9.6
BaCO$_3$(s)	−1213.0	−1134.4	112.1
BaCl$_2$(s)	−855.0	−806.7	123.7
BaO(s)	−548.0	−520.3	72.1
Ba(OH)$_2$(s)	−944.7		
BaSO$_4$(s)	−1473.2	−1362.2	132.2
Beryllium			
Be(s)	0	0	9.5
BeO(s)	−609.4	−580.1	13.8
Be(OH)$_2$(s)	−902.5	−815.0	45.5
Bismuth			
Bi(s)	0	0	56.7
BiCl$_3$(s)	−379.1	−315.0	177.0
Bi$_2$O$_3$(s)	−573.9	−493.7	151.5
Bi$_2$S$_3$(s)	−143.1	−140.6	200.4
Boron			
B(s)	0	0	5.9
B(g)	565.0	521.0	153.4
BCl$_3$(g)	−403.8	−388.7	290.1
BF$_3$(g)	−1136.0	−1119.4	254.4
B$_2$H$_6$(g)	36.4	87.6	232.1
B$_2$O$_3$(s)	−1273.5	−1194.3	54.0
H$_3$BO$_3$(s)	−1094.3	−968.9	90.0
Bromine			
Br(g)	111.9	82.4	175.0
Br$_2$(l)	0	0	152.2
Br$_2$(g)	30.9	3.1	245.5
Br$^-$(aq)	−121.4	−102.8	80.71
HBr(g)	−36.3	−53.4	198.7
Cadmium			
Cd(s)	0	0	51.8
Cd(g)	111.8	77.3	167.7
Cd^{2+}(aq)	−75.9	−77.6	−73.2
CdCl$_2$(s)	−391.5	−343.9	115.3
CdO(s)	−258.4	−228.7	54.8
CdS(s)	−161.9	−156.5	64.9
CdSO$_4$(s)	−933.3	−822.7	123.0
Calcium			
Ca(s)	0	0	41.6

Substance	ΔH_f°(kJ/mol)	ΔG_f°(kJ/mol)	S°(J/mol·K)
Ca(g)	177.8	144.0	154.9
Ca^{2+}(aq)	−542.8	−553.6	−53.1
CaC$_2$(s)	−59.8	−64.9	70.0
CaCO$_3$(s)	−1207.6	−1129.1	91.7
CaCl$_2$(s)	−795.4	−748.8	108.4
CaF$_2$(s)	−1228.0	−1175.6	68.5
CaH$_2$(s)	−181.5	−142.5	41.4
Ca(NO$_3$)$_2$(s)	−938.2	−742.8	193.2
CaO(s)	−634.9	−603.3	38.1
Ca(OH)$_2$(s)	−985.2	−897.5	83.4
CaSO$_4$(s)	−1434.5	−1322.0	106.5
Ca$_3$(PO$_4$)$_2$(s)	−4120.8	−3884.7	236.0
Carbon			
C(s, graphite)	0	0	5.7
C(s, diamond)	1.88	2.9	2.4
C(g)	716.7	671.3	158.1
CH$_4$(g)	−74.6	−50.5	186.3
CH$_3$Cl(g)	−81.9	−60.2	234.6
CH$_2$Cl$_2$(g)	−95.4		270.2
CH$_2$Cl$_2$(l)	−124.2	−63.2	177.8
CHCl$_3$(l)	−134.1	−73.7	201.7
CCl$_4$(g)	−95.7	−62.3	309.7
CCl$_4$(l)	−128.2	−66.4	216.4
CH$_2$O(g)	−108.6	−102.5	218.8
CH$_2$O$_2$ (l, formic acid)	−425.0	−361.4	129.0
CH$_3$NH$_2$ (g, methylamine)	−22.5	32.7	242.9
CH$_3$OH(l)	−238.6	−166.6	126.8
CH$_3$OH(g)	−201.0	−162.3	239.9
C$_2$H$_2$(g)	227.4	209.9	200.9
C$_2$H$_4$(g)	52.4	68.4	219.3
C$_2$H$_6$(g)	−84.68	−32.0	229.2
C$_2$H$_5$OH(l)	−277.6	−174.8	160.7
C$_2$H$_5$OH(g)	−234.8	−167.9	281.6
C$_2$H$_3$Cl (g, vinyl chloride)	37.2	53.6	264.0
C$_2$H$_4$Cl$_2$ (l, dichloroethane)	−166.8	−79.6	208.5
C$_2$H$_4$O (g, acetaldehyde)	−166.2	−133.0	263.8
C$_2$H$_4$O$_2$ (l, acetic acid)	−484.3	−389.9	159.8
C$_3$H$_8$(g)	−103.85	−23.4	270.3
C$_3$H$_6$O (l, acetone)	−248.4	−155.6	199.8
C$_3$H$_7$OH (l, isopropanol)	−318.1		181.1
C$_4$H$_{10}$(l)	−147.3	−15.0	231.0

Substance	ΔH_f°(kJ/mol)	ΔG_f°(kJ/mol)	S°(J/mol · K)
$C_4H_{10}(g)$	−125.7	−15.71	310.0
$C_6H_6(l)$	49.1	124.5	173.4
$C_6H_5NH_2$ (l, aniline)	31.6	149.2	191.9
C_6H_5OH (s, phenol)	−165.1	−50.4	144.0
$C_6H_{12}O_6$ (s, glucose)	−1273.3	−910.4	212.1
$C_{10}H_8$ (s, naphthalene)	78.5	201.6	167.4
$C_{12}H_{22}O_{11}$ (s, sucrose)	−2226.1	−1544.3	360.24
$CO(g)$	−110.5	−137.2	197.7
$CO_2(g)$	−393.5	−394.4	213.8
$CO_2(aq)$	−413.8	−386.0	117.6
$CO_3^{2-}(aq)$	−677.1	−527.8	−56.9
$HCO_3^-(aq)$	−692.0	−586.8	91.2
$H_2CO_3(aq)$	−699.7	−623.2	187.4
$CN^-(aq)$	151	166	118
$HCN(l)$	108.9	125.0	112.8
$HCN(g)$	135.1	124.7	201.8
$CS_2(l)$	89.0	64.6	151.3
$CS_2(g)$	116.7	67.1	237.8
$COCl_2(g)$	−219.1	−204.9	283.5
$C_{60}(s)$	2327.0	2302.0	426.0
Cesium			
$Cs(s)$	0	0	85.2
$Cs(g)$	76.5	49.6	175.6
$Cs^+(aq)$	−258.0	−292.0	132.1
$CsBr(s)$	−400	−387	117
$CsCl(s)$	−438	−414	101.2
$CsF(s)$	−553.5	−525.5	92.8
$CsI(s)$	−342	−337	127
Chlorine			
$Cl(g)$	121.3	105.3	165.2
$Cl_2(g)$	0	0	223.1
$Cl^-(aq)$	−167.1	−131.2	56.6
$HCl(g)$	−92.3	−95.3	186.9
$HCl(aq)$	−167.2	−131.2	56.5
$ClO_2(g)$	102.5	120.5	256.8
$Cl_2O(g)$	80.3	97.9	266.2
Chromium			
$Cr(s)$	0	0	23.8
$Cr(g)$	396.6	351.8	174.5
$Cr^{3+}(aq)$	−1971		
$CrO_4^{2-}(aq)$	−872.2	−717.1	44
$Cr_2O_3(s)$	−1139.7	−1058.1	81.2
$Cr_2O_7^{2-}(aq)$	−1476	−1279	238
Cobalt			

Substance	ΔH_f°(kJ/mol)	ΔG_f°(kJ/mol)	S°(J/mol · K)
$Cu(s)$	0	0	33.2
$Cu(g)$	337.4	297.7	166.4
$Cu^+(aq)$	51.9	50.2	−26
$Cu^{2+}(aq)$	64.9	65.5	−98
$CuCl(s)$	−137.2	−119.9	86.2
$CuCl_2(s)$	−220.1	−175.7	108.1
$CuO(s)$	−157.3	−129.7	42.6
$CuS(s)$	−53.1	−53.6	66.5
$CuSO_4(s)$	−771.4	−662.2	109.2
$Cu_2O(s)$	−168.6	−146.0	93.1
$Cu_2S(s)$	−79.5	−86.2	120.9
Fluorine			
$F(g)$	79.38	62.3	158.75
$F_2(g)$	0	0	202.79
$F^-(aq)$	−335.35	−278.8	−13.8
$HF(g)$	−273.3	−275.4	173.8
Gold			
$Au(s)$	0	0	47.4
$Au(g)$	366.1	326.3	180.5
Helium			
$He(g)$	0	0	126.2
Hydrogen			
$H(g)$	218.0	203.3	114.7
$H^+(aq)$	0	0	0
$H^+(g)$	1536.3	1517.1	108.9
$H_2(g)$	0	0	130.7
Iodine			
$I(g)$	106.76	70.2	180.79
$I_2(s)$	0	0	116.14
$I_2(g)$	62.42	19.3	260.69
$I^-(aq)$	−56.78	−51.57	106.45
$HI(g)$	26.5	1.7	206.6
Iron			
$Fe(s)$	0	0	27.3
$Fe(g)$	416.3	370.7	180.5
$Fe^{2+}(aq)$	−87.9	−84.94	113.4
$Fe^{3+}(aq)$	−47.69	−10.54	293.3
$FeCO_3(s)$	−740.6	−666.7	92.9
$FeCl_2(s)$	−341.8	−302.3	118.0
$FeCl_3(s)$	−399.5	−334.0	142.3
$FeO(s)$	−272.0	−255.2	60.75
$Fe(OH)_3(s)$	−823.0	−696.5	106.7
$FeS_2(s)$	−178.2	−166.9	52.9
$Fe_2O_3(s)$	−824.2	−742.2	87.4
$Fe_3O_4(s)$	−1118.4	−1015.4	146.4
Lead			
$Pb(s)$	0	0	64.8

Substance	ΔH_f°(kJ/mol)	ΔG_f°(kJ/mol)	S°(J/mol · K)
Pb(g)	195.2	162.2	175.4
Pb^{2+}(aq)	0.92	−24.4	18.5
PbBr$_2$(s)	−278.7	−261.9	161.5
PbCO$_3$(s)	−699.1	−625.5	131.0
PbCl$_2$(s)	−359.4	−314.1	136.0
PbI$_2$(s)	−175.5	−173.6	174.9
Pb(NO$_3$)$_2$(s)	−451.9		
PbO(s)	−217.3	−187.9	68.7
PbO$_2$(s)	−277.4	−217.3	68.6
PbS(s)	−100.4	−98.7	91.2
PbSO$_4$(s)	−920.0	−813.0	148.5
Lithium			
Li(s)	0	0	29.1
Li(g)	159.3	126.6	138.8
Li$^+$(aq)	−278.47	−293.3	12.24
LiBr(s)	−351.2	−342.0	74.3
LiCl(s)	−408.6	−384.4	59.3
LiF(s)	−616.0	−587.7	35.7
LiI(s)	−270.4	−270.3	86.8
LiNO$_3$(s)	−483.1	−381.1	90.0
LiOH(s)	−487.5	−441.5	42.8
Li$_2$O(s)	−597.9	−561.2	37.6
Magnesium			
Mg(s)	0	0	32.7
Mg(g)	147.1	112.5	148.6
Mg^{2+}(aq)	−467.0	−455.4	−137
MgCl$_2$(s)	−641.3	−591.8	89.6
MgCO$_3$(s)	−1095.8	−1012.1	65.7
MgF$_2$(s)	−1124.2	−1071.1	57.2
MgO(s)	−601.6	−569.3	27.0
Mg(OH)$_2$(s)	−924.5	−833.5	63.2
MgSO$_4$(s)	−1284.9	−1170.6	91.6
Mg$_3$N$_2$(s)	−461	−401	88
Manganese			
Mn(s)	0	0	32.0
Mn(g)	280.7	238.5	173.7
Mn^{2+}(aq)	−219.4	−225.6	−78.8
MnO(s)	−385.2	−362.9	59.7
MnO$_2$(s)	−520.0	−465.1	53.1
MnO$_4^-$(aq)	−529.9	−436.2	190.6
Mercury			
Hg(l)	0	0	75.9
Hg(g)	61.4	31.8	175.0
Hg^{2+}(aq)	170.21	164.4	−36.19
Hg$_2^{2+}$(aq)	166.87	153.5	65.74
HgCl$_2$(s)	−224.3	−178.6	146.0
HgO(s)	−90.8	−58.5	70.3

Substance	ΔH_f°(kJ/mol)	ΔG_f°(kJ/mol)	S°(J/mol · K)
HgS(s)	−58.2	−50.6	82.4
Hg$_2$Cl$_2$(s)	−265.4	−210.7	191.6
Nickel			
Ni(s)	0	0	29.9
Ni(g)	429.7	384.5	182.2
NiCl$_2$(s)	−305.3	−259.0	97.7
NiO(s)	−239.7	−211.7	37.99
NiS(s)	−82.0	−79.5	53.0
Nitrogen			
N(g)	472.7	455.5	153.3
N$_2$(g)	0	0	191.6
NF$_3$(g)	−132.1	−90.6	260.8
NH$_3$(g)	−45.9	−16.4	192.8
NH$_3$(aq)	−80.29	−26.50	111.3
NH$_4^+$(aq)	−133.26	−79.31	111.17
NH$_4$Br(s)	−270.8	−175.2	113.0
NH$_4$Cl(s)	−314.4	−202.9	94.6
NH$_4$CN(s)	0.4		
NH$_4$F(s)	−464.0	−348.7	72.0
NH$_4$HCO$_3$(s)	−849.4	−665.9	120.9
NH$_4$I(s)	−201.4	−112.5	117.0
NH$_4$NO$_3$(s)	−365.6	−183.9	151.1
NH$_4$NO$_3$(aq)	−339.9	−190.6	259.8
HNO$_3$(g)	−133.9	−73.5	266.9
HNO$_3$(aq)	−207	−110.9	146
NO(g)	91.3	87.6	210.8
NO$_2$(g)	33.2	51.3	240.1
NO$_3^-$(aq)	−206.85	−110.2	146.70
NOBr(g)	82.2	82.4	273.7
NOCl(g)	51.7	66.1	261.7
N$_2$H$_4$(l)	50.6	149.3	121.2
N$_2$H$_4$(g)	95.4	159.4	238.5
N$_2$O(g)	81.6	103.7	220.0
N$_2$O$_4$(l)	−19.5	97.5	209.2
N$_2$O$_4$(g)	9.16	99.8	304.4
N$_2$O$_5$(s)	−43.1	113.9	178.2
N$_2$O$_5$(g)	13.3	117.1	355.7
Oxygen			
O(g)	249.2	231.7	161.1
O$_2$(g)	0	0	205.2
O$_3$(g)	142.7	163.2	238.9
OH$^-$(aq)	−230.02	−157.3	−10.90
H$_2$O(l)	−285.8	−237.1	70.0
H$_2$O(g)	−241.8	−228.6	188.8
H$_2$O$_2$(l)	−187.8	−120.4	109.6
H$_2$O$_2$(g)	−136.3	−105.6	232.7
Phosphorus			

Substance	ΔH_f°(kJ/mol)	ΔG_f°(kJ/mol)	S°(J/mol · K)
P(s, white)	0	0	41.1
P(s, red)	−17.6	−12.1	22.8
P(g)	316.5	280.1	163.2
P_2(g)	144.0	103.5	218.1
P_4(g)	58.9	24.4	280.0
PCl_3(l)	−319.7	−272.3	217.1
PCl_3(g)	−287.0	−267.8	311.8
PCl_5(s)	−443.5		
PCl_5(g)	−374.9	−305.0	364.6
PF_5(g)	−1594.4	−1520.7	300.8
PH_3(g)	5.4	13.5	210.2
$POCl_3$(l)	−597.1	−520.8	222.5
$POCl_3$(g)	−558.5	−512.9	325.5
PO_4^{3-}(aq)	−1277.4	−1018.7	−220.5
HPO_4^{2-}(aq)	−1292.1	−1089.2	−33.5
$H_2PO_4^-$(aq)	−1296.3	−1130.2	90.4
H_3PO_4(s)	−1284.4	−1124.3	110.5
H_3PO_4(aq)	−1288.3	−1142.6	158.2
P_4O_6(s)	−1640.1		
P_4O_{10}(s)	−2984	−2698	228.9
Platinum			
Pt(s)	0	0	41.6
Pt(g)	565.3	520.5	192.4
Potassium			
K(s)	0	0	64.7
K(g)	89.0	60.5	160.3
K^+(aq)	−252.14	−283.3	101.2
KBr(s)	−393.8	−380.7	95.9
KCN(s)	−113.0	−101.9	128.5
KCl(s)	−436.5	−408.5	82.6
$KClO_3$(s)	−397.7	−296.3	143.1
$KClO_4$(s)	−432.8	−303.1	151.0
KF(s)	−567.3	−537.8	66.6
KI(s)	−327.9	−324.9	106.3
KNO_3(s)	−494.6	−394.9	133.1
KOH(s)	−424.6	−379.4	81.2
KOH(aq)	−482.4	−440.5	91.6
KO_2(s)	−284.9	−239.4	116.7
K_2CO_3(s)	−1151.0	−1063.5	155.5
K_2O(s)	−361.5	−322.1	94.14
K_2O_2(s)	−494.1	−425.1	102.1
K_2SO_4(s)	−1437.8	−1321.4	175.6
Rubidium			
Rb(s)	0	0	76.8
Rb(g)	80.9	53.1	170.1
Rb^+(aq)	−251.12	−283.1	121.75
RbBr(s)	−394.6	−381.8	110.0

Substance	ΔH_f°(kJ/mol)	ΔG_f°(kJ/mol)	S°(J/mol · K)
RbCl(s)	−435.4	−407.8	95.9
$RbClO_3$(s)	−392.4	−292.0	152
RbF(s)	−557.7		
RbI(s)	−333.8	−328.9	118.4
Scandium			
Sc(s)	0	0	34.6
Sc(g)	377.8	336.0	174.8
Selenium			
Se(s, gray)	0	0	42.4
Se(g)	227.1	187.0	176.7
H_2Se(g)	29.7	15.9	219.0
Silicon			
Si(s)	0	0	18.8
Si(g)	450.0	405.5	168.0
$SiCl_4$(l)	−687.0	−619.8	239.7
SiF_4(g)	−1615.0	−1572.8	282.8
SiH_4(g)	34.3	56.9	204.6
SiO_2(s, quartz)	−910.7	−856.3	41.5
Si_2H_6(g)	80.3	127.3	272.7
Silver			
Ag(s)	0	0	42.6
Ag(g)	284.9	246.0	173.0
Ag^+(aq)	105.79	77.11	73.45
AgBr(s)	−100.4	−96.9	107.1
AgCl(s)	−127.0	−109.8	96.3
AgF(s)	−204.6	−185	84
AgI(s)	−61.8	−66.2	115.5
$AgNO_3$(s)	−124.4	−33.4	140.9
Ag_2O(s)	−31.1	−11.2	121.3
Ag_2S(s)	−32.6	−40.7	144.0
Ag_2SO_4(s)	−715.9	−618.4	200.4
Sodium			
Na(s)	0	0	51.3
Na(g)	107.5	77.0	153.7
Na^+(aq)	−240.34	−261.9	58.45
NaBr(s)	−361.1	−349.0	86.8
NaCl(s)	−411.2	−384.1	72.1
NaCl(aq)	−407.2	−393.1	115.5
$NaClO_3$(s)	−365.8	−262.3	123.4
NaF(s)	−576.6	−546.3	51.1
$NaHCO_3$(s)	−950.8	−851.0	101.7
$NaHSO_4$(s)	−1125.5	−992.8	113.0
NaI(s)	−287.8	−286.1	98.5
$NaNO_3$(s)	−467.9	−367.0	116.5
$NaNO_3$(aq)	−447.5	−373.2	205.4
NaOH(s)	−425.8	−379.7	64.4
NaOH(aq)	−470.1	−419.2	48.2

Substance	ΔH_f°(kJ/mol)	ΔG_f°(kJ/mol)	S°(J/mol · K)
$NaO_2(s)$	−260.2	−218.4	115.9
$Na_2CO_3(s)$	−1130.7	−1044.4	135.0
$Na_2O(s)$	−414.2	−375.5	75.1
$Na_2O_2(s)$	−510.9	−447.7	95.0
$Na_2SO_4(s)$	−1387.1	−1270.2	149.6
$Na_3PO_4(s)$	−1917	−1789	173.8
Strontium			
$Sr(s)$	0	0	55.0
$Sr(g)$	164.4	130.9	164.6
$Sr^{2+}(aq)$	−545.51	−557.3	−39
$SrCl_2(s)$	−828.9	−781.1	114.9
$SrCO_3(s)$	−1220.1	−1140.1	97.1
$SrO(s)$	−592.0	−561.9	54.4
$SrSO_4(s)$	−1453.1	−1340.9	117.0
Sulfur			
$S(s, rhombic)$	0	0	32.1
$S(s, monoclinic)$	0.3	0.096	32.6
$S(g)$	277.2	236.7	167.8
$S_2(g)$	128.6	79.7	228.2
$S_8(g)$	102.3	49.7	430.9
$S^{2-}(aq)$	41.8	83.7	22
$SF_6(g)$	−1220.5	−1116.5	291.5
$HS^-(aq)$	−17.7	12.4	62.0
$H_2S(g)$	−20.6	−33.4	205.8
$H_2S(aq)$	−39.4	−27.7	122
$SOCl_2(l)$	−245.6		
$SO_2(g)$	−296.8	−300.1	248.2
$SO_3(g)$	−395.7	−371.1	256.8
$SO_4^{2-}(aq)$	−909.3	−744.6	18.5
$HSO_4^-(aq)$	−886.5	−754.4	129.5
$H_2SO_4(l)$	−814.0	−690.0	156.9
$H_2SO_4(aq)$	−909.3	−744.6	18.5
$S_2O_3^{2-}(aq)$	−648.5	−522.5	67
Tin			

Substance	ΔH_f°(kJ/mol)	ΔG_f°(kJ/mol)	S°(J/mol · K)
$Sn(s, white)$	0	0	51.2
$Sn(s, gray)$	−2.1	0.1	44.1
$Sn(g)$	301.2	266.2	168.5
$SnCl_4(l)$	−511.3	−440.1	258.6
$SnCl_4(g)$	−471.5	−432.2	365.8
$SnO(s)$	−280.7	−251.9	57.2
$SnO_2(s)$	−577.6	−515.8	49.0
Titanium			
$Ti(s)$	0	0	30.7
$Ti(g)$	473.0	428.4	180.3
$TiCl_4(l)$	−804.2	−737.2	252.3
$TiCl_4(g)$	−763.2	−726.3	353.2
$TiO_2(s)$	−944.0	−888.8	50.6
Tungsten			
$W(s)$	0	0	32.6
$W(g)$	849.4	807.1	174.0
$WO_3(s)$	−842.9	−764.0	75.9
Uranium			
$U(s)$	0	0	50.2
$U(g)$	533.0	488.4	199.8
$UF_6(s)$	−2197.0	−2068.5	227.6
$UF_6(g)$	−2147.4	−2063.7	377.9
$UO_2(s)$	−1085.0	−1031.8	77.0
Vanadium			
$V(s)$	0	0	28.9
$V(g)$	514.2	754.4	182.3
Zinc			
$Zn(s)$	0	0	41.6
$Zn(g)$	130.4	94.8	161.0
$Zn^{2+}(aq)$	−153.39	−147.1	−109.8
$ZnCl_2(s)$	−415.1	−369.4	111.5
$ZnO(s)$	−350.5	−320.5	43.7
$ZnS (s, zinc blende)$	−206.0	−201.3	57.7
$ZnSO_4(s)$	−982.8	−871.5	110.5

附录3：电离常数

弱酸的电离常数

Name	Formula	K_{a_1}	K_{a_2}	K_{a_3}
Acetic	$HC_2H_3O_2$	1.8×10^{-5}		
Acetylsalicylic	$HC_9H_7O_4$	3.3×10^{-4}		
Adipic	$H_2C_6H_8O_4$	3.9×10^{-5}	3.9×10^{-6}	
Arsenic	H_3AsO_4	5.5×10^{-3}	1.7×10^{-7}	5.1×10^{-12}

Name	Formula	K_{a_1}	K_{a_2}	K_{a_3}
Arsenous	H_3AsO_3	5.1×10^{-10}		
Ascorbic	$H_2C_6H_6O_6$	8.0×10^{-5}	1.6×10^{-12}	
Benzoic	$HC_7H_5O_2$	6.5×10^{-5}		
Boric	H_3BO_3	5.4×10^{-10}		

Name	Formula	K_{a_1}	K_{a_2}	K_{a_3}
Butanoic	$HC_4H_7O_2$	1.5×10^{-5}		
Carbonic	H_2CO_3	4.3×10^{-7}	5.6×10^{-11}	
Chloroacetic	$HC_2H_2O_2Cl$	1.4×10^{-3}		
Chlorous	$HClO_2$	1.1×10^{-2}		
Citric	$H_3C_6H_5O_7$	7.4×10^{-4}	1.7×10^{-5}	4.0×10^{-7}
Cyanic	$HCNO$	2×10^{-4}		
Formic	$HCHO_2$	1.8×10^{-4}		
Hydrazoic	HN_3	2.5×10^{-5}		
Hydrocyanic	HCN	4.9×10^{-10}		
Hydrofluoric	HF	3.5×10^{-4}		
Hydrogen chromate ion	$HCrO_4^-$	3.0×10^{-7}		
Hydrogen peroxide	H_2O_2	2.4×10^{-12}		
Hydrogen selenate ion	$HSeO_4^-$	2.2×10^{-2}		
Hydrosulfuric	H_2S	8.9×10^{-8}	1×10^{-19}	
Hydrotelluric	H_2Te	2.3×10^{23}	1.6×10^{-11}	
Hypobromous	$HBrO$	2.8×10^{-9}		
Hypochlorous	$HClO$	2.9×10^{-8}		
Hypoiodous	HIO	2.3×10^{-11}		

Name	Formula	K_{a_1}	K_{a_2}	K_{a_3}
Iodic	HIO_3	1.7×10^{-1}		
Lactic	$HC_3H_5O_3$	1.4×10^{-4}		
Maleic	$H_2C_4H_2O_4$	1.2×10^{-2}	5.9×10^{-7}	
Malonic	$H_2C_3H_2O_4$	1.5×10^{-3}	2.0×10^{-6}	
Nitrous	HNO_2	4.6×10^{-4}		
Oxalic	$H_2C_2O_4$	6.0×10^{-2}	6.1×10^{-5}	
Paraperiodic	H_5IO_6	2.8×10^{-2}	5.3×10^{-9}	
Phenol	HC_6H_5O	1.3×10^{-10}		
Phosphoric	H_3PO_4	7.5×10^{-3}	6.2×10^{-8}	4.2×10^{-13}
Phosphorous	H_3PO_3	5×10^{-2}	2.0×10^{-7}	
Propanoic	$HC_3H_5O_2$	1.3×10^{-5}		
Pyruvic	$HC_3H_3O_3$	4.1×10^{-3}		
Pyrophosphoric	$H_4P_2O_7$	1.2×10^{-1}	7.9×10^{-3}	2.0×10^{-7}
Selenous	H_2SeO_3	2.4×10^{-3}	4.8×10^{-9}	
Succinic	$H_2C_4H_4O_4$	6.2×10^{-5}	2.3×10^{-6}	
Sulfuric	H_2SO_4	Strong acid	1.2×10^{-2}	
Sulfurous	H_2SO_3	1.6×10^{-2}	6.4×10^{-8}	
Tartaric	$H_2C_4H_4O_6$	1.0×10^{-3}	4.6×10^{-5}	
Trichloroacetic	$HC_2Cl_3O_2$	2.2×10^{-1}		
Trifluoroacetic acid	$HC_2F_3O_2$	3.0×10^{-1}		

弱碱的电离常数

Name	Formula	K_b
Ammonia	NH_3	1.76×10^{-5}
Aniline	$C_6H_5NH_2$	3.9×10^{-10}
Bicarbonate ion	HCO_3^-	2.3×10^{-8}
Carbonate ion	CO_3^{2-}	1.8×10^{-4}
Codeine	$C_{18}H_{21}NO_3$	1.6×10^{-6}
Diethylamine	$(C_2H_5)_2NH$	6.9×10^{-4}
Dimethylamine	$(CH_3)_2NH$	5.4×10^{-4}
Ethylamine	$C_2H_5NH_2$	5.6×10^{-4}
Ethylenediamine	$C_2H_8N_2$	8.3×10^{-5}
Hydrazine	H_2NNH_2	1.3×10^{-6}
Hydroxylamine	$HONH_2$	1.1×10^{-8}

Name	Formula	K_b
Ketamine	$C_{13}H_{16}ClNO$	3×10^{-7}
Methylamine	CH_3NH_2	4.4×10^{-4}
Morphine	$C_{17}H_{19}NO_3$	1.6×10^{-6}
Nicotine	$C_{10}H_{14}N_2$	1.0×10^{-6}
Piperidine	$C_5H_{10}NH$	1.33×10^{-3}
Propylamine	$C_3H_7NH_2$	3.5×10^{-4}
Pyridine	C_5H_5N	1.7×10^{-9}
Strychnine	$C_{21}H_{22}N_2O_2$	1.8×10^{-6}
Triethylamine	$(C_2H_5)_3N$	5.6×10^{-4}
Trimethylamine	$(CH_3)_3N$	6.4×10^{-5}

难溶物的溶度积常数

Compound	Formula	K_{sp}
Aluminum hydroxide	$Al(OH)_3$	1.3×10^{-33}
Aluminum phosphate	$AlPO_4$	9.84×10^{-21}
Barium carbonate	$BaCO_3$	2.58×10^{-9}
Barium chromate	$BaCrO_4$	1.17×10^{-10}
Barium fluoride	BaF_2	2.45×10^{-5}
Barium hydroxide	$Ba(OH)_2$	5.0×10^{-3}
Barium oxalate	BaC_2O_4	1.6×10^{-6}
Barium phosphate	$Ba_3(PO_4)_2$	6×10^{-39}

Compound	Formula	K_{sp}
Barium sulfate	$BaSO_4$	1.07×10^{-10}
Cadmium carbonate	$CdCO_3$	1.0×10^{-12}
Cadmium hydroxide	$Cd(OH)_2$	7.2×10^{-15}
Cadmium sulfide	CdS	8×10^{-28}
Calcium carbonate	$CaCO_3$	4.96×10^{-9}
Calcium chromate	$CaCrO_4$	7.1×10^{-4}
Calcium fluoride	CaF_2	1.46×10^{-10}
Calcium hydroxide	$Ca(OH)_2$	4.68×10^{-6}

Compound	Formula	K_{sp}
Calcium hydrogen phosphate	$CaHPO_4$	1×10^{-7}
Calcium oxalate	CaC_2O_4	2.32×10^{-9}
Calcium phosphate	$Ca_3(PO_4)_2$	2.07×10^{-33}
Calcium sulfate	$CaSO_4$	7.10×10^{-5}
Chromium(III) hydroxide	$Cr(OH)_3$	6.3×10^{-31}
Cobalt(II) carbonate	$CoCO_3$	1.0×10^{-10}
Cobalt(II) hydroxide	$Co(OH)_2$	5.92×10^{-15}
Cobalt(II) sulfide	CoS	5×10^{-22}
Lead(II) iodide	PbI_2	9.8×10^{-9}
Lead(II) phosphate	$Pb_3(PO_4)_2$	1×10^{-54}
Lead(II) sulfate	$PbSO_4$	1.82×10^{-8}
Lead(II) sulfide	PbS	9.04×10^{-29}
Magnesium carbonate	$MgCO_3$	6.82×10^{-6}
Magnesium fluoride	MgF_2	5.16×10^{-11}
Magnesium hydroxide	$Mg(OH)_2$	2.06×10^{-13}
Magnesium oxalate	MgC_2O_4	4.83×10^{-6}

Compound	Formula	K_{sp}
Manganese(II) carbonate	$MnCO_3$	2.24×10^{-11}
Manganese(II) hydroxide	$Mn(OH)_2$	1.6×10^{-13}
Manganese(II) sulfide	MnS	2.3×10^{-13}
Mercury(I) bromide	Hg_2Br_2	6.40×10^{-23}
Mercury(I) carbonate	Hg_2CO_3	3.6×10^{-17}
Mercury(I) chloride	Hg_2Cl_2	1.43×10^{-18}
Mercury(I) chromate	Hg_2CrO_4	2×10^{-9}
Mercury(I) cyanide	$Hg_2(CN)_2$	5×10^{-40}
Mercury(I) iodide	Hg_2I_2	5.2×10^{-29}
Mercury(II) hydroxide	$Hg(OH)_2$	3.1×10^{-26}
Mercury(II) sulfide	HgS	1.6×10^{-54}
Nickel(II) carbonate	$NiCO_3$	1.42×10^{-7}
Nickel(II) hydroxide	$Ni(OH)_2$	5.48×10^{-16}
Nickel(II) sulfide	NiS	3×10^{-20}
Silver bromate	$AgBrO_3$	5.38×10^{-5}
Silver bromide	$AgBr$	5.35×10^{-13}

Compound	Formula	K_{sp}
Copper(I) bromide	$CuBr$	6.27×10^{-9}
Copper(I) chloride	$CuCl$	1.72×10^{-7}
Copper(I) cyanide	$CuCN$	3.47×10^{-20}
Copper(II) carbonate	$CuCO_3$	2.4×10^{-10}
Copper(II) hydroxide	$Cu(OH)_2$	2.2×10^{-20}
Copper(II) phosphate	$Cu_3(PO_4)_2$	1.40×10^{-37}
Copper(II) sulfide	CuS	1.27×10^{-36}
Iron(II) carbonate	$FeCO_3$	3.07×10^{-11}
Iron(II) hydroxide	$Fe(OH)_2$	4.87×10^{-17}
Iron(II) sulfide	FeS	3.72×10^{-19}
Iron(III) hydroxide	$Fe(OH)_3$	2.79×10^{-39}
Lanthanum fluoride	LaF_3	2×10^{-19}
Lanthanum iodate	$La(IO_3)_3$	7.50×10^{-12}
Lead(II) bromide	$PbBr_2$	4.67×10^{-6}
Lead(II) carbonate	$PbCO_3$	7.40×10^{-14}
Lead(II) chloride	$PbCl_2$	1.17×10^{-5}
Lead(II) chromate	$PbCrO_4$	2.8×10^{-13}
Lead(II) fluoride	PbF_2	3.3×10^{-8}
Lead(II) hydroxide	$Pb(OH)_2$	1.43×10^{-20}

Compound	Formula	K_{sp}
Silver carbonate	Ag_2CO_3	8.46×10^{-12}
Silver chloride	$AgCl$	1.77×10^{-10}
Silver chromate	Ag_2CrO_4	1.12×10^{-12}
Silver cyanide	$AgCN$	5.97×10^{-17}
Silver iodide	AgI	8.51×10^{-17}
Silver phosphate	Ag_3PO_4	8.89×10^{-17}
Silver sulfate	Ag_2SO_4	1.20×10^{-5}
Silver sulfide	Ag_2S	6×10^{-51}
Strontium carbonate	$SrCO_3$	5.60×10^{-10}
Strontium chromate	$SrCrO_4$	3.6×10^{-5}
Strontium phosphate	$Sr_3(PO_4)_2$	1×10^{-31}
Strontium sulfate	$SrSO_4$	3.44×10^{-7}
Tin(II) hydroxide	$Sn(OH)_2$	5.45×10^{-27}
Tin(II) sulfide	SnS	1×10^{-26}
Zinc carbonate	$ZnCO_3$	1.46×10^{-10}
Zinc hydroxide	$Zn(OH)_2$	3×10^{-17}
Zinc oxalate	ZnC_2O_4	2.7×10^{-8}
Zinc sulfide	ZnS	2×10^{-25}